泉州文庫

選聖題

洪承疇章奏文册彙輯
（清）洪承疇 著　吴世拱 彙輯

洪經略奏對筆記
（清）洪承疇 著
李夢生 點校

泉州文庫整理出版委員會 編

商務印書館
The Commercial Press

前　言

　　泉州建制一千三百多年，爲中國歷史文化名城和古代海外交通的重要港口。"比屋弦誦，人文爲閩最"，素稱海濱鄒魯、文獻之邦。代有經邦緯國、出類拔萃之才，歐陽詹、曾公亮、蘇頌、蔡清、王慎中、俞大猷、李贄、鄭成功、李光地等一大批傑出人物留下了大量具有歷史、文學、藝術、哲學、軍事、經濟價值的文化遺產。據不完全統計，見載於史籍的著作家有一千四百二十六人，著作多達三千七百三十九種，其中唐五代二十九人三十二種，宋代二百人三百九十一種，元代二十一人四十種，明代五百三十六人一千五百八十五種，清代六百四十人一千六百九十一種；收入《四庫全書》一百一十五家一百六十四種，《四庫全書存目叢書》五十六家七十四種，《續修四庫全書》十四家十七種。二〇〇八年國務院頒布第一批國家珍貴古籍名錄，屬泉人著述、出版者十三種。

　　遺憾的是，雖然泉州典籍贍富，每一時代都有一批重要著作相繼問世，但歷經歲月淘汰、劫難摧殘，加上庋藏環境不良，遺存至今十無二三，多成珍籍孤本。這些文化遺產，是歷史的見證，是泉州人民同時也是中華民族的寶貴文化財富，亟待搶救保護，古爲今用。

　　對泉州地方文獻的搜集與整理，最早有南宋嘉定年間的《清源文集》十卷，明萬曆二十五年《清源文獻》十八卷繼出，入清則有《清源文獻纂續合編》三十六卷問世。這些文獻彙編，或已佚失，或存本極少。二十世紀四十年代，泉州成立"晉江文獻整理委員會"，準備整理出版歷代泉人著作，因經費短缺未果。八十年代，地方文史界發起研究"泉州學"，再次計劃編輯地方文獻叢書，可惜後來也因爲各種條件的限制，其事遂寢。但是這兩次努力，爲地方文獻叢書的整理出版做了準備，留下了珍貴的文獻資料和書目彙編。

　　二〇〇五年三月，中共泉州市委、泉州市政府決定將地方文獻叢書出版工作列爲國民經濟和社會發展第十一個五年規劃的一項文化工程。翌年，正式成立"泉州地方典籍《泉州文庫》整理出版委員會"，着手對分散庋藏於全國各大圖書館及民間的古籍進行調查搜集，整理出《泉州文庫備考書目》二百六十七家六百一十四種，以後又陸續檢索出遺漏書目近百家一百八十餘種。經過省內外專家學者多次論證，最後篩選出一百五十部二百五十餘種著作，組成一套有一定規模、自成體系、比較完整，可以概括泉人著作風貌、反映泉州千餘年文化發展脉絡的地方文獻叢書，取名《泉州文庫》，二〇一一年起陸續出版發行。

整理出版《泉州文庫》的宗旨是：遵循國家的文化方針政策，保護和利用珍貴文獻典籍，以期繼承發揚中華民族優秀文化傳統，增進民族團結，維護國家統一，提高民族自信心和凝聚力，加強社會主義核心價值體系建設，增強文化軟實力，爲泉州的物質文明和精神文明建設服務。

《泉州文庫》始唐迄清，原著點校，收錄標準着眼於學術性、科學性、文學性、地域性、原創性、權威性，具有全國重要影響和著名歷史人物的代表作優先。所錄著作涵蓋泉州各縣（市、區），包括金門縣及歷史上泉州府屬同安縣，曾在泉州任職、寄寓、活動過的非泉籍人氏的作品，則取其內容與泉州密切相關的專門著作。文庫採用繁體字橫排印刷，內容涉及政治、經濟、歷史、地理、哲學、宗教、軍事、語言文字、文化教育、文學藝術、科學技術等領域，其中不乏孤稀珍罕舊槧秘笈，堪稱溫陵文獻之幟志。

值此《泉州文庫》出版之際，謹向各支持單位、個人和參加點校的專家學者表示誠摯的感謝！由於涉及的學科和內容至爲廣泛，工作底本每有蛀蝕脱漏，加之書成衆手，雖經反復校勘，但限於水平，不足或錯誤之處還是難免，敬請讀者批評指教。

泉州地方典籍《泉州文庫》整理出版委員會
二〇一一年三月

整理凡例

一、《泉州文庫》(以下簡稱"文庫")收錄對象爲有關泉州的專門著作和泉州籍人士(包括長期寓居泉州的著名人物)著作,地域範圍爲泉州一府七縣,即晉江(包括現在的晉江市、石獅市、鯉城區、豐澤區、洛江區)、南安、惠安(包括泉港區)、同安(包括金門縣)、安溪、永春、德化。成書下限爲一九四九年九月以前(個别選題酌情下延)。選題内容以文學藝術、歷史、地理、哲學、政治、軍事、科技、語言教育等文化典籍爲主,以發掘珍本、孤本爲重點,有全國性影響、學術價值高、富有原創性著作優先,兼及零散資料匯總。

二、每種著作盡量收集不同版本進行比較,選擇其中年代較早、内容完整、校刻最精的版本爲工作底本,并與有關史籍、筆記、文集、叢書參校,文字擇善而從。

三、尊重原著,作者原有注釋與説明文字概予保留。後來增加者,則視其價值取捨。

四、凡底本訛誤衍漏,增字以[ ]表示,正字以( )表示,難辨或無法補正的缺脱文字以□表示,明顯錯字徑直改正,均不作校記。

五、凡底本與其他版本文字差異,各有所長,取捨兩難,或原文脱訛嚴重致點讀困難,或史實明顯錯誤者,正文仍從底本,而於篇末校勘記中説明。

六、凡人名、地名、官名脱誤者,均予改正,訛誤而又查不到出處之人名、地名、官名及少數民族部落名同異譯者,依原文不予改動。

七、少數民族名稱凡帶有侮辱性的字樣,除舊史中習見的泛稱以外,均加引號以示區别,并於校記中説明。

八、標點符號執行一九九六年實施的國家《標點符號用法》。文庫點校循新版二十四史及《清史稿》例,一般不使用破折號和省略號。

九、原文不分段者,按文意自然分段。

十、凡異體字、俗體字、通假字,如非人名、地名,改動又無關文旨者,一般改爲通用字;異體字已經約定俗成、容易辨認者不改。個別著作爲保持原本文字語言風貌,其通假字則不校改。

十一、避諱字、缺筆字盡量改正。早期因避諱所產生的詞彙成爲習慣者不改正。

十二、古籍行文中涉及國家、朝廷、皇帝、上司、宗族等所用抬頭格式均予取消。

十三、文庫一般一册收録一種著作,篇幅小的著作由兩種或若干種組成一册,篇幅大的著作則分成兩册或若干册。

十四、文庫採用横排、繁體字印刷出版。每册前置前言、凡例。每種著作仿《四庫全書》提要之例,由編者撰寫《校點後記》,簡略介紹作者生平、著作内容及評價、版本情况,説明其他需要説明的問題。

泉州地方典籍《泉州文庫》整理出版委員會辦公室
二〇〇七年二月五日

目　錄

洪承疇章奏文册彙輯 …………………………………………………… 1

洪經略奏對筆記 ………………………………………………………… 209

校點後記 ………………………………………………………………… 261

洪承疇章奏文册彙輯

目　　錄

洪承疇章奏文册彙輯編例 …………………………………………… 7

洪承疇章奏文册彙輯 ………………………………………………… 9

江南各省事煩料理必須用人謹舉所知仰祈聖裁事揭帖_{順治貳年七月十六日到。} ……………………………………………………… 9

殘縣人少地荒錢糧驟無所出泣籲破格重免以俟生聚事揭帖_{順治叁年八月初四日到。} …………………………………………… 10

地方甚苦缺官謹會同公選就近擬補伏祈勑部覆議以便撫安事揭帖_{順治四年正月初九日到。} ………………………………… 11

微臣驚聞父喪謹陳下情准臣守制以全子道事揭帖_{順治四年三月二十五日到。} ……………………………………………………… 13

彙報江南起解錢糧事揭帖_{順治四年六月初十日到。} …………… 14

叛藩勾亂設計擒弭事揭帖_{順治四年六月二十二日到。} ………… 15

江南省所屬舊額解鳳陽倉米本色折色數目文册_{順治四年七月。} … 23

浙江江西湖廣等省額解舊南京折色銀兩數目文册_{順治四年七月。} … 25

議設徽寧池太安慶伍府廣德壹州經制兵馬錢糧文册_{順治四年七月。} … 31

議設蘇松常鎮四府經制兵馬錢糧文册_{順治四年七月。} ………… 38

議設蘇松常鎮肆府兵馬錢糧經制事揭帖_{順治四年九月初十日到。} … 54

旱災異常亂形已著冒死懇留漕米以支旦夕事題本 …………… 56

傳奉事題本 ……………………………………………………… 59

慶賀長至節事揭帖_{順治十年十月二十四日。} …………………… 61

恭陳湖南湖北情形併議分駐剿禦事宜事題本…………………… 61

鎮臣防剿玩忽養寇貽害謹請勅部覆議事題本…………………… 64

楚省藩司關係甚重員缺得人爲要謹就近擬補仰祈勅部覆議事揭帖順治十一年四月二十三日到。………………………………………… 65

府縣年衰政拙更調宜亟謹就近擬補仰祈勅部覆議事揭帖順治十一年四月二十三日到。………………………………………………… 67

嚴疆需官甚亟州縣缺難虛懸謹疏擬補以期分任事揭帖順治十一年四月二十三日到。………………………………………………… 68

特舉堪任總兵官員仰祈勅部覆議會推事揭帖順治十一年四月二十三日到。………………………………………………………… 70

官兵聞警急趨陣擒渠黨等事揭帖順治十一年四月二十三日到。…… 72

兵丁乘夜私逃追拏又行拒捕已經斬獲發落事揭帖順治十一年四月二十三日到。………………………………………………………… 77

恭報大兵到長沙日期事題本………………………………………… 79

署弁任事有效謹請實授以勵勤勞事揭帖順治十一年五月二十六日到。…… 81

調用投誠官丁以資勦撫事揭帖順治十一年五月二十六日到。…… 82

粵西望餉甚迫協濟拖欠不應仰祈嚴飭催解事揭帖順治十一年五月二十六日到。………………………………………………………… 84

湖南出征馬匹月支料草有例謹請敕部覆議揭帖順治十一年五月二十六日到。………………………………………………………… 85

照例請給官兵隨征家口月米以資養贍以收戰守實效事揭帖順治十一年五月二十六日到。……………………………………………… 87

恭報解運粵西銀米事揭帖順治十一年五月二十六日到。………… 88

報明楚粵候任道府官員仰祈敕部酌用事密揭帖順治十一年十二月十二日到。…… 91

慶賀萬壽事揭帖順治十二年正月二十六日到。…………………… 93

察報桃源失事情形事密揭帖順治十二年七月二十九日到。 ················· 94

常德勦賊大兵已旋荊州會議另發大兵駐劄澧州事密揭帖順治十二年七月二十九日到。 ················· 100

粵西官兵會合湖南將兵勦撫富川賊衆獲捷情形事揭帖順治十三年正月十七日到。 ················· 105

湖廣右路營伍戰馬缺額等事揭帖 ················· 112

封疆之事與建言不同賞罰之典與優容迥異伏祈酌量分別以昭平明之治事題本 ················· 114

道臣赴任違限奉差抱病有據事題本 ················· 117

報明大兵班師咨送軍前候用官員事揭帖順治十三年五月初四日到。 ······· 119

報湖南學臣長沙病故事揭帖順治十三年七月初十日到。 ················· 122

軍前拾貳年分收支兵馬錢糧事揭帖順治十三年八月十六日到。 ············ 123

請定歲終奏報以肅馬政事揭帖順治十三年八月十六日到。 ················· 129

粵西及軍前官兵望餉至迫事題本 ················· 133

江西協濟粵西及臣軍前官兵月米事題本 ················· 136

辰州大兵糧米署道玩誤事密揭帖 ················· 142

前任錢糧無欠水災流抵有據事揭帖順治十四年十月初六日到。 ············ 144

擇補湖南缺員廳官請勅覆議事揭帖順治十四年十月初六日到。 ············ 148

特舉旗下積勞官員擬補極邊要缺事揭帖順治十四年十二月初五日到。 ······ 149

部撥各省協濟粵西及經略軍前十四年兵餉銀兩事揭帖順治十四年十二月初五日到。 ················· 151

常德兵行要路需用渡馬船隻並將用過工料錢糧請勅核消事揭帖順治十四年十二月初四日到。 ················· 154

貴州全省官員應有印信關防請勅部鑄給事揭帖順治十五年七月二十四日到。 ················· 156

邊地用兵正殷鎮臣病危難以統率請勅部覆議事揭帖順治十五年七月

二十四日到。……………………………………………………………… 158

慶賀元旦節事奏 ……………………………………………………… 160

謹照新銜任事揭帖順治十六年正月二十一日到。………………… 160

貴州驛站全無錢糧應用夫馬十分緊急事揭帖順治十六年正月二十一日到。
　……………………………………………………………………… 162

祁陽益陽二鎮東安一營招募兵丁支用部撥鹽課銀兩事揭帖順治十六年
　三月二十八日。…………………………………………………… 165

王師未經進取之先貴州逆賊四路衝突婺川湄潭縣官學官被賊暗襲事密
　揭帖 ………………………………………………………………… 167

經略各標拾肆年錢糧先已奏銷應造實在兵馬文册未及另造事揭帖順治
　十六年六月初三日到。…………………………………………… 172

軍前調用官員久任著勞事揭帖順治十六年六月初三日到。……… 174

逆賊窺犯内地事揭帖順治十六年六月初三日到。………………… 175

會查雲貴督臣及雲南撫臣節制駐劄事密揭帖 ……………………… 185

吏部咨雲貴總督駐劄地方事密揭帖 ………………………………… 188

奉旨回駐楚省適中催趲集聚今在貴州暫時料理糧餉漸次起行事密揭帖
　……………………………………………………………………… 191

雲南監司官員先後委署歷有月日請勅覆議事揭帖順治十七年二月初一日到。
　……………………………………………………………………… 193

雲南府廳各官委署歷有月日請勅覆議事揭帖順治十七年二月初一日到。… 196

自黔起行日期并陳催解過餉銀事揭帖順治十七年三月初一日到。……… 202

恭報信郡王臣貴陽歇馬起行日期事揭帖順治十七年三月初一日到。…… 204

雲貴先後投誠僞官員兵丁人口支過銀米查明造册事題本 ………… 205

6

洪承疇章奏文册彙輯編例

一、本刊爲洪承疇在清朝之"揭"、"題"、"奏"、"報銷册"等項檔案,故定名爲"洪承疇章奏文册彙輯"。

二、本刊文件時期,自順治二年起,至順治十七年止。明代洪承疇章奏均於"明題行稿"中印行,崇禎四年間有洪承疇"請寬前督疏"一件,在"楊鶴奏疏"中印行。

三、本所藏順治元年七月二十二日馮銓、洪承疇"甄別人才以慎職掌啓本"一件,已印在"順治元年内外官署奏疏"中;順治十二年十二月十三日洪承疇"王師已入湖南城池指日恢復題本"一件(本所原件有硃批"著察核具奏,該部知道"九字),已見中央研究院《明清史料》第六本五五三葉之"經略洪承疇密揭帖"(雖一爲題本,一爲揭帖,有正、副本之分,而文件則一),均未付印,以免重同。

四、題目以原文事由爲主,間有删繁,絶無增詞。

五、揭帖到達年月日,均移印於題目之下。

六、原件有前後殘缺者,用六號字注明上下缺字樣。文字漫滅者,用"□"以表明之。文字譌奪者,均仍其舊,不擅加改訂。

七、原件有硃批者,均移印於原文之末。其十七年無月日用藍色硃批者,加"藍色"二字,稱"藍色硃批"。

八、原件有貼黄者,附印於各原文之後,用見當時章奏之制。

九、原件之滿文齊全者頗多,因其不便於排印,故皆省略。

十、原件多有"本揭對同"字樣,或用木印,或用墨寫。又順治十五年十二月二十六日密揭封套右上角貼有紅色紙簽題"内閣"二字,均未印出,以清眉目。

十一、原件二年至五年用"招撫南方總督軍務大學士關防",十年至十六年用"經略湖廣江西廣西雲南貴州內院大學士印",十六年至十七年用"經略湖廣江西廣西雲南貴州等處總督軍務兼理糧餉關防",雖與官制有關,因排印不便,故亦置之,但此於考證洪承疇之仕履別有關係,特述於此,讀者注意。

十二、本刊文件以年月日先後爲先後次叙。年月日以原件爲主,殘缺者則依到達之年月日叙次之,更無到達年月日者,則考原文及他書約次於某年之後;確考得年月日者,則注於原文之末,用( )以表明之,並注其所出。

吳世拱二十四年五月三十日。

洪承疇章奏文册彙輯

江南各省事煩料理必須用人謹舉所知
仰祈聖裁事揭帖順治貳年七月十六日到。

欽命招撫南方總督軍務內院大學士、太子太保、兵部尚書兼都察院右副都御史洪承疇謹揭，爲江南各省事煩，料理必須用人，謹舉所知，仰祈聖裁事。

職奉命招撫江南各省，兢兢以不稱任使爲懼。竊思各省事繁，職才短力弱，欲以壹人之身，每日歷辦大小諸務，恐致遲緩錯誤。職受命之時，內院臣馮銓、剛林等常催職將中軍官、旗鼓官、堪隨用官，俱題請備用，職只用旗鼓官壹員，而協力幹辦之官，竟難其人，職未敢輕舉。剛林等面議謂，職即先行，沿途及南中有人，皆可舉用。職於拾貳日滄州途中，適有陝西舊屬官楊彤庭赴馬前迎謁。職相別既久，不知其從何處來，因問之，係河間府鹽山縣人，離滄州玖拾里，念職昔年識拔，特赴一見。職因想未有協力幹辦之官，欲得與偕行，本官固辭，職責以大義，乃始應允。據本官開報履歷，係舉人初任磁州知州，陞西寧同知，經職題陝西軍前監紀同知，後陞西寧道、肅州道僉事，陞鄜州道參議，以敍功加陞壹級，係副使職銜，崇禎拾陸年正月大計，以浮躁降壹級用，本年五月內回籍，因此得免流賊之禍。職未能細核履歷的確，而本官才守兼優，老成歷練，則知之有素。職因商之學士來公、啓心郎不黨等，面陳於欽命平南大將軍貝勒勒革得紅及固山額真葉清，皆有其難其慎之意。職謂以一身兼辦數省之事，勢必不能，軍前隨宜委用，勅書開載甚明，用人協力辦事，內院業有成議。況本官只願隨職在衙門內辦事，不出衙門之外，則關防尤便。貝勒令職請明旨遵行，職謹具疏上聞，伏乞聖明鑒裁。如果職所舉不謬，勅下吏部，詳察本官履歷，與以應得職銜，隨職衙門內辦事，俟壹年之內，果有成績，容職等題請另用。

緣係江南各省事煩，料理必須用人，謹舉所知，仰祈聖裁事理，職未敢擅便，爲此具本，轉差各州縣快手齎捧謹題請旨。

順治貳年柒月拾叁日。

殘縣人少地荒錢糧驟無所出泣籲破格重免
以俟生聚事揭帖順治叁年八月初四日到。

欽命招撫江南各省地方總督軍務兼理糧餉內院大學士、太子太保、兵部尚書兼都察院右副都御史洪承疇謹揭，爲殘縣人少地荒，錢糧驟無所出，泣籲聖慈，破格重免，以俟生聚事。

本年貳月拾玖日，准戶部咨覆劄委安慶巡撫李猶龍題前事，奉聖旨："戶部議奏。"欽此，欽遵。該臣部看得，安慶所屬潛山、太湖貳縣，罹寇患已拾餘年矣，人民逃亡，地土荒蕪，百里幾無烟火，城市亦多荆榛，不但無皮骨之堪敲，亦且恐孑遺之將盡，讀劄委撫臣之所陳，真可痛哭流涕。合差臣部滿洲官員，親詣查勘，據實册報，奏請蠲恤，仍移文招撫江南內院臣知會者也，等因。奉聖旨："是。"欽此，欽遵。合咨前去，煩照覆奉明旨內事理，於本部差去呂郎中等官內，差壹員星赴潛、太貳縣，查勘荒地多寡，人民有無，務得情形確實，備造花名清册呈報，以憑奏請蠲恤施行等因，備咨到職。該職即會戶部差到滿洲戶部郎中等官呂可升等，公議選差滿洲官壹員金打喇罕帶領通事桂承良等拾餘名，職又添差漢官戶部主事壹員張清議協同查勘。職恐地方既遭殘苦，供費甚難，俱于江寧動正項銀米，酌量支給，足以供往來及駐日之用，此外不許分毫索擾地方。又行安慶兵備道夏繼虞，於安慶府同知、通判、推官內選委廉能官壹員，公同前去潛山、太湖貳縣，悉心查勘，從實開報，不許隱徇，自干重罪，併嚴禁漢滿官兵，不許騷擾地方，益滋苦累。

今于陸月拾叁日，據戶部滿洲官金打喇罕、漢官主事張清議回到江寧呈稱：職等奉委踏勘潛山、太湖荒殘，比到兩縣郊外，城內概無人烟。隨公同安慶府推官李崇稷、潛山縣知縣胡繩祖、太湖縣署印教官董文鼎，逐處親加查勘，其荒殘之慘苦，即李撫院原疏猶未盡其情形，倘不概從蠲恤，料理開墾，恐數拾年後，亦難復其故業。查潛山縣原額地叁千貳拾頃捌拾貳畝，內見在成熟地捌百壹拾陸頃捌拾壹畝，抛荒地貳千貳百肆拾頃零壹畝，見存人丁計壹千陸百肆拾丁，餘皆死亡，無從稽查。太湖縣原額地肆千壹百玖拾陸頃捌拾肆畝，內見在成熟地壹千壹百頃，抛荒地叁千玖拾陸頃捌拾肆畝，見存人丁計叁千伍百陸拾貳丁，其餘死亡，無從稽查等因。又據安慶府推官李崇稷呈，據潛山縣申稱，潛邑素稱瘠土，屢議築城不起。先年遭逆獻殘破，屋焚民戮，嗣是兵賊，歲無虛日，所留孑遺，殍亡遍野。自卑職到任，招撫流移，哀鴻稍集，畢竟民窮，元氣難復。或數家朋買壹牛，或人力耕鋤數畝，民力不堪已極。如照別縣一概徵比，恐來歸者又轉而逃散，成熟者又轉而抛荒。仰懇轉達疏請，再蠲數年，使土著之民，漸有生聚等情。又據太湖縣申稱，太邑界連英、六、蘄、黃，罹害獨久。拾餘年來，兵寇頻加，旱疫疊至，田荒丁逃。加以獻賊屠城，闖逆盤踞，城郭僅存廢店，鄉間滿目荊榛。卑職受事未久，招集流亡，漸圖開墾，牛種不敷，艱苦萬狀。幸逢皇恩特遣滿漢官員，踏勘災傷，伏乞轉報籲請，得邀蠲免數年，起死肉骨等情。并安慶道府各具呈到職。

該職看得，安慶府所屬六縣，無處不遭殘破，而潛山、太湖爲尤甚。蒙皇上天恩，准差滿洲官員親詣查勘，仰見聖明身居九重，心周民瘼。職仰體聖意，又選差漢官，公同實勘，給以往來銀米，無煩地下缺。

地方甚苦缺官謹會同公選就近擬補伏祈勅部覆議以便撫安事揭帖順治四年正月初九日到。

欽命招撫江南各省地方總督軍務兼理糧餉內院大學士、太子太保、兵部尚書兼都察院右副都御史洪承疇謹揭，爲地方甚苦缺官，謹會同公選，就近擬補，伏乞聖明勅部覆議，以便撫安事。

職准吏部咨該職題前事，奉聖旨："這擬補各官，作速議覆，內廩監、准貢、功監、官生，見行事例，俱不准用。王自成等如果有功本朝，還將履歷功次詳察奏奪。該部知道。"欽此，欽遵。除擬補各官見在議覆外，所有王自成等相應咨會，煩爲遵照明旨內事理，希將各官履歷功次，星速詳察明晰，奏請定奪等因，備咨到職。職隨行署上元縣知縣王自成查報，據王自成呈稱：卑職年叁拾柒歲，遼東鐵嶺右衛人，浙江烏程籍。天啓五年蒙關外寧前兵備道考取進學，陸年貳月內補廪生，崇禎元年貳月貳拾柒日奉例納監，見有工部納銀實收、禮部監單可據。崇禎捌年正月內國子監撥赴禮部歷事，本年歷滿，隨赴順天府，給有捌年分路引爲據。順治元年玖月內，蒙前任登萊陳撫院調取，招撫大叛楊威，開城散脅有功，隨蒙本院題叙，奉明旨下部候覆間，順治貳年貳月內蒙見任總河楊部院、前任山東方撫院，因南疆未拓，委署徐州知州，相機進取。卑職遵於叁月內先在河北到任招撫，拚命渡河，進城安撫百姓，仍備辦糧米，接濟大兵，又修築長樊大壩等河功，該總河楊部院、山東方撫院題爲塘報事內，入卑職有功姓名，節奉聖旨："知道了，該部知道。"貳年陸月內，因徐州知州北選有人，蒙總河楊部院題爲"署官有勞足紀，無枝可棲"等事，奉聖旨："據奏沿河署官，効有勤勞，着分別錄用，吏部知道。"貳年玖月內，又蒙鳳陽趙撫院題"爲特表賢勞，仰請改選"等事，奉聖旨："王自成准改選，吏部知道。"貳年拾月內投見欽命平南大將軍貝勒，隨蒙內院總督鑒察前勞，委署上元縣知縣，啓蒙貝勒給劄，於貳年拾月三拾日署事。今蒙查取履歷，謹備叙具呈。等因到職。

　　該職看得，署上元縣知縣王自成，職於順治貳年拾月間因上元縣係省會繁劇，必須得人，面會操江院臣陳錦云，有前任登萊巡撫時効用官王自成，登萊隨征有功，堪任縣令。職驗其力年精壯，即啓請貝勒，擬補前缺，具題實授，奉聖旨詳查履歷功次。今據本官呈報，先在登萊，繼在徐州，剿撫功次，屢經總河及巡撫諸臣題奉聖旨，欽遵在案。職又責成署理上元縣事，以觀其才能。今經壹載，戢捕盜賊，催征錢糧，並一切安民事宜，無不竭盡心力。又數次起發征剿大兵，及省城滿漢公務，皆拮据料理，著有成效。職謹據實具奏，伏乞皇上勅下吏部，再加查核。如果王自成履歷有據，在本朝先後功苦，勘以錄用，乞請明旨，准其實授，以示激勸。至職原題疏內如委署涇縣知縣准貢熊烈、委署建德縣知縣功監張石、委署太倉州學正官生趙有敬、委署江寧縣訓導生員汪兆璀，以上肆員，已經吏部覆，奉明旨不准用。今查熊烈先已物故，張石、趙有敬、汪兆璀等叁員，職俱先行令離任，所遺建德縣知縣、太倉州學正、江寧縣訓導員缺，應聽吏部作速銓補。爲此，除具奏外，理合具揭。須至揭帖者。

順治叁年拾貳月拾叁日。

貼　　黃

欽命招撫江南各省地方總督軍務兼理糧餉內院大學士、太子太保、兵部尚書兼都察院右副都御史洪承疇謹揭，爲地方甚苦缺官等事。

職遵奉聖旨，察得署上元縣知縣王自成，於順治元年在登萊，貳年在徐州，俱有勸撫功次，屢經總河、巡撫諸臣題奉明旨欽遵在案。今又署理上元縣事，觀其才能，已經壹載，凡戢盜安民事宜，皆有成效，伏乞皇上勅部覆核。如果王自成履歷功苦有據，乞與實授，以示激勸。至職原疏內准貢熊烈，先已物故，其功監張石、官生趙有敬、生員汪兆璀叁員，職先已行令離任，所遺員缺，聽吏部作速銓補。謹揭。

微臣驚聞父喪謹陳下情准臣守制
以全子道事揭帖順治四年三月二十五日到。

欽命招撫江南各省地方總督軍務兼理糧餉內院大學士、太子太保、兵部尚書兼都察院右副都御史洪承疇謹揭，爲微臣驚聞父喪，謹陳下情，仰祈聖鑒，准臣守制，以全子道事。

職原籍福建泉州府有家人陳應安隨職弟職子赴江南，貳月貳拾日先到職衙內，職面問家中信息，驚聞職父在家病久，於癸未年玖月貳拾柒日卒於正寢。職一聞哀痛欲絕，竊念癸未年之玖月，乃職受皇上豢養於盛京之日，職父病有年，既不能侍湯藥於左右，父沒又不能盡號哭於喪次，不可爲子，豈可爲人。又職前住都中，後移江南，原籍福建，寸札不通，及身任江南大事，遂不敢顧及私家，至今叁年有半，乃得聞父訃音。職於私衙，朝夕哀哭，不能爲生，方寸已亂，精神昏憒,身服衰絰,不敢理江南重事。惟念叁年守制,實人子之至情,尤天下之通誼。伏乞皇上聖恩、皇叔父攝政王睿慈,俯准職回京守制,終喪叁年,得伸哀慕之誠,稍盡子道於萬一,自兹職有生之日,皆頂戴皇恩之日。爲此除具奏外,理合具揭。須至揭帖者。

順治肆年貳月貳拾伍日。

貼　黄

欽命招撫江南各省地方總督軍務兼理糧餉内院大學士、太子太保、兵部尚書兼都察院右副都御史洪承疇謹揭,爲微臣驚職父喪等事。

職有原籍家人貳月貳拾日先到職衙内,驚聞職父于癸未年玖月貳拾柒日卒于正寢,職哀痛欲絶,念職身任江南,寸札不通,今叁年有半,乃聞訃音,方寸已亂,身服衰絰,不敢理江南重事。伏乞聖恩准職回京守制,終喪叁年,稍盡子道。謹揭。

彙報江南起解錢糧事揭帖順治四年六月初十日到。

欽命招撫江南各省地方總督軍務兼理糧餉内院大學士、太子太保、兵部尚書兼都察院右副都御史,今守制洪承疇謹揭,爲彙報江南起解錢糧事。

順治叁年拾壹月初玖日,户部差到滿洲郎中張克勒催江南布政司,將各府州縣應起解户部銀兩,速解赴京。職查貳年分應解北錢糧,奉恩詔照數蠲免之外,應徵解者無多。維時江南地方初附,大兵需用糧餉,經費不足,職屢次具疏,蒙户部覆議,不拘各府州縣地畝等項錢糧,俱准通融支用,奉有俞旨,是以貳年分解北銀兩,皆已催解接濟,無可起解。其叁年分錢糧,往來大兵,本折供應,及各府駐防督鎮兵餉,皆有支用。但解北項款,職知係京中急需,常行文布政司預留起解,不敢多動,是以郎中張克勒一到,職催行起解。有前任左布政使朱國柱用心催儧,又署司事分守道張天機竭力拮據,自叁年拾壹月起,至肆年肆月終止,節次差縣丞、大使等官姚萬程、何國仕等,捌次起解叁年分江南各府州縣應解北金花等銀,共叁拾貳萬捌百伍拾肆兩壹錢陸分捌厘貳毫零。每解壹次,職會操江臣陳錦俱差有官舍同行管解,應用夫馬及官役口糧,并沿途護送官兵,職給與牌文,挨程應付,已陸續解到户部交收訖,職俱有咨會户部查核。張克勒已於肆月貳拾捌日起行回下缺。

叛藩勾亂設計擒殲事揭帖順治四年六月二十二日到。

欽命招撫江南各省地方總督軍務兼理糧餉內院大學士、太子太保、兵部尚書兼都察院右副都御史,今守制洪承疇謹揭,爲叛藩勾亂,設計擒殲,謹具疏報聞,仰祈聖鑒事。

順治肆年貳月初柒日,職准兵部咨,該提督蘇松總兵吳勝兆題前事。內開:竊惟我大清御宇,率土賓從,凡前朝宗支,各宜識命臣服。不圖有周藩分封遂平王名朱紹鯤者,於順治貳年陸月內王師渡江之後,擁衆萬餘,盤踞松江西倉城,與叛帥吳志葵同謀肆虐。捌月內大兵破松,志葵被擒,紹鯤逃至佘山,遂爲僞職方楊模即楊鼎式擁下太湖,與僞長興伯吳日生、僞總兵周瑞合營抗拒。叁年伍月內日生就縛,旋又周瑞來降。於捌月內,赴僞總兵昌國興營中,未幾國興歸順,隨逸走嘉興王店地方,此後出没無定,臣多方跡之不得。近聞唐王被獲,思欲之閩之粵,自行僭竊,先將伊女下嫁僞官蔡橋爲媳。橋見助黃斌卿,同踞舟山。復有甲戌科進士陳素、僞監紀推官楊焜等,左右輔弼,擁戴搆亂,先約湖中賊衆起手,即欲間道出海,勾連斌卿,爲外合內應之舉。於是連朝海上砲聲不絶,湖中蠢蠢欲萌。幸臣覺察之早,密飭沿海將備,刻刻防閑。臣更思若不速擒,變將不測。臣隨差鄉民幷官,改易衣裝,分投物色,無奈其行踪詭秘,兼有此中奸徒爲之護藏,於今拾壹月貳拾伍日申刻,據原差人錢甫及巡緝官康名世、宋慶傳等報稱,訪得遂平王見窩於上海縣地方宋元調家,甫等認識門徑,飛報前來。臣恐水路稽遲,立刻傳中軍副將詹世勳、內司遊擊郭文舉,選差都守董友明、張友功、吳進功、林可進,材官孫友功、易成功、董仲德、崔友功、宋自祥、周應奎、盧得勝、劉九功、孫應龍、張思元、李勇全、連友功、閻世禄、樊友功、劉文學、莊自春、嚴成功、鍾如弘、傅鎮國、傅鎮邦、馬養龍,原任將官傅克調、余自新、劉士賢、屠鎮遠、盛世用、候選主簿王乾、貢生馬中驥等，引帶馬兵夜襲。遂平王一見兵馬，即從後墻奔逃，官兵復追至貳拾餘里始獲，并妃高氏、陳氏、女大姐、三姐、使女賜鳳等共伍口。又擒楊模，并母錢氏、妻趙氏、女二姐、繼女三姐、小厮僧官、使女金菊等共柒名口外，陳素、楊焜亦同就獲。其遂平王鍍金銀印壹顆，據稱在魏康侯家，即差守備吳進功等督押康侯，追取前印，乃在上海縣知縣孫鵬衙內起出。此役仰藉皇上、皇叔父攝政王之威靈，暨總督內院撫按道府之計畫，不亡一鏃，即爾擒王，中外交搆之隱憂既消，湖海不軌之異志亦絶。除將朱紹鯤與宮眷并追獲銀印及楊模等一面解赴總督院臣，另候聖旨發落，其有功官員，并祈勅部查叙，以昭鼓勵等因。順治叁年拾貳月貳拾捌日，奉聖旨："朱紹鯤等着內院督臣審驗，就彼正法，家口解京。有功人員察叙。本內説孫鵬衙內起出銀印，着該撫按確察具奏。該部知道。"欽此，欽遵。合咨貴院部，煩照聖旨內事理，即將朱紹鯤等審驗，就彼正法，其家口作速解京，有功員役察明奏叙施行，等因到職。

職查未准兵部移咨之先，據蘇松提督吳勝兆揭同前事，并差官將僞遂平王朱紹鯤妃高氏、陳氏、女大姐、三姐、使女賜鳳，僞官楊模母錢氏、妻趙氏、女二姐、繼女三姐、小厮僧官、使女金菊，僞官陳素、楊焜，共壹拾伍名口，俱解到江寧。職以此事關叛逆，又題候明旨，必事事審有實據，方可以定大罪。如揭內所稱遂平王朱紹鯤，順治貳年陸月大兵渡江之後，即擁衆萬餘，盤踞松江西倉城，今叁年拾壹月內拿獲於上海縣地方。則朱紹鯤在松江地方已經壹年有半，其作亂情形，自是耳目昭彰，一加查問，自見的據。又拏獲於宋元調家內，元調既將逆王男婦多人窩住，必知其勾連作亂情由，嚴加審問，自能供吐真情。又有宋元調户首及左右兩鄰，必知其往來形跡，俱應查審的實。今舍此不問，而所云叛逆，皆已前未有指證事情。又僞職方楊模，即楊鼎式，揭內止入貳年捌月內大兵破松江，擁下太湖。又進士陳素、僞推官楊焜，揭內止入左右輔弼，擁戴搆亂，俱未見有叛逆聚衆指實情形，又未言的係某某官員於何處拏獲，何以定叛逆大罪。其遂平王鍍金銀印，據稱在魏康侯家，及追取前印，乃在上海知縣孫鵬衙內起出,尤爲詫異。今上海知縣一面問,自見分明。今將解到婦女,俱行收養,將遂平王朱紹鯤及楊模、陳素、楊焜共肆犯,俱發回蘇州,合聽撫院會同按院會審肆犯在松江已前行事情形,併提原窩主宋元調及元調戶首兩鄰人等,從公會審:朱紹鯤在前的在何處居住,所稱叛逆搆亂,有何的據;昨拾壹月內原係何人訪知,原係何官,如何擒拏;僞官楊模係某年月日擁下太湖,有何指證;陳素、楊焜原係作何,擁戴搆亂,有何的據,拾壹月內在於某人家內作何拏獲;遂平王印信,原報在魏康侯家,又因何在上海縣衙內起出,其中有何情故。必多方查訪,從公審明,直截回覆,事關叛逆,幸勿游移含糊,有負職掌;尤必確查朱紹鯤眞正枝派係明朝有無名封的據,併確查楊模、陳素、楊焜在前眞正出身履歷,俱要開列明白,不致含糊,必拾日內回覆,立等核實,具疏轉報,萬勿遲緩。人犯肆名,已發江寧府,解至蘇州府,轉解聽候收問等因,移會撫按兩院去後。

續據江寧撫臣土國寶揭稱,案准該提督揭前事,先據上海縣知縣孫鵬詳爲緝獲申解事,所報互異,職已移行查明緣由。今奉前因,隨會同巡按盧御史檄提疏內有名犯證,於拾貳月貳拾柒日、正月拾肆等日,并會同工部陳侍郎於公所面審得:朱紹鯤係河南周藩宗派,册封遂平郡王,在崇禎肆年間至順治元年,因中原大亂,挈妻孥貨財併懷鍍金銀印壹顆,避難南來。有楊模者,即前朝史閣部下監紀推官楊鼎式也,邂逅締結,共圖舉事。時值三吳民變,相與聚衆于松江西倉城地方。旋以大兵臨境,烏合瓦解,紹鯤改名爲程隱生,與模逃至沈港,未幾又走嘉興,僦居李家園,各將妻子安頓,往來湖海中,每思乘隙而動。模有密友周之芳,逋逃奸棍也,相與商及此事。之芳謂己國之裔,可以惑衆橫行,謀同魏康侯、錢甫、魏文之,詭云上海有前朝千戶徐士矯,家甚富,可以養,可以助,可以舉大事。紹鯤失路之人,不覺入其縠中,并模亦爲所紿矣。拾壹月初玖日,模家眷一舟、紹鯤家眷一舟,文之原有買花一舟,則載模與紹鯤也。拾肆日齊至魏港地方康侯家中,其家眷各在舟中,距康侯家不叁里也。比紹鯤見援寡勢孤,知是騙局,亟欲辭去,而之芳、康侯等亦各懷貳心,番爲挾詐之舉,強勒紹鯤汗衫壹領爲質,向伊家眷舟中索取衣資包裹併金印以去。模知大事不成,此地難居,于拾壹月拾陸日挈紹鯤再往華亭地方，賃寓宋元調家，暫爲販布生理，同到布行吳良家買布。先是，嘉興桐聯縣人陳素以前朝甲戌進士，曾爲僞安昌王一事舉發，審明，原無干涉在案，後變姓名爲唐彦碩，落魄江湖，賣藥寺中。偶因吳良買藥相叙，詭稱是業儒老童，因而設館其家，與紹鯤踪跡凑合。此輔弼擁戴之説，有自來也。迨事敗，則以之芳、康侯獨罟資印，不及錢甫，而甫遂啣之，由是走報督標官康名世，轉報吳提督。拾壹月貳拾伍日，差官郭文舉等追拏紹鯤等于元調家，止獲家眷數口，隨到吳良家，始縛焜與模，而陳素亦以舊事致疑而并及矣。貳拾柒日上海知縣孫鵬得周季珍之出首，亦在差役協拿間，而紹鯤等先被督標擒獲矣。貳拾捌日，再同提督差官吳進功、參將佘養清，星馳康侯家搜印，并緝餘犯，止獲康侯，而之芳知風先遁。該縣同二弁因夜晚回縣，另添差捕役陸奉等，協同地鄰孫賢等肆拾餘人，當晚密縶魏文之妻，究其夫何往，據云今夜同之芳必來，于是潛伏僻處。叁更時分，果見之芳與文之黑地潛歸，竟敲康侯門，衆擁擒獲，併鍍金銀印亦在之芳腰間搜出，拾壹月貳拾玖日黎明解縣。知縣孫鵬以事情重大，不輕示人，親自收藏庫中，政在具文報解，而參將佘養清隨至，將印當下秤重捌勅肆兩，自縣銜賫出，解松江府，轉解吳提督。則銜内起出之語，亦非誣也。至喚元調兩鄰張達、李玄，户首李明訊之，據云：元調有空房叁肆間，模等來賃，稱有姓程客人夫妻幾口來住，因此寓居，並無別情。拾壹月貳拾陸日，督鎮差官來，始知是前朝王子。再審楊焜，即模之姪，叔姪相依，凡事俱是模做主張。此若輩被擒之大略也。

　　該職看得，朱紹鯤委係前朝藩孽，挈資攜眷，躑躅南來，忽有楊模視爲奇貨，身相隨而妻孥亦相倚，於依附之中，寓有翼戴之舉。因而周之芳等餌赴上洋，亦將有擁僞共圖之意也。不料獨拍無聲，空談莫濟，紹鯤萌有去志，而之芳及魏康侯、魏文之等，既不成其狡計，轉欲恣其狼貪，脅搶其資，而分潢舊篆，隨落宵人之手。竊意銷鎔儘堪資斧，呈繳亦見歸誠，雖現在未有逆形可指，而流離之際，仍懸肘後，意欲何爲。錢甫烹分未遂，反邀出首之功。陳素萍浪偶逢，乃致嫌疑之涉。若獲印一事，先從捕快得，後由縣官解，出自庫中，而不起自衙内，可不辨而明也。但遂平懷印而來，無異星火，若不即熄，後或燎原。今得以獲解，亦甚幸矣。合將始末情由，連人起解，伏祈察審發落施行等因。准此。

又准蘇松按臣盧傳揭開：看得朱紹鯤以前朝遺孽，遁跡江南，而楊模居爲奇貨，委身相從，潛圖推戴。幸天不惠奸，假周、魏貳兇之手，脅其賫印以去，而陰謀始露；假錢、康兩弁之口，直發其覆，而罪人斯得。跡其行藏，雖屬萍逢麏定，然往來情形詭秘，祇是心欲行而力未逮耳。此一案也，吴鎮緝奸于前，孫令獲印于後，破群謀而後不致釀亂也。

准此，職以撫、按貳臣揭内，俱未經詳審定罪，若將朱紹鯤等再發回復審，恐稽欽件，職隨一面批發江南按察司，將人犯細審，必擬議或並斬、或分別某應斬、某應豁，毋容游移，限五日内詳報，立等定奪。伍月貳拾伍日，據署江南按察司事馬政道、盧世揚呈稱，隨提朱紹鯤等，逐一隔别研審。據朱紹鯤供：係河南周藩，崇禎肆年封受遂平郡王，給有鍍金銀印壹顆，計重捌勋肆兩。拾伍年闖賊攻破汴城，挈妻攜印，避難河北。後因崇禎國變，拾柒年拾貳月内，又到江南。順治貳年肆月内風聞左兵將到，又逃至杭州城外。本年陸月内回到嘉興縣，僑寓張志萱家，剃髮爲民，改名程隱生，賣布生理。張志萱房屋狹隘，難容家眷，轉送到楊模家居住。嗣後楊模房被火燒，又遷沈港地方，租賃吴家居住。順治叁年陸月内，白腰黨作亂，又到嘉興府地名楊店夏家居住。叁年拾壹月内，遇見房主楊模相識人周之芳，要同去做買賣，引到魏康侯家，方纔下船，周之芳等壹拾柒人，即將船内衣服捌拾玖件、本銀壹百壹拾伍兩，并傢伙等件，盡行劫擄，仍趕至魏康侯家，要將紹鯤殺死，魏康侯苦求獲免，復將包裹内銀印搶去，止付錢叁拾千文、米叁斗與紹鯤作爲盤費。紹鯤無奈，哭訴楊模，拾壹月拾柒日，同到宋元調家内，貳拾伍日湊錢捌拾千，前往布牙吴良家買布。貳拾陸日，即被捉拿。原與陳素一面不識。復問既已剃髮，何不繳印。又供：前時只做買賣，不知繳印事例，其後聞信要繳，印已被賊劫去等情。及審周之芳，供稱：分得打劫朱紹鯤銀捌兩、藍紗道袍壹件、白絲紬褲壹條。又據魏文之供稱：分銀叁兩、絲紬棉襖壹件、磁碗叁拾個、青布褲壹條。又據錢甫供稱：分銀伍兩、紬裙壹條、布被壹牀、青布褥子壹件，餘俱陸垂、楊虎、馬佛等分去。又據陳素供：係前朝甲戌科進士，順治貳年隨父被亂寓住平湖縣生員張樞家内，因張樞子張小三不守本分，投入白腰賊黨内，素勸張樞訓管，不意小三聞風逃走，懷恨在心，要行謀害。素驚怕，遷到華亭縣居住。忽被小三趕至中途，妻妾貲財，盡遭劫去，止存壹身，不好歸家，因變姓名，在上海縣康家廟行醫糊口。偶遇布牙吳良妻子有病，向素買藥，詢知業儒，良就請素到家教子，終日閉户讀書，與朱紹鯤並未一面。拾壹月貳拾陸日，聽見兵馬吵嚷，出門觀看，以致誤拏。又供前時爲事掛誤，原係張小三挾讐誣扳。又據楊模供稱：嘉定縣人，係前朝史閣部任巡撫時監紀推官，告假回籍。弘光元年捌月内有安定鎮布牙張志萱，引領程隱生夫妻陸口，説他店中難容婦女，借身房屋貳間居住。玖月民亂，身房燒燬，朱紹鯤搬住沈港吳家。順治叁年陸月内泖湖賊亂，身又搬移嘉興府楊店地方李家，紹鯤賃住本地夏家。至拾月地方又不寧靖，身要搬回新場宋元調家居住，隱生意欲同往。湊遇周之芳在楊店來賣花，因曩日相識，向身説稱此地不可居，又説東邊布價極賤，買到杭州發賣，甚有利息。身隨回稱有一北邊客人，帶有家口，上海地方可有經紀留他。之芳回云，那邊大家經紀，儘可容留。遂覓壹船，之芳原有壹船，分坐家眷，周之芳引領程隱生前往魏康侯家，身同自己家口往宋元調家。去相别兩日，路聞魏康侯家有一北邊人被土人搶劫，身即往看，尋至魏康侯家，遇隱生哭稱被人劫搶，如今不論財帛，只救夫妻性命。彼時身方認得魏康侯，即同隱生催覓壹船，至宋元調家，另賃房屋貳間居住。拾壹月貳拾伍日，隱生自到吳良家買布，身因母病，親往新市取藥，不曾同去。時有族姪楊焜來探母病，留住未回。貳拾陸日，錢甫帶同吳提督兵丁將身家眷并姪楊焜一齊綁去。身回聞知，自赴吳提督處投見。楊焜、宋元調、魏康侯供與相同。又據上海縣捕役陸奉、凌雲供稱：本縣住人周季珍，有姪周之芳，原做强盗，陸年不歸，見有捕牌存據。順治叁年拾壹月拾伍日，周季珍聞知周之芳回在魏康侯家裏，要同王子下海，帶有金印在身，要做大事的意思。周季珍慮恐貽累，貳拾伍日出首本府，貳拾陸日又首在本縣，蒙差身等捉拏。魏康侯已被吳提督兵捉去，當獲魏文之妻，説稱周之芳、魏文之拏着金印,先于貳拾伍日晚間出去,約定貳拾捌日夜裏回來。身等糾集地方張安等,肆下埋伏。叄更時分,周之芳果到魏康侯家,身等一齊上前拏住,又于身邊搭包内搜出前印壹顆。魏文之知風,遂開後門逃走,亦被身等趕上捉獲。貳拾玖日黎明,解赴本縣孫知縣處交付庫吏張天紹,又請佘參將當面秤得銀印重捌勅肆兩。佘參將要拏前印獨自獻功,縣官不肯,將印親自送與傅知府同解吳提督。佘參將因與縣官争印,故説印自縣衙起出,實是誣陷。周季珍、張天紹、張安供與相同。再審錢甫等,朱紹鯤昔在西倉城擁衆改元,有何確證。據供:身等實因分贓不均,方行舉首,其朱紹鯤在西倉作亂,張掛神武元年告示等事,俱屬傳聞,並未親見。但藏匿金印,現在可據。各等情在案。

　　審看得朱紹鯤前朝周藩郡王也,自汴城水毁,挈家南徙,今日住吳,明日住越,販布餬口,茫無定棲。雖西倉建號、舟山下海之説,未有確據,而改變姓名,匿印不繳,踪跡詭秘,按以清朝投誠之例,似不能爲紹鯤解也。楊模既係前朝監紀推官,亦非無知編氓,與紹鯤相依兩載,明知爲王,明知懷印,不教之歸命本朝,而潜匿于湖山泖蕩之間,欲何爲乎?亦不能爲模解也。周之芳,海畔慣盗,見紹鯤北人寓南,囊資必厚,故誘入虎穴,勾合魏文之、錢甫、陸垂、楊虎、馬佛等,先搶舟中之資,繼劫店中之囊,魏康侯、楊模等百計勸解,僅免加刃。不意探囊瓜分,而金印逼露,錢甫又不作攫金面目,遂思邀功舉動矣。然而贓真證確,盗行實不容掩也。倘念錢甫有出首之舉,或可開一面之網。陳素以丁憂進士,屢劫孤身,不識紹鯤之面,豈知紹鯤之謀?止緣舌耕于吳良之家,拘紹鯤因拘吳良,并逮陳素,實屬株連。生員楊焜,雖係楊模之侄,然分爨各方,蓋已有年,止緣祖母病危,偶探望于宋元調之家。拘楊模因拘元調,並逮楊焜,亦屬波累。即宋元調不過數日居停,吳良不過一刻交易,與布牙魏康侯開店招商,豈查來歷,均屬萍水之遭,應置肆赦之條。周季珍惡侄周之芳,歇案逃賊,故出一首,而紹鯤大逆之舉,與原首錢甫地方張安等同口一詞,俱稱風聞。再查印自衙内起出之説,當日獲印者縣捕陸奉、凌雲,收印者庫吏張天紹,獻印者縣官孫鵬,其佘參將思欲自以爲功而不能,故作此語以誣之,然旋獲旋獻,萬目共睹,縣官亦何利之有乎？總之此案，朱紹鯤、楊模匿印潛踪，大干法紀，提督部下緝捕之功，自不可泯。倘必蔓引株連，以及無辜，神人昭察，不可誣也。敢備列口供，至應斬應豁，是在憲裁，非本道所敢輕議。等因，具詳到職。

該職看得，僞遂平王朱紹鯤等一案，職於未奉聖旨之先，見原疏揭内情形，含糊不明，即已駁查，俟核明具疏。隨奉聖旨，朱紹鯤等着職審驗，就彼正法。職不敢稽遲，即再三細研。今准撫、按二臣之覆揭，與署按察司馬政道之詳審，前後情節，俱相脗合。朱紹鯤乃前朝周藩之宗派，既入大清朝版圖，即係編氓，自當遵朝廷法度，繳印投誠。乃隱變姓名，隨處藏匿，復依附於舊監紀推官楊模。模與紹鯤同居，將及兩載，豈不備知其來歷，亦不曉以歸命，仍將遂平王鍍金銀印私同藏留，以販布爲名，往來湖山汹蕩間，意欲何爲？究之，并其印亦被夥盜劫去。此西倉城作亂、舟山下海之説，雖屬傳聞，然豈爲無因而致？貳犯之罪，無以自解。周之芳係湖海慣盜，楊模初引與紹鯤，欲合夥做生理，之芳見財起意，糾同魏文之、錢甫、陸垂、楊虎、馬佛等搶其資囊，并劫其鍍金銀印，再則分贓之心，又轉爲邀功之心，遂有錢甫之首告。使從前踪跡，一旦敗露，湖海之間，可以絕一禍根。錢甫既已出首，應行免科。周之芳、魏文之等，久屬慣賊，劫贓有據，法在不貸。再查前朝甲戌科進士陳素，與朱紹鯤夙未謀面，因教讀于賣布吴良之家，因拿紹鯤，遂獲吴良，并連及陳素。又楊焜係楊模之族侄，分爨異居，偶以看其族祖母病，到宋元調之家，因拿楊模，遂獲元調，并連及楊焜，頃刻相遭，明屬波累，應從豁免。其宋元調，乃朱紹鯤、楊模之房主，雖紹鯤隱易姓名，不能知其真情，何不仔細覺察，容留既久，不爲無罪。魏康侯係布行經紀，吴良係賣布之人，原不知情，難以加罪。至於鍍金銀印，係上海知縣孫鵬所差捕役得獲，收之庫中，原非出自衙内，按臣盧傳會、撫臣土國寶已先疏回奏，職不敢再贅。今朱紹鯤、楊模、魏文之應行正法，職欽遵聖旨，一一審驗既確，不敢再請候聖裁，即於伍月貳拾玖日會官梟斬正法訖。原獲朱紹鯤、楊模家口，俟有便船，另行解京。陳素、楊焜事内牽連，應開一面，審驗既確，仰候聖旨裁定。周之芳法應梟斬，肆月貳拾陸日在監病故，仍行戮屍。宋元調亦屬有罪，近在監病故，應准相埋。魏康侯、吳良原屬無罪,與出首之錢甫應從釋放。未獲陸垂、楊虎、馬佛,仍行嚴緝。有功人役,另行察叙。職謹具題,伏乞敕下該部,再加核議,恭請□□行下,職等遵行。其原解到僞遂平王鍍金銀印□□,今一併起解,伏候□□□□□。爲此,除具□□□□□□,須至揭帖者。(下缺)

江南省所屬舊額解鳳陽倉米本色
折色數目文冊順治四年七月。

欽命招撫江南各省地方總督軍務兼理糧餉內院大學士、太子太保、兵部尚書兼都察院右副都御史,今守制洪承疇爲詳查舊額解南本折錢糧,及酌議經制支用起解事宜,仰祈聖裁,敕部覆核,以便遵守事。

今將江南省所屬各該府州及各衛所,每歲額解鳳陽倉本色糧石折色銀兩,本院部清查明白,一一順序造冊,用備查算。須至冊者。

計開

一、江南省各府州縣衛所歲額舊南京鳳陽倉本色米麥開後:

安慶府每年額解鳳陽倉夏麥壹萬石,秋米貳萬伍千石。

寧國府每年額解鳳陽倉夏麥肆千石。

太平府每年額解鳳陽倉夏麥陸千石。

蘇州府每年額解鳳陽倉夏麥伍千柒百石,秋米捌千石。

松江府每年額解鳳陽倉夏麥壹萬貳千柒百石。

常州府每年額解鳳陽倉夏麥壹萬伍千伍百石。

鎮江府每年額解鳳陽倉夏麥玖千玖百伍拾伍石。

廬州府每年額解鳳陽倉夏麥壹千陸百玖拾石,秋米壹萬伍千陸百陸拾石;又改復本色麥叁百壹拾石,米肆千貳百貳拾石。

鳳陽府每年額解鳳陽倉夏麥叁千壹拾陸石玖斗,秋米伍千捌百柒拾貳石;又改復本色麥肆千伍百捌拾叁石壹斗,米玖千貳百肆拾捌石。

淮安府每年額解鳳陽倉夏麥陸千叁百壹拾石捌斗玖升捌合柒勺叁抄

捌撮，秋米叁百玖拾贰石玖斗玖升肆合肆勺；又改復本色夏麥壹萬捌千贰百壹拾石叁升叁合捌勺叁抄，米壹萬柒千壹百玖石玖斗柒升伍合伍勺。

揚州府每年額解鳳陽倉秋米贰萬壹百壹拾玖石贰斗肆升壹合；又改復本色米壹萬贰千柒百柒拾伍石玖升柒合。

滁州每年額解鳳陽倉改竹復本色麥贰千石。

鳳陽中等玖衛每年徵解鳳陽倉夏麥叁萬贰千柒百贰拾肆石叁升伍合捌勺玖抄，秋米叁萬肆千肆百壹拾石玖斗肆升叁合贰勺捌抄肆撮。

以上江南拾壹府、壹州、鳳陽中等玖衛每年共額解本色。夏麥壹拾萬柒千伍百玖拾陸石捌斗叁升肆合陸勺贰抄捌撮，秋米壹拾萬玖千肆百伍拾伍石壹斗柒升捌合陸勺捌抄肆撮；又改復本色麥贰萬伍千壹百叁石壹斗叁升叁合捌勺叁抄，米肆萬叁千叁百伍拾叁石柒升贰合伍勺。原供舊南京各項支用，今該原任漕運總督王文奎題奉明旨，爲漕運修造船隻等項支用。

一、江南省各府州縣衛所及河南布政司歲額舊南京鳳陽倉折色銀兩開後：

河南布政司每年額解鳳陽倉夏麥銀叁千贰百贰拾兩。

江南省所屬安慶府每年額解鳳陽倉夏麥銀肆千兩，秋米銀壹萬伍千兩。

寧國府每年額解鳳陽倉夏麥銀壹千陸百兩。

太平府每年額解鳳陽倉夏麥銀贰千肆百兩。

蘇州府每年額解鳳陽倉夏麥銀贰千贰百捌拾兩，秋米銀肆千捌百兩。

松江府每年額解鳳陽倉夏麥銀伍千捌拾兩。

常州府每年額解鳳陽倉夏麥銀陸千贰百兩。

鎮江府每年額解鳳陽倉夏麥銀叁千玖百捌拾贰兩。

廬州府每年額解鳳陽倉夏麥銀壹百贰拾肆兩，秋米銀贰千伍百叁拾贰兩。

鳳陽府每年額解鳳陽倉夏麥銀壹千捌百叁拾叁兩贰錢肆分，秋米銀伍千伍百肆拾捌兩捌錢。

淮安府每年額解鳳陽倉夏麥銀柒千贰百捌拾肆兩壹分叁厘伍毫叁絲，秋米銀壹萬贰百陸拾伍兩玖錢捌分伍厘贰毫柒絲。

扬州府每年额解凤阳仓米银柒千陆百陆拾伍两伍分捌厘贰毫。

滁州每年额解凤阳仓夏麦银捌百两。

凤阳中等玖卫每年共解凤阳仓夏麦银壹万壹千肆百伍拾叁两肆钱壹分贰厘伍毫柒丝，秋米银壹万贰千肆拾叁两捌钱叁分壹毫肆丝玖忽肆微。

以上河南布政司并江南各府州、凤阳中等玖卫，每年共解凤阳仓折色夏麦秋米银壹拾万捌千壹百壹拾贰两叁钱叁分玖厘柒毫壹丝玖忽肆微，原供旧南京各项支用，今该原任漕运总督王文奎题奉明旨，为漕运修造船只等项支用。

顺治肆年柒月。

浙江江西湖广等省额解旧南京
折色银两数目文册顺治四年七月。

钦命招抚江南各省地方总督军务兼理粮饷内院大学士、太子太保、兵部尚书兼都察院右副都御史，今守制洪承畴为详查旧额解南本折钱粮及酌议经制支用起解事宜，仰祈圣裁，敕部覆核，以便遵守事。

今将浙江、湖广、江西各省每年原额解旧南京折色银两，本院部逐一清查明白，一一顺序造册，用备查算。须至册者。

计开

浙江省

杭州府每年额解南户部折色绢银壹百玖拾贰两捌钱柒分叁厘叁毫捌丝肆忽。南兵部馆夫银贰百叁拾叁两叁钱叁分，柴直银捌百捌拾伍两壹钱。南礼部药材银柒两肆分贰厘。

嘉兴府每年额解南户部草银壹千玖百肆拾贰两陆钱伍分，绢银叁百陆拾玖两陆厘叁丝。南兵部馆夫银叁拾捌两，柴直银壹千贰百壹拾两陆钱。南礼部药材银伍两捌钱壹分玖厘陆毫。南都察院工食银壹拾两。

湖州府每年额解南户部草银壹千伍百贰拾伍两伍分，绵银玖拾叁两柒钱伍分，绢银贰两壹钱贰分玖厘贰毫。南兵部馆夫银壹百壹拾贰两陆钱陆分，柴直銀壹千捌百叁拾伍兩肆錢。南禮部曆日銀貳百壹拾肆兩伍錢肆分肆厘叁毫，閏月銀壹拾叁兩叁錢貳分玖厘壹毫，山羊銀壹百貳拾兩，藥材銀貳兩叁錢叁分伍厘。

紹興府每年額解南戶部米折銀陸萬柒千叁百壹拾捌兩玖錢壹分玖厘貳毫，絹銀伍拾柒兩叁錢肆分叁厘伍絲。南兵部柴直銀玖百伍拾兩叁錢。

金華府每年額解南戶部米折銀玖萬叁千貳百陸拾叁兩陸分貳厘伍毫，絹銀壹百肆拾玖兩肆錢玖分柒厘叁毫玖絲。南兵部柴直銀玖百叁兩壹錢。

衢州府每年額解南戶部米折銀伍萬玖千壹百壹拾兩陸錢伍分，絹銀壹百貳拾陸兩伍錢壹分肆厘壹毫玖絲。南兵部柴直銀叁百肆拾貳兩柒錢。

台州府每年額解南戶部絹銀叁百叁兩捌錢捌分肆厘柒毫伍絲壹忽。南兵部柴直銀壹百叁拾伍兩叁錢。

嚴州府每年額解南戶部絹銀陸百玖拾兩柒錢捌分玖厘柒毫伍絲。南兵部柴直銀壹百陸拾貳兩貳錢。南刑部禁役銀肆拾伍兩，閏月增銀叁兩。

溫州府每年額解南戶部絹銀柒拾玖兩捌錢。南兵部柴直銀壹百伍拾玖兩玖錢。

處州府每年額解南戶部絹銀壹百玖拾壹兩叁錢陸分陸厘柒毫柒絲陸忽，南兵部柴直銀壹百柒拾貳兩貳錢。

寧波府每年額解南兵部柴直銀叁百柒拾叁兩陸錢。

浙江寧波、紹興、台州叁府，每年額解南禮部藥材銀壹拾兩叁錢貳分貳厘。

金華、衢州、嚴州叁府，每年額解南禮部藥材銀貳拾叁兩捌錢叁分。

溫州、處州貳府，每年額解南禮部藥材銀壹兩貳錢叁分。

以上浙江省每年共解折色銀貳拾叁萬叁千叁百柒拾壹兩柒錢玖分玖厘壹毫貳絲壹忽，閏月加增銀壹拾陸兩叁錢貳分玖厘壹毫。今議浙江銀兩照舊解南，以供兵餉各項支用。

湖廣省

武昌府每年額解南戶部絹銀叁百叁兩捌錢貳分玖厘捌毫，鹽鈔銀伍百陆拾伍两壹钱玖分伍毫柒丝陆忽。南兵部工料银伍千柒百柒拾捌两肆分玖厘。

汉阳府每年额解南户部绢银伍拾玖两叁钱捌分玖厘,盐钞银陆拾伍两玖钱贰分陆厘柒毫肆丝。南兵部工料银叁百柒两壹钱贰分伍厘。

黄州府每年额解南户部绢银捌拾伍两玖钱肆厘叁毫,盐钞银玖百壹拾两柒钱伍分肆厘玖毫捌丝玖忽。南兵部工料银肆千柒百伍两壹钱伍分伍厘,柴直银贰百叁拾叁两柒钱。南刑部禁役银捌拾贰两叁钱伍分。

德安府每年额解南户部绢银贰拾叁两捌分伍厘陆毫,盐钞银肆百壹拾柒两玖钱壹分陆厘贰毫,米银伍百陆拾陆两贰钱。南兵部工料银贰百肆两柒钱伍分。

承天府每年额解南户部绢银柒拾伍两伍钱捌分肆厘壹毫,盐钞银伍百柒两叁钱柒分贰厘陆毫陆丝,折米银贰千肆百柒拾肆两壹钱。南兵部工料银贰千柒百肆拾叁两陆钱伍分。

荆州府每年额解南户部绢银贰拾两伍钱贰分叁厘陆毫,盐钞银壹千肆百肆拾陆两柒钱叁分叁厘叁毫。南兵部工料银陆千玖百贰拾玖两叁钱陆分伍厘壹毫柒丝。

岳州府每年额解南户部绢银肆百壹拾柒两肆钱肆分叁厘贰毫,盐钞银肆百陆拾两陆钱陆分叁厘捌毫捌丝。南兵部工料银壹万叁千壹百柒拾叁两陆钱壹分伍厘。

衡州府每年额解南户部绢银捌百陆拾柒两伍钱贰分肆厘柒毫,盐钞银肆百陆拾捌两柒钱玖分叁厘陆丝。南兵部工料银肆千捌百贰拾捌两伍厘。

长沙府每年额解南户部绢银伍百玖拾肆两柒钱捌分肆厘肆毫,盐钞银壹千叁百壹拾捌两叁钱贰分伍毫陆丝,折布银贰万捌千贰百两。南兵部工料银柒千陆百陆拾壹两叁钱玖厘捌毫捌丝。

襄阳府每年额解南户部折花绒银壹千柒百伍拾两,绢银壹百捌拾壹两贰钱柒分玖厘伍毫,盐钞银肆百壹拾两叁钱贰分捌厘贰毫陆丝壹忽。南兵部工料銀壹百伍拾玖兩柒錢伍厘。

　　鄖陽府每年額解南户部絹銀叁拾捌兩柒錢貳分捌厘，鹽鈔銀伍百肆兩柒錢陸分伍厘肆毫。

　　寶慶府每年額解南户部絹銀柒拾捌兩肆錢叁分伍毫，鹽鈔銀叁百貳拾兩柒錢玖分捌厘貳毫柒絲。南兵部工料銀壹千壹拾玖兩陸錢伍分伍厘。

　　永州府每年額解南户部絹銀壹百捌拾捌錢貳毫，鹽鈔銀肆百伍拾肆兩陸錢玖分柒厘貳毫。南兵部工料銀壹千肆百肆拾伍兩伍錢叁分伍厘。

　　郴州府每年額解南户部絹銀壹百伍拾壹兩玖分肆厘玖毫，鹽鈔銀壹百捌拾陸兩伍錢伍分伍厘。南兵部工料銀叁百貳拾柒兩陸錢。

　　辰州府每年額解南户部絹銀貳拾陸兩肆錢捌分伍厘柒毫。

　　常德府每年額解南户部絹銀叁拾伍兩壹錢貳分捌厘柒毫，鹽鈔銀貳百貳拾兩捌錢壹厘壹毫捌絲貳忽。南兵部工料銀壹千叁百陸拾叁兩陸錢叁分伍厘。

　　靖州每年額解南户部絹銀壹拾兩伍錢壹分肆厘貳毫，鹽鈔銀壹百陸拾陸兩柒錢柒厘伍毫。

　　湖廣布政司每年額解南禮部藥材銀叁拾捌兩肆錢柒分。南工部班匠銀陸千貳拾壹兩肆錢伍分，閏月增銀伍百壹兩捌錢捌分。南國子監乾魚銀肆百肆拾貳兩伍錢。

以上湖廣省每年共解折色銀壹拾萬壹千玖百陸拾兩柒錢柒分玖厘貳毫貳絲捌忽，閏月增銀伍百壹兩捌錢捌分。今議湖廣銀兩照舊解南，以供兵餉各項支用。

　　江西省

　　南昌府每年額解南户部棉布銀貳千陸百捌拾兩柒分陸厘，錢鈔銀壹千貳百伍拾貳兩玖錢柒分，閏月增銀壹百壹拾肆兩玖錢叁分柒厘。南兵部工料銀壹千肆百肆拾兩。

　　瑞州府每年額解南户部棉布銀貳千柒百叁拾叁兩伍錢肆分陸厘，錢鈔銀壹百玖拾貳兩玖錢陸分,閏月增銀壹拾陸兩捌分。南兵部工料銀壹千壹百捌拾捌兩。

撫州府每年額解南户部棉苧布銀陸千陸拾玖兩壹錢柒分柒厘,錢鈔銀壹千壹百肆拾壹兩肆錢陸分叁厘,閏月增銀玖拾伍兩壹錢貳分。南兵部工料銀壹千捌百伍拾肆兩。

建昌府每年額解南户部棉布銀壹千伍百壹拾柒兩伍錢玖分捌厘陸毫,錢鈔銀肆百玖拾柒兩陸錢壹分壹厘,閏月增銀肆拾壹兩伍錢貳分壹厘。南兵部工料銀壹千壹百貳拾伍兩。

廣信府每年額解南户部棉苧布銀壹千肆百伍拾陸兩肆錢貳分壹厘柒毫伍絲,錢鈔銀叁百叁拾兩貳分伍厘,閏月增銀貳拾柒兩伍錢肆分壹厘伍毫。南兵部工料銀壹千壹百伍拾貳兩。

吉安府每年額解南户部棉苧布銀肆千叁百肆拾壹兩伍錢玖分伍厘,錢鈔銀壹千叁百貳拾貳兩玖錢陸分玖厘,閏月增銀壹百壹拾兩貳錢肆分捌厘壹毫。南兵部工料銀壹千伍百貳拾壹兩,柴直銀捌拾陸兩壹錢。

袁州府每年額解南户部棉苧布銀壹萬陸千叁百肆拾肆兩伍錢貳分陸厘,錢鈔銀叁百捌拾貳兩陸錢壹分伍厘,閏月增銀叁拾貳兩捌錢捌分肆厘捌毫。南兵部館夫銀捌拾肆兩,閏月增銀柒兩,工料銀壹千柒百伍拾伍兩。

臨江府每年額解南户部棉布銀壹千玖百陸拾伍兩柒錢伍分叁厘,錢鈔銀肆百貳拾陸兩捌錢伍分肆厘,閏月增銀叁拾伍兩柒錢貳分陸厘。南兵部工料銀柒百捌拾柒兩伍錢。

饒州府每年額解南户部棉苧布銀貳千伍百陸兩陸錢伍分伍厘,錢鈔銀捌百貳拾伍兩叁錢伍厘,閏月增銀捌拾壹兩叁錢貳分叁厘肆毫。南兵部工料銀壹千叁百伍拾兩,柴直銀柒百肆拾壹兩貳錢。

南康府每年額解南户部棉布銀壹千壹百壹拾伍兩貳錢伍分叁厘,錢鈔銀貳百肆拾叁兩叁錢貳分,閏月增銀貳拾兩壹錢玖分叁厘捌毫叁絲。南兵部工料銀柒百壹拾伍兩伍錢。

　　九江府每年額解南户部錢鈔銀柒拾兩壹錢伍厘，閏月增銀伍兩捌錢叁分玖厘。南兵部工料銀伍百陸拾柒兩。

　　贛州府每年額解南户部棉布銀壹千伍拾壹兩肆錢捌分貳厘，錢鈔銀叁百叁拾兩伍錢玖分貳厘，閏月增銀貳拾柒兩伍錢伍分捌厘捌毫。南兵部工料銀陸百柒拾伍兩。

　　南安府每年額解南户部棉布銀伍百肆拾陸兩壹錢肆分壹厘，錢鈔銀伍拾叁兩貳分肆厘，閏月增銀肆兩肆錢壹分捌厘。

　　江西布政司每年額解南禮部藥材銀貳拾玖兩叁錢貳分。南工部班匠銀柒千玖百捌兩叁錢，閏月增銀陸百伍拾玖兩貳分伍厘。

以上江西省每年共解折色銀柒萬貳千叁百柒拾陸兩玖錢伍分柒厘叁毫伍絲，閏月增銀壹千貳百柒拾玖兩肆錢壹分陸厘肆毫叁絲。今議江西銀兩照舊解南，以供兵餉各項支用。

　　四川布政司每年額解南户部茶引、紙價錢鈔銀壹百柒拾壹兩。南工部漆鐵、皮張銀壹萬壹千壹兩壹分肆厘柒毫，班匠銀叁千捌拾捌兩陸錢，閏月增銀貳百伍拾柒兩叁錢捌分柒厘。廣惠庫銅錢叁萬捌千文，鈔叁千捌百錠。

　　以上四川省每年共解折色銀壹萬肆千貳百陸拾兩陸錢壹分肆厘柒毫，閏月增銀貳百伍拾柒兩叁錢捌分柒厘，銅錢叁萬捌千文，鈔叁千捌百錠。今議四川銀錢鈔俱改解北京户部支用。

　　廣東布政司每年額解南户部鹽引、紙價叁年壹解，每年該銀貳百陸拾柒兩陸錢陸分陸厘。今議改解北京户部支用。

　　廣西布政司每年額解南禮部藥材銀叁拾玖兩柒錢玖分壹厘。今議改解北京户部支用。

　　陝西布政司每年額解南户部鹽引、紙價，拾年壹解，每年該銀叁拾玖兩伍錢伍分伍厘。今議改解北京户部支用。

　　福建布政司每年額解南户部絹鈔銀壹萬壹千伍百捌拾伍兩捌錢肆分貳厘

伍毫貳絲壹忽,閏月增銀玖百叁拾肆兩陸錢捌分叁毫壹絲玖忽。鹽引、紙價叁年一解,每年該銀柒拾玖兩叁錢肆分。南禮部藥材銀肆拾貳兩柒厘。南工部麂皮水脚銀貳拾玖兩叁錢肆分壹厘伍毫,班匠銀叁千捌拾捌兩陸錢,閏月增銀貳百伍拾柒兩叁錢捌分柒厘。

以上福建省每年共解折色銀壹萬肆千捌百貳拾伍兩壹錢叁分壹厘貳絲壹忽,閏月增銀壹千壹百玖拾貳兩陸分柒厘叁毫壹絲玖忽。今議福建銀兩改解北京户部支用。

兩浙運司每年額解南户部鹽引、紙價銀貳千貳百貳拾玖兩伍厘。今議改解北京户部支用。

山東運司每年額解南户部鹽引、紙價銀柒百柒拾貳兩捌錢玖分伍厘。今議改解北京户部支用。

長蘆運司每年額解南户部鹽引、紙價銀貳千壹百陸拾伍兩玖分。今議改解北京户部支用。

河東運司每年額解南户部鹽引、紙價銀貳千壹百兩。今議改解北京户部支用。

順治肆年柒月　日。

議設徽寧池太安慶伍府廣德壹州
經制兵馬錢糧文册順治四年七月。

欽命招撫江南各省地方總督軍務兼理糧餉内院大學士、太子太保、兵部尚書兼都察院右副都御史,今守制洪承疇爲議設徽、寧、池、太、安慶伍府,廣德壹州,兵馬錢糧經制事。

今將徽、寧、池、太、安慶伍府,廣德壹州,議設官兵馬匹營制,併歲支本折錢糧數目,本院部逐一清查明白,一一順序開造文册,用備查算。須至册者。

　　計開

　　安徽巡撫標下:

中軍遊擊壹員,月支銀貳拾兩,于文科。係都司管遊擊事。

　　　旗鼓守備壹員,月支銀柒兩,姚邦礪。

聽用官壹拾貳員,內副、參、遊各月支銀陸兩,都、守各月支銀肆兩。

　　　參將貳員,梅應選、簡任。

　　　都司伍員,張汝桂、竇明運、熊兆飛、劉士毅、王鳳印。

　　　守備伍員,馬希援、許國泰、陳希明、姜開周、佘見龍。

以上共歲支銀玖百肆拾捌兩。

撫標營官兵捌百捌員名。

　　　遊擊壹員,月支銀貳拾兩,折桂。係參將管遊擊事。

　　　中軍壹員,月支銀肆兩。

　　　千總貳員,各月支銀貳兩。

　　　把總肆員,各月支銀貳兩。

　　　馬兵叁百名,各月支銀壹兩伍錢,米叁斗。

　　　步兵伍百名,各月支銀壹兩,米叁斗。

　　　馬騾叁百貳拾貳匹頭,每匹頭月支銀玖錢。

以上歲共支折色銀壹萬伍千叁百玖兩陸錢,本色米貳千捌百捌拾石。

以上安徽巡撫標下并撫標營共計官兵捌百貳拾貳員名、馬騾叁百貳拾貳匹頭,共歲支折色銀壹萬陸千貳百伍拾柒兩陸錢,本色米貳千捌百捌拾石。

池太營

　　　總兵壹員,月支銀伍拾兩,卜從善。

　　　中軍都司壹員,月支銀柒兩,何九成。係參將管都司事。

　　　旗鼓守備壹員,月支銀柒兩,蘇祥。係遊擊守備事。

聽用官壹拾員,內副、參、遊月各支銀陸兩,都、守月各支銀肆兩。

　　　副將貳員,韓璽、趙大捷。

　　　參將壹員,陳國棟。

　　　遊擊貳員,趙丕明、張國英。

守備伍員,李明忠、湯自新、李成角、曹維宗、鄭文舉。
以上歲該銀壹千叁百陸拾捌兩。
鎮標左營官兵柒百捌員名。
　　遊擊壹員,月支銀貳拾兩,常守才。係參將管遊擊事。
　　中軍壹員,月支銀肆兩。
　　千總貳員,月各支銀貳兩。
　　把總肆員,月各支銀貳兩。
　　馬兵貳百名,月各支銀壹兩伍錢、米叁斗。
　　步兵伍百名,月各支銀壹兩、米叁斗。
　　馬騾貳百匹,每匹月支銀玖錢。
以上歲共支折色銀壹萬貳千壹百玖拾貳兩,本色米貳千伍百貳拾石。
鎮標右營官兵柒百捌員名。
　　遊擊壹員,月支銀貳拾兩,王顯柱。係參將管遊擊事。
　　中軍官壹員,月支銀肆兩。
　　千總貳員,各月支銀貳兩。
　　把總肆員,各月支銀貳兩。
　　馬兵貳百名,各月支銀壹兩伍錢、米叁斗。
　　步兵伍百名,各月支銀壹兩、米叁斗。
　　馬貳百匹,每匹月支銀玖錢。
以上共歲支折色銀壹萬貳千壹百玖拾貳兩,本色米貳千伍百貳拾石。
以上自池太總兵卜從善起,至鎮標右營止,共計官兵壹千肆百貳拾玖員名,馬騾肆百匹頭,共歲支折色銀貳萬伍千柒百伍拾貳兩,本色米伍千肆拾石。
徽州營
　　總兵壹員,月支銀伍拾兩,胡茂禎。
　　中軍都司壹員,月支銀柒兩,孫喜策。係參將管都司事。
　　旗鼓守備壹員,月支銀柒兩,楊鳴鳳。係遊擊管守備事。

聽用官壹拾員,内副、參、遊月各支銀陸兩,都、守月各支銀肆兩。

　　副將壹員,馬希珍。

　　參將壹員,張徹。

　　遊擊壹員,李之珍。

　　都司肆員,拓虎、南汝益、張佐玉、李復。

　　守備壹員,祁堯。

尚少參遊壹員、守備壹員,俟駁查職名到日,另行咨報。

以上共歲該銀壹千叁百肆拾肆兩。

鎮標左營官兵陸百肆拾伍員名。

　　遊擊壹員,月支銀貳拾兩,李遇春。係副將管遊擊事。

　　中軍壹員,月支銀肆兩。

　　千總貳員,月各支銀貳兩。

　　把總貳員,月各支銀貳兩。

　　馬兵肆百肆拾捌名,月各支銀壹兩伍錢、米叁斗。

　　步兵壹百捌拾玖名,各月支銀壹兩、米叁斗。

　　馬騾肆百陸拾叁匹頭,每匹頭月支銀玖錢。

以上共歲支折色銀壹萬伍千柒百陸拾肆兩肆錢,本色米貳千貳百玖拾叁石貳斗。

鎮標右營官兵陸百肆拾伍員名。

　　遊擊壹員,月支銀貳拾兩,趙亮。

　　中軍壹員,月支銀肆兩。

　　千總貳員,月各支銀貳兩。

　　把總肆員,月各支銀貳兩。

　　馬兵肆百肆拾柒名,各月支銀壹兩伍錢、米叁斗。

　　步兵壹百玖拾名,各月支銀壹兩、米叁斗。

　　馬騾肆百陸拾叁匹頭,每匹頭月支銀玖錢。

以上共歲支折色銀壹萬伍千柒百伍拾捌兩肆錢,本色米貳千貳百玖拾叁石貳斗。

以上自總兵胡茂禎起,至鎮標右營止,共計官兵壹千叁百叁員名,馬騾玖百貳拾陸匹頭,共歲支折色銀叁萬貳千捌百陸拾陸兩捌錢,本色米肆千伍百捌拾陸石肆斗。

廣德營

> 總兵壹員,月支銀伍拾兩,郭虎。
>
> 中軍都司壹員,月支銀柒兩,喬增遷。係參將管都司事。
>
> 旗鼓守備壹員,月支銀柒兩,郭成虎。係都司管守備事。

聽用官捌員,內遊擊月支銀陸兩,都、守各月支銀肆兩。

> 遊擊壹員,任進才。
>
> 都司壹員,劉俊。
>
> 守備肆員,張國瑁、賈賢、左德、陳彪。

尚有守備貳員,因開造履歷不明,已駁回另選。

以上共歲支折色銀壹千壹百柒拾陸兩。

鎮標營官兵陸百柒拾捌員名。

> 遊擊壹員,月支銀貳拾兩,王信。係副將營遊擊事。
>
> 中軍守備壹員,月支銀肆兩。
>
> 千總貳員,各月支銀貳兩。
>
> 把總肆員,各月支銀貳兩。
>
> 馬兵叁百肆拾柒名,各月支銀壹兩伍錢、米叁斗。
>
> 步兵叁百貳拾叁名,各月支銀壹兩、米叁斗。
>
> 馬騾叁百陸拾伍匹頭,每匹頭月支銀玖錢。

以上共歲支折色銀壹萬肆千肆百玖拾陸兩,本色米貳千肆百壹拾貳石。

以上自總兵郭虎起,至鎮標營止,共計官兵陸百捌拾玖員名,馬騾叁百陸拾伍匹頭,共歲支折色銀壹萬伍千陸百柒拾貳兩,本色米貳千肆百壹拾貳石。

寧國營官兵捌百壹拾貳員名。

　　副將壹員，月支銀叁拾兩，張鵬程。

　　中軍守備壹員，月支銀肆兩。

　　千總貳員，各月支銀貳兩。

　　把總肆員，各月支銀貳兩。

　　聽用都守肆員，各月支銀肆兩。

　　守備壹員，高成龍。

尚少都守叁員，俟駁查職名到日，另行咨部。

　　馬兵叁百名，各月支銀壹兩伍錢、米叁斗。

　　步兵伍百名，各月支銀壹兩、米叁斗。

　　馬騾叁百壹拾貳匹頭，每匹頭月支銀玖錢。

以上共歲支折色銀壹萬伍千伍百壹拾叁兩陸錢，本色米貳千捌百捌拾石。

安慶營官兵壹千壹拾貳員名。

　　副將壹員，月支銀叁拾兩，梁大用。

　　中軍守備壹員，月支銀肆兩。

　　千總貳員，各月支銀貳兩。

　　把總肆員，各月支銀貳兩。

　　聽用守備肆員，各月支銀肆兩，白受職、鶱光玉、牛宗禮、郝龍。

　　馬兵叁百名，各月支銀壹兩伍錢、米叁斗。

　　步兵柒百名，各月支銀壹兩、米叁斗。

　　馬騾叁百壹拾貳匹頭，每匹頭月支銀玖錢。

以上共歲支折色銀壹萬柒千玖百壹拾叁兩陸錢，本色米叁千陸百石。

蕪采營官兵捌百壹拾貳員名。

　　參將壹員，月支銀貳拾兩，卜世龍。

　　中軍壹員，月支銀肆兩。

千總貳員,各月支銀貳兩。

把總肆員,各月支銀貳兩。

聽用都守官肆員,各月支銀肆兩。

遊擊壹員,朱承印。廩俸照都守一例開支。

都司叁員,蘇天才、王善教、楊玉。

馬兵叁百名,各月支銀壹兩伍錢、米叁斗。

步兵伍百名,各月支銀壹兩、米叁斗。

馬騾叁百壹拾貳匹頭,每匹頭月支銀玖錢。

以上共歲支折色銀壹萬伍千叁百玖拾叁兩陸錢,本色米貳千捌百捌拾石。

池太兵備道標下官兵貳百壹員名。

中軍守備壹員,月支銀柒兩,蕭一魁。

馬兵叁拾名,各月支銀壹兩伍錢、米叁斗。

步兵壹百柒拾名,各月支銀壹兩、米叁斗。

馬叁拾壹匹,每壹匹月支銀玖錢。

以上共歲支折色銀貳千玖百玖拾捌兩捌錢,本色米柒百貳拾石。

徽寧兵備道標下官兵貳百壹員名。

中軍守備壹員,月支銀柒兩,周繼賢。係原任主簿管守備事。

馬兵叁拾名,各月支銀壹兩伍錢、米叁斗。

步兵壹百柒拾名,各月支銀壹兩、米叁斗。

馬叁拾壹匹,每匹月支銀玖錢。

以上共歲支折色銀貳千玖百玖拾捌兩捌錢,本色米柒百貳拾石。

安慶兵備道標下官兵貳百壹員名。

中軍守備壹員,月支銀柒兩,崔名世。

馬兵叁拾名,各月支銀壹兩伍錢、米叁斗。

步兵壹百柒拾名,各月支銀壹兩、米叁斗。

馬騾叁拾壹匹頭,每匹頭月支銀玖錢。

以上共歲支折色銀貳千玖百玖拾捌兩捌錢,本色米柒百貳拾石。

以上自池太兵備道起,至安慶兵備道止,共計官兵陸百叁員名,馬玖拾叁匹,共歲支折色銀捌千玖百玖拾陸兩肆錢,本色米貳千壹百陸拾石。

以上通共官兵□千肆百捌拾貳員名,馬騾叁千肆拾貳匹頭,本折色銀壹拾肆萬捌千叁百陸拾伍兩陸錢,本色米貳萬陸千肆百叁拾捌石肆斗。

順治肆年柒月　日。

　　議設蘇松常鎮四府經制兵馬錢糧文册順治四年七月。

欽命招撫江南各省地方總督軍務兼理糧餉內院大學士、太子太保、兵部尚書兼都察院右副都御史,今守制洪承疇爲議設蘇、松、常、鎮肆府兵馬錢糧經制事。

今將蘇、松、常、鎮肆府議設官兵馬匹營制,併歲支本折錢糧數目,本院部逐一清查明白,一一順序開造文册,用備查算。須至册者。

　　計開

江寧撫院標下:

　　中軍遊擊壹員,月支銀貳拾兩,已經部推訖。

　　旗鼓守備壹員,月支銀柒兩,已經部推訖。

聽用官壹拾貳員,副、參、遊月支銀陸兩,都、守月支銀肆兩。

　　遊擊貳員,馬騰衢、胡守金。

　　都司壹員,陳邦俊。

　　守備壹員,張珍。

尚有參將壹員、遊擊壹員、都司壹員、守備伍員,因開造履歷不明,已駁回另選。

以上歲該銀玖百玖拾陸兩。

撫標左營官兵壹千捌員名。

　　遊擊壹員,月支銀貳拾兩,楊國海。

中軍壹員,月支銀肆兩。

千總貳員,各月支銀貳兩。

把總肆員,各月支銀貳兩。

馬兵貳百名,各月支銀壹兩伍錢、米叁斗。

步兵貳百名,各月支銀壹兩、米叁斗。

鄉兵陸百名,各月支銀捌錢、米壹斗。

馬騾陸拾柒匹,每匹月支銀玖錢。

以上歲該銀壹萬貳千玖百壹拾伍兩陸錢,米貳千壹百陸拾石。

撫標右營官兵壹千捌員名。

遊擊壹員,月支銀貳拾兩,周祚新。係副將管遊擊事。

中軍壹員,月支銀肆兩。

千總貳員,各月支銀貳兩。

把總肆員,各月支銀貳兩。

馬兵貳百名,各月支銀壹兩伍錢、米叁斗。

步兵貳百名,各月支銀壹兩、米叁斗。

鄉兵陸百名,各月支銀捌錢、米壹斗。

馬騾陸拾陸匹,每匹月支銀玖錢。

以上歲該銀壹萬貳千玖百肆兩捌錢,米貳千壹百陸拾石。

水師左營官兵壹千柒員名。

守備壹員,月支銀柒兩,王士龍。

千總貳員,各月支銀貳兩。

把總肆員,各月支銀肆兩。

水兵壹千名,各月支銀玖錢。

以上歲該銀壹萬壹千貳拾捌兩。

水師右營官兵壹千柒員名。

守備壹員,月支銀柒兩,浦嶧。

千總貳員,各月支銀貳兩。

把總肆員,各月支銀肆兩。

水兵壹千名,各月支銀玖錢。

以上歲該銀壹萬壹千貳拾捌兩。

以上自巡撫標下起,至水師右營止,共計官兵肆千肆拾肆員名,馬騾壹百叁拾叁匹頭,每歲共支折色銀肆萬捌千捌百柒拾貳兩肆錢,本色米肆千叁百貳拾石。

松江府營

提督總兵壹員,月支銀陸拾兩,張天祿。

中軍遊擊壹員,月支銀貳拾兩,高謙。係副將管遊擊事。

旗鼓守備壹員,月支銀柒兩,蘇昇。係遊擊管守備事。

聽用官壹拾貳員,副、參、遊月各支銀陸兩,都、守月各支銀肆兩。

副將貳員,許漢鼎、楊守壯。

參將陸員,白賀朝、李必、雷應春、劉秉月、張瑞祥、賀國柱。

遊擊貳員,李耀春、韓可桂。

都司貳員,馮可全、趙龍。

以上歲該銀壹千捌百陸拾兩。

提督鎮標中營官兵壹千柒拾伍員名。

遊擊壹員,月支銀貳拾兩,張思達。係副將管遊擊事。

中軍壹員,月支銀肆兩。

千總貳員,月各支銀貳兩。

把總肆員,月各支銀貳兩。

馬兵貳百伍拾叁名,各月支銀壹兩伍錢、米叁斗。

步兵捌百壹拾肆名,各月支銀壹兩、米叁斗。

馬騾貳百陸拾陸匹頭,每匹頭月支銀玖錢。

以上歲該折色銀壹萬柒千陸百貳拾陸兩捌錢,本色米叁千捌百肆拾壹石貳斗。

　　提督鎭標左營官兵壹千柒拾伍員名。

　　　　遊擊壹員，月支銀貳拾兩，賀國相。係副將管遊擊事。

　　　　中軍壹員，月支銀肆兩。

　　　　千總貳員，各月支銀貳兩。

　　　　把總肆員，各月支銀貳兩。

　　　　馬兵貳百伍拾貳名，各月支銀壹兩伍錢、米叁斗。

　　　　步兵捌百壹拾伍名，各月支銀壹兩、米叁斗。

　　　　馬騾貳百陸拾陸匹頭，每匹頭月支銀玖錢。

以上歲該折色銀壹萬柒千陸百貳拾兩捌錢，本色米叁千捌百肆拾壹石貳斗。

　　提督鎭標右營官兵壹千柒拾肆員名。

　　　　遊擊壹員，月支銀貳拾兩，延士依。係副將管遊擊事。

　　　　中軍壹員，月支銀肆兩。

　　　　千總貳員，各月支銀貳兩。

　　　　把總肆員，各月支銀貳兩。

　　　　馬兵貳百伍拾貳名，各月支銀壹兩伍錢、米叁斗。

　　　　步兵捌百壹拾肆名，各月支銀壹兩、米叁斗。

　　　　馬騾貳百陸拾陸匹頭，每匹頭月支銀玖錢。

以上歲該折色銀壹萬柒千陸百捌拾兩捌錢，本色米叁千捌百叁拾柒石陸斗。

　　劉河營舊額官兵壹千陸百壹拾玖員名，今止設柒百捌拾員名。

　　　　遊擊壹員，月支銀貳拾兩，應聽新任提督張天祿選用。

　　　　中軍壹員，月支銀肆兩。

　　　　千總貳員，各月支銀貳兩。

　　　　把總肆員，各月支銀貳兩。

　　　　鄉兵伍百名，每名月支銀捌錢、米壹斗。

水兵貳百名,每名月支銀玖錢。

馬騾貳拾匹頭,每匹頭月支銀玖錢。

前件查得該營明朝原設遊擊壹員、總練官壹員、領兵哨官陸員,今照劉河係太倉出海門戶,鹽盜出没不常,相應仍設遊擊員缺,防守該汛。以上歲該銀柒千陸百捌兩、米陸百石。

金山營舊額官兵壹千柒百柒拾陸名,今止設玖百肆拾捌員名。

參將壹員,月支銀貳拾兩,楊文啓。係遊擊管參將事。

中軍壹員,月支銀肆兩。

千總貳員,各月支銀貳兩。

把總肆員,各月支銀貳兩。

馬兵捌拾名,各月支銀壹兩伍錢、米叁斗。

步兵壹百名,各月支銀壹兩、米叁斗。

鄉兵肆百陸拾名,各月支銀捌錢、米壹斗。

水兵叁百名,各月支銀玖錢。

馬騾肆拾柒匹,每匹月支銀玖錢。

前件查得該營明朝原設欽選參將壹員、練兵守備貳員、領兵哨官陸員,防守該汛。今海洋未靖,相應仍議設立壹參將員缺,總統各兵。

以上歲該銀壹萬壹千貳百叁拾伍兩陸錢、米壹千貳百石。

拓(柘)林營舊額官兵伍百貳拾捌員名,今止設肆百叁拾肆員名。

守備壹員,月支銀柒兩,應聽新任提督張天禄選用。

千總壹員,月支銀貳兩。

把總貳員,各月支銀貳兩。

馬兵肆拾名,各月支銀壹兩伍錢、米叁斗。

步兵陸拾名,各月支銀壹兩、米叁斗。

鄉兵壹百叁拾名,各月支銀捌錢、米壹斗。

水兵貳百名,各月支銀玖錢。

馬騾叁拾匹,每匹月支銀玖錢。

前件查得該營明朝原設欽依把總壹員、練兵官貳員、哨官貳員,續於崇禎年間撫院加銜守備。此係沿海舊營,仍議設守備員缺。

以上歲該銀伍千叁百貳拾捌兩、米伍百壹拾陸石。

青村營舊額官兵陸百肆拾伍員名,今止設伍百肆拾肆員名。

守備壹員,月支銀柒兩,于登第。係遊擊管守備事。

千總壹員,月支銀貳兩。

把總貳員,各月支銀貳兩。

馬兵陸拾名,各月支銀壹兩伍錢、米叁斗。

步兵捌拾名,各月支銀壹兩、米叁斗。

鄉兵貳百名,各月支銀捌錢、米壹斗。

水兵貳百名,各月支銀玖錢。

馬騾肆拾匹,每匹月支銀玖錢。

前件查得該營明朝原設欽依把總壹員、領兵哨官貳員,續於崇禎年間撫院加銜守備。此係沿海舊營,仍議設守備員缺。

以上歲該銀陸千柒百捌兩、米柒百肆拾肆石。

南匯營舊額官兵伍百玖拾叁員名,今止設肆百叁拾肆員名。

守備壹員,月支銀柒兩,應聽新任提督張天禄選用。

千總壹員,月支銀貳兩。

把總貳員,各月支銀貳兩。

馬兵肆拾名,各月支銀壹兩伍錢、米叁斗。

步兵陸拾名,各月支銀壹兩、米叁斗。

鄉兵壹百叁拾名,各月支銀捌錢、米壹斗。

水兵貳百名,各月支銀玖錢。

馬騾叁拾匹頭,每匹頭月支銀玖錢。

前件查得該營明朝原設欽依把總壹員、領兵哨官貳員,續於崇禎年間撫院加銜守備。此係沿海舊營,仍議設守備員缺。

以上歲該銀伍千叁百貳拾捌兩、米伍百壹拾陸石。

川沙營舊額官兵陸百壹拾員名,今止設伍百叁拾肆員名。

守備壹員,月支銀柒兩,馬鳴世。係都司管守備事。

千總壹員,月支銀貳兩。

把總貳員,各月支銀貳兩。

馬兵陸拾名,各月支銀壹兩伍錢、米叁斗。

步兵捌拾名,各月支銀壹兩、米叁斗。

鄉兵壹百玖拾名,各月支銀捌錢、米壹斗。

水兵貳百名,各月支銀玖錢。

馬騾肆拾匹,每匹月支銀玖錢。

前件查得該營明朝原設欽依把總壹員、領兵哨官肆員,續於崇禎年間撫院加銜守備。此係沿海舊營,相應照例議設守備員缺。

以上歲該銀陸千陸百壹拾貳兩、米柒百叁拾貳石。

寶山營舊額官兵肆百玖拾叁員名,今止設肆百叁拾肆員名。

守備壹員,月支銀柒兩,應聽新任提督張天禄選用。

千總壹員,月支銀貳兩。

把總貳員,各月支銀貳兩。

馬兵叁拾玖名,各月支銀壹兩伍錢、米叁斗。

步兵陸拾叁名,各月支銀壹兩、米叁斗。

鄉兵壹百貳拾捌名,各月支銀捌錢、米壹斗。

水兵貳百名,各月支銀玖錢。

馬騾叁拾匹,每匹月支銀玖錢。

前件查得該營明朝原設欽依把總壹員、領兵哨官叁員,於崇禎年間撫院加銜守備。此係沿海舊營,相應照例議設守備員缺。

以上歲該銀伍千叁百貳拾陸兩捌錢、米伍百貳拾石捌斗。

总计张天禄标下并各处设防，见在马、步、乡兵共柒千贰百柒拾伍员名，每月应支折色银捌千伍百柒拾壹两玖钱、本色米壹千叁百陆拾贰石肆斗，每年共该银壹拾万贰千捌百陆拾贰两捌钱、米壹万陆千叁百肆拾捌石捌斗。俟张天禄到松江，查明松江见在官兵及刘河等柒营，裁汰不堪乡兵、步兵，合张天禄原统官兵，实计只用陆千员名、马骡壹千叁百拾伍匹头，方为经制定额，每年约支折色银捌万玖千壹百肆拾陆两零、本色米壹万叁千叁百石零。

吴淞营旧额官兵肆千壹拾肆员名，今止设壹千捌员名。

　　副将壹员，月支银叁拾两，沈豹。

　　中军壹员，月支银肆两。

　　千总贰员，各月支银贰两。

　　把总肆员，各月支银贰两。

　　步兵壹千名，各月支银壹两、米叁斗。

　　马骡贰拾匹头，每匹头月支银玖钱。

前件查得吴淞明朝原设水陆游兵奇兵肆营，钦选副将壹员、总练官肆员、领兵官拾员，出汛游巡听抚院调遣。今议照旧设立副将员缺，以固海疆。

以上岁该银壹万贰千柒百陆拾捌两、米叁千陆百石。

苏州府营。

　　总镇壹员，月支银伍拾两，杨承祖。

　　中军都司壹员，月支银柒两，于思明。係参将管都司事。

　　旗鼓守备壹员，月支银柒两，杨焘凤。係参将管守备事。

听用官壹拾员，副、参、游月支银陆两，都、守月支银肆两。

　　参将壹员，黄家栋。

　　游击贰员，马化龙、楼应豹。

　　都司叁员，聂文臣、刘进忠、柳文忠。

　　守备壹员，李承恩。

尚有游击壹员、都司贰员，因开造履历不明，驳回另选。

以上歲該銀壹千叁百肆拾肆兩。

鎮標左營官兵捌百捌員名。

  遊擊壹員,月支銀貳拾兩,楊衍。係副將管遊擊事。

  中軍壹員,月支銀肆兩。

  千總貳員,各月支銀貳兩。

  把總肆員,各月支銀貳兩。

  馬兵壹百伍拾名,各月支銀壹兩伍錢、米叁斗。

  步兵壹百伍拾名,各月支銀壹兩、米叁斗。

  鄉兵伍百名,各月支銀捌錢、米壹斗。

  馬騾壹百叁拾貳匹,每匹月支銀玖錢。

以上歲該銀壹萬壹千壹百伍拾柒兩陸錢、米壹千陸百捌拾石。

鎮標右營官兵捌百捌員名。

  遊擊壹員,月支銀貳拾兩,馬化麒。

  中軍壹員,月支銀肆兩。

  千總貳員,各月支銀貳兩。

  把總肆員,各月支銀貳兩。

  馬兵壹百伍拾名,各月支銀壹兩伍錢、米叁斗。

  步兵壹百伍拾名,各月支銀壹兩、米叁斗。

  鄉兵伍百名,各月支銀捌錢、米壹斗。

  馬騾壹百叁拾貳匹,每匹月支銀玖錢。

以上歲該銀壹萬壹千壹百伍拾柒兩陸錢、米壹千陸百捌拾石。

福山營并常熟舊額官兵壹千壹百柒拾貳員名,今止設壹千柒員名。

  守備壹員,月支銀柒兩,李雲龍。係都司管守備事。

  千總貳員,各月支銀貳兩。

  把總肆員,各月支銀貳兩。

  馬兵伍拾名,各月支銀壹兩伍錢、米叁斗。

鄉兵玖百伍拾名,各月支銀捌錢、米壹斗。

馬騾伍拾匹,每匹月支草料銀玖錢。

前件查得該營明朝原設欽依把總壹員、哨官貳員,續於崇禎年間撫院加銜守備,又於弘光年間加銜參將。今照海氛未靖,竊發不時,相應照例設立守備員缺,以鎮福山。再查該營舊額官兵捌百叁拾叁員名,又常熟縣舊額水陸兵叁百叁拾玖員名,共壹千壹百柒拾貳員名。今議設官兵壹千名,以叁百名分防常熟,以貳百名分防徐陸涇、白茆貳處海口,福營應存伍百名。

以上歲該銀壹萬柒百捌拾捌兩、米壹千叁百貳拾石。

平望營舊額官兵肆百玖拾員名。因平望通達太湖,係盜賊淵藪,今議設兵捌百柒員名。

守備壹員,月支銀柒兩,馬騰驤。係遊擊管守備事。

千總貳員,各月支銀貳兩。

把總肆員,各月支銀貳兩。

馬兵伍拾名,各月支銀壹兩伍錢、米叁斗。

鄉兵柒百伍拾名,各月支銀捌錢、米壹斗。

馬騾伍拾匹,每匹月支銀玖錢。

前件查得吳江平望營明朝原設總練官壹員、哨官貳員,於崇禎年間撫院加銜守備,又設總哨貳員。但該營係浙省要衝,通達太湖等處,盜賊出沒不時,今議設守備員缺,統轄各兵防禦。

以上歲該銀捌千捌百陸拾捌兩、米壹千捌拾名。

崇明營舊額官兵貳千貳百陸拾貳員名,今止設捌百柒員名。

守備壹員,月支銀柒兩,劉善政。係參將管守備事。

千總貳員,各月支銀貳兩。

把總肆員,各月支銀貳兩。

步兵陸百名,每名月支銀壹兩、米叁斗。

水兵貳百名,各月支銀玖錢。

　　　　馬騾貳拾匹頭,每匹頭月支銀玖錢。

　前件查得該營明朝原設欽依把總壹員、領兵官壹員、水陸哨官貳員,續於崇禎年間設立欽依守備。但崇明孤懸海中,今又舟山負固,相應議設守備員缺,防剿海寇。

　以上歲該銀玖千捌百肆兩、米貳千壹百陸拾石。

　以上自蘇州總兵楊承祖標下起,至崇明營止,共計官兵肆千貳百伍拾員名,馬騾叁百捌拾肆匹頭,歲共支折色銀伍萬叁千壹百壹拾玖兩貳錢、本色米柒千玖百貳拾石。

　常州府營舊額官兵并分防共壹千肆拾柒員名,今設壹千壹拾貳員名。

　　　參將壹員,月支銀貳拾兩,曹虎。係副將管參將事。

　　　中軍壹員,月支銀肆兩。

　聽用都守官肆員,每員各月支銀肆兩,俟選用職名到日,另行咨報。

　　　千總貳員,各月支銀貳兩。

　　　把總肆員,各月支銀貳兩。

　　　步兵叁百名,各月支銀壹兩、米叁斗。

　　　鄉兵柒百名,各月支銀捌錢、米壹斗。

　　　馬騾叁拾匹頭,每匹頭月支銀玖錢。

　以上歲該銀壹萬壹千貳百陸拾捌兩、米壹千玖百貳拾石。

　江陰營舊額官兵玖百柒拾伍員名,今止設伍百肆員名。

　　　守備壹員,月支銀柒兩,馬應彪。係參將管守備事。

　　　千總壹員,月支銀貳兩。

　　　把總貳員,各月支銀貳兩。

　　　步兵叁百名,各月支銀壹兩、米叁斗。

　　　鄉兵貳百名,各月支銀捌錢、米壹斗。

　　　馬騾壹拾匹頭,每匹頭月支銀玖錢。

　前件查得該營明朝原設欽依守備壹員、練兵官肆員。此係沿江舊營,相應照例議設守備員缺。

以上歲該銀伍千柒百捌拾肆兩、米壹千叁百貳拾石。

宜興營舊額官兵伍百壹員名,今議設柒百肆員名。

  守備壹員,月支銀柒兩,謝皇恩。

  千總壹員,月支銀貳兩。

  把總貳員,各月支銀貳兩。

  步兵叁百壹拾名,各月支銀壹兩、米叁斗。

  鄉兵叁百玖拾名,各月支銀捌錢、米壹斗。

  馬騾壹拾匹頭,每匹頭月支銀玖錢。

前件查得該營明朝止設練兵官壹員、操官貳員,續於崇禎年間撫院加銜守備壹員、練兵官貳員、水陸哨官貳員。今照該汛與浙江廣德連界,逆孽不時蠢動,最稱險要,相應議設守備員缺并千把各官,以便分防湖㳇、張渚、周鐵鎮、楊港等處。

以上歲該銀柒千柒百貳拾捌兩、米壹千伍百捌拾肆石。

孟河營舊額官兵肆百捌員名,今止設叁百叁員名。

  守備壹員,月支銀柒兩,張希尹。係參將管守備事。

  千總壹員,月支銀貳兩。

  把總壹員,月支銀貳兩。

  步兵貳百名,各月支銀壹兩、米叁斗。

  鄉兵壹百名,各月支銀捌錢、米壹斗。

  馬騾捌匹頭,每匹頭月支銀玖錢。

前件查得該營明朝原設欽依把總壹員、練兵官叁員,續於崇禎年間撫院加銜守備。今照該汛係沿江舊營,相應循例議設守備員缺。

以上歲該銀叁千伍百柒拾捌兩肆錢、米捌百肆拾石。

楊舍營舊額官兵肆百捌員名,今止設叁百叁員名。

  守備壹員,月支銀柒兩,羅英。

千總壹員,月支銀貳兩。

把總壹員,月支銀貳兩。

步兵貳百名,各月支銀壹兩、米叁斗。

鄉兵壹百名,各月支銀捌錢、米壹斗。

馬騾捌匹頭,每匹頭月支銀玖錢。

前件查得該營明朝原設欽依守備壹員、練兵官貳員、水陸哨官貳員。今照該汛查係舊營,相應照例議設守備員缺。

以上歲該銀叁千伍百柒拾捌兩肆錢、米捌百肆拾石。

無錫營舊額官兵叁百拾陸員名,今設叁百叁員名。

守備壹員,月支銀柒兩,王啓元。係遊擊管守備事。

千總壹員,月支銀貳兩。

把總壹員,月支銀貳兩。

步兵貳百名,各月支銀壹兩、米叁斗。

鄉兵壹百名,各月支銀捌錢、米壹斗。

馬騾捌匹頭,每匹頭月支銀玖錢。

前件查得該縣汛地明朝原設練兵官壹員、操官捌員,續於崇禎年間撫院加銜守備壹員、把總壹員、練兵官壹員。今照該縣查係舊營,相應照例議設守備員缺。

以上歲該銀叁千伍百柒拾捌兩肆錢、米捌百肆拾石。

靖江營舊額官兵肆百肆拾壹員名,今止設叁百叁員名。

守備壹員,月支銀柒兩,劉應元。係遊擊管守備事。

千總壹員,月支銀貳兩。

把總壹員,月支銀貳兩。

步兵叁百名,各月支銀壹兩、米叁斗。

馬騾捌匹頭,每匹頭月支銀玖錢。

前件查得該營明朝原設總練官壹員、哨官貳員,續於崇禎年間設立欽依守備壹員、總練官貳員、水陸哨官貳員。今照該汛查係舊營,相應照例議設守備員缺。

以上歲該銀叁千捌百壹拾捌兩肆錢、米壹千捌拾石。

以上自常州參將營起,至靖江營止,共計官兵叁千肆百叁拾貳員名,馬騾捌拾貳匹頭,歲共支折色銀叁萬玖千叁百叁拾叁兩陸錢、本色米捌千肆百貳拾肆石。

鎮江營官兵壹千肆百壹拾貳員名。

　　副將壹員,月支銀叁拾兩,張承恩。

　　中軍壹員,月支銀肆兩。

　　千總貳員,各月支銀貳兩。

　　把總肆員,各月支銀貳兩。

聽用官肆員,各月支銀肆兩。

　　參將壹員,李奎。

　　遊擊壹員,劉光先。

　　都司壹員,劉仲得。

尚有開報守備壹員,因開造履歷不明,已駁回另選。

　　馬兵叁百叁拾玖名,各月支銀壹兩伍錢、米叁斗。

　　步兵伍百柒拾肆名,各月支銀壹兩、米叁斗。

　　鄉兵肆百捌拾柒名,各月支銀捌錢、米壹斗。

　　馬騾叁百叁拾玖匹頭,每匹頭月支銀玖錢。

以上歲該銀貳萬貳千柒拾兩肆錢、米叁千捌百柒拾壹石貳斗。

永生洲營舊額官兵貳百伍拾叁員名,今止議設貳百叁拾叁員名。

　　遊擊壹員,月支銀貳拾兩,馬成豹。係參將管遊擊事。

　　中軍壹員,月支銀肆兩。

　　把總壹員,月支銀貳兩。

　　鄉兵貳百叁拾名,各月支銀捌錢、米壹斗。

馬騾捌匹頭，每匹頭月支銀玖錢。

前件查得本營明朝原設參將壹員、中軍壹員、哨官壹員，水兵貳百伍拾名，兵船拾隻。但查此汛橫砥中流，最稱險要，離鎮壹百貳叁拾里，倘遇有警，不能即時援應，相應照例議設官兵，常川作缺，分防各汛。

以上歲該銀貳千陸百陸兩肆錢、米貳百柒拾陸石。

陸拾分洲分防鄉兵叁百壹拾叁名，各月支銀捌錢、米壹斗。

把總壹員，月支銀貳兩。

馬貳匹，每匹月支銀玖錢。

埠城分防鄉兵肆百貳拾名，各月支銀捌錢、米壹斗。

把總壹員，月支銀貳兩。

馬貳匹，每匹月支銀玖錢。

前件查得貳汛原未設有官兵，近因海賊、土寇披猖，出沒於斯，故設官兵貳汛，俟地方平定，另議撤汰。

以上歲該銀柒千壹百貳拾捌兩、米捌百柒拾玖石陸斗。

以上自鎮江副將營起，至埠城止，共計官兵貳千叁百捌拾員名、馬騾叁百伍拾壹匹頭，歲共支折色銀叁萬壹千捌百肆兩捌錢、本色米伍千貳拾陸石捌斗。

蘇松兵備道標下，查舊額官兵伍百叁拾捌員名，今止設貳百名。

中軍守備壹員，月支銀柒兩，羅文勛。

馬兵叁拾名，每名月支銀壹兩伍錢、米叁斗。

步兵壹百柒拾名，每名月支銀壹兩、米叁斗。

馬叁拾匹，每匹月支銀玖錢。

常鎮兵備道標下舊額官兵叁百叁拾叁員名，今止設貳百名。

中軍守備壹員，月支銀柒兩，鄭應魁。

馬兵叁拾名，每名月支銀壹兩伍錢、米叁斗。

步兵壹百柒拾名，每名月支銀壹兩、米叁斗。

馬叁拾匹，每匹月支銀玖錢。

滸墅鈔關前朝原設兵丁壹百名、都司壹員,今議委把總壹員,月支銀貳兩;步兵壹百名,每名月支銀壹兩、米叁斗。

以上歲該銀柒千貳百兩、本色米壹千捌百石。

以上自蘇松備兵道下起,至滸墅鈔關止,共計官兵伍百叁員名、馬騾陸拾匹頭,歲共支折色銀柒千貳百兩、本色米壹千捌百石。

設防府州縣庫獄各兵,每名月支銀玖錢。

蘇州府設兵伍拾名,查舊額官兵捌百陸員名。

　太倉州設兵壹百名,查舊額官兵叁百貳拾員名。

　吳江縣設兵貳百名,查舊額官兵壹百捌拾捌員名。

　嘉定縣設兵貳百名,查舊額官兵伍百肆拾柒員名。

　崇明縣設兵貳百名,查舊額官兵叁百捌拾員名。

松江府設兵伍拾名,查舊額官兵叁百貳員名。

　上海縣設兵貳百名,查舊額官兵肆百壹員名。

　青浦縣設兵貳百名,查舊額官兵叁百員名。

常州府設兵壹百名,查舊額官兵叁百貳拾柒員名。

　宜興縣設兵貳百名,查舊額官兵貳百玖拾壹員名。

　靖江縣設兵貳百名,查舊額官兵貳百肆拾貳員名。

　江陰縣設兵貳百名,查舊額官兵貳百伍拾捌員名。

鎮江府設兵伍拾名,查舊額官兵叁百肆拾叁員名。

　丹陽縣設兵貳百名,查舊額官兵貳百壹員名。

　金壇縣設兵貳百名,查舊額官兵壹百玖拾叁員名。

以上各府州縣共計設兵丁貳千叁百伍拾名,歲共支折色銀貳萬伍千叁百捌拾兩。

總計蘇、松、常、鎮肆府,共議設官兵貳萬叁千玖百陸拾餘員名,并馬騾歲共支折色銀叁拾萬柒千陸百貳拾肆兩捌錢、本色米肆萬肆千叁百玖拾壹石陸斗。

松江總鎮李成棟、隨征官兵有家口員名坐糧。

总镇壹员,李成棟,月支銀貳拾兩。

副將肆員,楊大甫、郝尚久、張道瀛、張月,每員月支銀壹拾兩。

參將貳員,楊有光、許雄,每員月支銀柒兩。

遊擊陸員,李元泰、尤起冬、喬進忠、李環、王定國、翟尚禮,每員月支銀柒兩。

水營遊擊壹員,熊思文,月支銀肆兩。

都司玖員,孫桂、戴九重、孟克孝、李元印、程得印、張孝、馮定國、王之柱、童光禎,每員月支銀貳兩伍錢。

守備柒員,金如庫、趙登雲、王惟明、曹福德、常國才、張元、王大成,每員月支銀貳兩伍錢。

千把材官陸拾肆員,每員月支銀伍錢。

馬步兵叁千壹百叁拾陸名,每名月支銀伍錢、米貳斗,叁名分食貳名銀米。

以上歲該銀壹萬肆千捌百肆拾捌兩、米伍千壹拾柒石陸斗,每石折銀壹兩,該折銀伍千壹拾柒兩陸錢。貳項共該銀壹萬玖千捌百陸拾伍兩陸錢。

前後通共該銀叁拾貳萬柒千肆百玖拾兩肆錢、本色米肆萬肆千叁百玖拾壹石陸斗。

順治肆年柒月　日。

議設蘇松常鎮肆府兵馬錢糧
經制事揭帖順治四年九月初十日到。

欽命招撫江南各省地方總督軍務兼理糧餉內院大學士、太子太保、兵部尚書兼都察院右副都御史,今守制洪承疇謹揭,爲議設蘇、松、常、鎮肆府兵馬錢糧經制事。

職准兵部咨,爲酌裁緩地總兵併請定見在總兵職銜關防,以便任職事。該職題前事,奉聖旨:"兵部酌議具覆。"欽此。該本部看得,江南既定,經制宜詳,贵院部酌裁一疏，奉有明旨，本部自应具覆。惟是东南最称扼要之区，开创当有画一之制。今据江宁、安庆贰抚前后各疏，不无参差，尚鲜详确。今将原疏咨送，烦为细心筹量，通盘打算，于江宁及各郡地方，相度机宜，斟酌时势，某处镇将宜设，某处镇将宜裁，某处应以参、游易总、副，某处应以都、守代参、游。地有冲僻，则马步官兵之多寡攸分；时有急缓，则水陆之营伍宜覈。标员当有定额，战守须尚责成。委署各官，某应革除，某应赴京酌用；裁汰各兵，某应归并，某应解散还农。均希一一详册，并将应用各官履历查明过部，以凭覆请。盖滥设徒以滋饷，而过裁亦恐疏防。经久良谟，在贵院部自有确裁，希即确裁酌定，作速咨覆。并将各官履详开册报，以凭议覆等因。准此。

顺治肆年伍月初玖日，又准兵部咨，为江南地方初定，官兵有难多撤，臣谨议更调裁革事宜，仰祈圣裁敕示，以便定议经制事。该职题前事，奉圣旨："该部议奏。"钦此，钦遵。等因到部。

该臣等看得，江南经制，督臣商酌时宜，先将镇将遴为去留，而后以见在兵马定为永制。据议应裁提督总兵吴胜兆壹员，总兵李成栋、于永绶、张应梦、李仲兴、黄鼎伍员，祗应留提督张天禄、苏州总兵杨承祖、徽州总兵胡茂祯、池州总兵卜从善、广德州总兵郭虎，镇江改副将马得功，安庆改副将壹员，宁国改副将壹员，芜湖改参将壹员，悉应如议。但每镇马步官兵若干，尚未全议前来。其某镇应分汛几处，提督应节制几镇，各副参应分属某镇所统，各标应分立几营，某营应设立偏裨几员，须逐一详定，规画井然，臣然庶有据以覆定。内如吴胜兆、李成栋等建有新功者，臣部另议擢用，以竟厥施可也。等因。奉圣旨："依议行。"钦此，钦遵。备咨到职。

职先移行江宁巡抚土国宝、苏松按臣卢传，备查苏、松、常、镇肆府官兵，如松江提督吴胜兆员缺，原议以徽宁提督张天禄调补；镇江总兵马得功，先奉明旨降一级调用，其镇江只应定为副将员缺。江宁巡抚标下及各提督总兵标下，各有见在官兵，今俱应炤各省营制事例，一一定为经制。有冗滥官员、不堪兵丁，俱应炤例裁汰。官兵马匹，应支本折钱粮，在豫王初定江南之时，原有定支数

目,俱遵炤支用。(下缺)

旱災異常亂形已著冒死懇留漕米
以支旦夕事題本

欽命招撫江南各省地方總督軍務兼理糧餉內院大學士、太子太保、兵部尚書兼都察院右副都御史,今守制臣洪承疇謹題,爲旱災異常,亂形已著,冒死懇留漕米,以支旦夕事。

順治肆年貳月貳拾貳日,臣准戶部咨,該江西巡按吳贊元具題,內開:奉都察院勘劄,准戶部咨戶科抄出江西巡按題前事。順治叁年捌月貳拾柒日奉聖旨:"該部議奏。"欽此。相應議覆。該臣等看得,江右烽烟未息,需餉甚殷,前撫臣疏報徵完漕米貳萬石,臣部已覆准留佐軍需矣。今按臣又以地方旱魃爲虐,徵比難施,欲留漕米伍萬石,以資接濟。但京師需米甚多,取給何項,除已留貳萬石之外,餘仍作速解京者也。相應覆請,恭候命下,臣部轉行,遵奉施行等因。順治叁年玖月初玖日奉聖旨:"依議。"欽此,欽遵。抄部,咨院。備劄到臣。

該臣看得,漕糧關係軍需,京師見駐多兵,仰給於此,既歸版籍,敢後輸將。但江西累歲兵荒,瘡痍特甚,貳年漕米報完,雖有伍萬,以久旱水枯,舟楫不濟,尚未盡運至省城。自肆月撫臣李翔鳳疏請留漕米貳萬肆千石,奉有俞旨,各路援剿官兵,歡呼震地,俱請就近支給,已遵旨允行,則未解者不能解矣。其已解到省者,鎮臣柯永盛各營自陸月起,每月支壹千石,提督鎮臣金聲桓在省各營,自柒月起,先後量支過壹萬叁千石,撫標諸營不與焉。共約支過貳萬餘石,計所存不及半目。今各路兵未他調,庚癸頻呼,通省奇荒,告無虛日,叁年漕米,斷難開徵。合計行間將士叁萬有餘,月給米壹斛,斷不可少。只此貳萬陸千之米,能支幾時?臣數月來,翹望新撫不至,日與鎮臣籌兵籌食,竟不克出省會一步。本職久荒,自知無所逃罪。又值此凶年,民間久已絕粒,草根木葉,採掘殆盡。聞南康府屬,有壹家柒口無養,同時服毒而死者,臣爲腑焦心裂,再欲取之民間,衹速亂耳,臣罪更莫大焉。伏乞皇上、皇叔父攝政王,念此殘疆,民不堪命,俯賜俞留部議,速解叁萬石之漕米,以支來歲應給兵餉,俾臣等得設法勸賑,稍稍全活未死災黎,則未必非寧邦之要務也。事關錢糧,字稍踰額,懇祈鑒宥等因。順治叁年拾壹月拾伍日題,肆年正月貳拾日奉聖旨:"戶部知道。"欽此,欽遵。抄出到部。

該本部看得,江右徵完貳年漕米,本部前覆該省撫按疏,止准動支貳萬肆千石,餘仍解京,奉有俞旨,何以又議留用?不知該省兵馬曾否派有糧餉,有無徵解足額,而必動此漕糈乎?況叁年漕米,浙江、江南俱已報完,該省未報,已經巡漕題參,奉旨確查議處。今該按疏稱勢難開徵,是何緣故?合咨總督內院確查咨覆,以憑題請等因到臣。

臣隨移行江西撫、按貳臣,及江西布政司,并督糧道,查該省兵馬糧餉果否無可支應,何以必留漕米,以供兵食。如貳年分漕米江西壹省原額若干,有無某某府州縣未經順服,未能開徵若干,已順者徵過若干,奉明旨准留若干,地方前後再動支兵餉若干,今有無見在徵收若干,拖欠若干,及叁年分漕米有無某某府州縣未經順服,未能開徵若干,其已順者豈無府州縣可徵,內已徵過若干,其所以斷難開徵,係何緣故,逐一詳開回覆,以憑入疏,萬勿延遲。去後。今伍月貳拾柒日,據江西布政司左布政遲變龍、督糧道參政田時震呈稱,該司道會查得順治貳年漕糧,除蠲減外,實徵正副米共叁拾陸萬陸千貳百捌拾貳石,已徵完柒萬叁千壹拾捌石玖斗陸升壹合陸勺,未完貳拾玖萬叁千貳百陸拾叁石叁升捌合肆勺。其已完米內隨奉署耿撫院徑行南昌縣支給省鎮兵糧壹萬壹千柒百捌拾伍石叁斗,又奉貝勒及總督佟軍門提解楚餉壹萬石,外加副耗米壹千貳百壹拾叁石伍斗,尚存伍萬石零。蒙江西撫、按兩院先後具題留充兵餉,部議止留貳萬肆千石,餘仍解京。又蒙按院計兵足食補牘請留伍萬之數,致奉部文查議。今計伍萬之內,共支過米叁萬貳千捌百捌拾石陸升壹勺,止該存米壹萬柒千壹百肆拾石壹斗壹合伍勺。此外又蒙按院批據九江道并南兵道請漕抵餉緣由,蒙議將未完米內屬饒州、南康貳府屬者。撥給九江、余鎮、寧武、奉靖肆州縣及南兵道各標月糧，俟取解給過，數目另報。此貳年完欠之分數也。至於議動漕糧以供兵餉者，蓋緣江西平成日久，原無額設多兵，迨我清朝定鼎，歸順雖在順治貳年伍陸月，然入版圖者僅南昌、瑞州、臨江、南康肆府耳，其餘別郡，叛逆梗化，實繁有徒，防禦征剿之兵，風驟雲集，芻糧之需，勢急燃眉。兼以歲值奇荒，人民死散，別項錢糧，概難徵解，故不得不取給於貳年之漕米也。迄今兵雖有經制，而餉未有成額，庫藏既無可搜括，民間又未敢加派，欲三軍枵腹荷戈，此萬萬不能者。是以金鎮、柯鎮及各府駐防之兵，懸饑而呼庚，紛紛陳請，貳年漕米伍萬，雖有叁萬解京之旨，然爲兵籌餉，除此見在之漕糈，別無設處。撫、按兩院，鰓鰓爲地方軍務計，是以疏題議留此叁萬之數以贍兵，誠綢繆之至計也。況陸續給兵，所餘無多，似應俯准開銷，理合會詳施行。又據該司該道另呈，順治叁年分漕糧，勢難開徵緣故。該司道會看得，人民之存亡，繫於粟之生死；國賦之盈詘，聽乎歲之豐凶。江右貳年、叁年郡縣歸順，方及壹半，其半尚多梗化，加以天災疊降，人禍頻仍，無辜赤子，一死於土寇之焚擄，再死於逆賊之蹂躪，繼死於兵馬之剿洗，旋死於旱魃之薰灼，疫癘饑餓而死者，又不知凡幾矣。迄今寥寥孑遺，僅存皮骨，不惟貧者貧，即富者亦歸於貧；豈但死者死，即生者亦幾於死。縱欲典田廢產，誰是承售之家？更思鬻女賣男，無復收育之主。糠粃盡而食草根，草根盡而食樹皮。然枵腹之殘黎，日望二麥成熟，稍延生命。詎意上天弗弔，霪雨經春，油菜腐而麥穗傷，稻種涸而秧苗壞。百姓皇皇，朝暮莫保，流離載道，餓殍盈郊。各縣之報，流亡殆盡，催科難施。執之而且仆於途中，未杖而已斃於階下。真百年來未經見之奇荒，計此時即百計撫循，猶懼瘡痍難起，若一加敲扑，立見井里俱空。此皆按院巡行所至，目擊心慘者，職等曷敢一字涉虛，自蹈虛罔。懇祈垂憐地方異災，百姓異苦，有司萬難徵比，乞將叁年分漕糧具題蠲免。不惟江右拾叁郡，奄奄待盡之黔黎，幾死復甦，且人民存。則將來之土地有人耕種，貢賦有人辦納，倘邀天惠，雨暘時若，肆年國課，必樂輸將，是愛養百姓，正所以爲朝廷計也。臣又准江西撫臣章于天咨會激切，情詞相同。

該臣看得，江西歸順，雖在順治貳年伍陸月間，彼時只有南昌、瑞州、臨江、九江、南康數府,其餘饒州、撫州、廣信、建昌,叛服不常,叁年秋後乃定。吉安叁年叁月內攻尅,然後袁州歸服、贛州、南安至叁年拾月攻尅。是貳年分全省地方未及其半,叁年分乃有叁分之貳,至今肆年春間全省乃定。應徵貳年分漕糧,除恩例蠲免外,徵完米柒萬叁千有奇,該省駐鎮官兵與貝勒湖廣征剿大兵,需米甚急,江西撫按臣先已取給於漕糧,是以貳年分只存徵完米伍萬石有零。又經戶部具覆前任江西撫臣疏,於伍萬之中,准留米貳萬肆千石,其餘仍解京,奉有俞旨,何敢再議留用。蓋因江西舊日,原無額設多兵,故亦無額設多餉。今歸順之後,駐防援剿官兵(下缺)

硃批:戶部知道。

傳奉事題本

欽命招撫江南各省地方總督軍務兼理糧餉內院大學士、太子太保、兵部尚書兼都察院右副都御史,今代回調理守制候議處臣洪承疇謹題,爲傳奉事。

順治肆年玖月拾捌日,臣准刑部咨覆臣奏前事,順治肆年捌月貳拾貳日奉聖旨:"顧咸正等叁拾肆名,著即就彼處斬,餘俱依議。"欽此,欽遵。移咨到臣。臣隨遵奉聖旨,於肆年玖月拾玖日將顧咸正等叁拾肆犯會官梟斬正法訖,徒配、釋放各犯,俱一照部咨發落,董佑申、黃廣即轉行該府縣確查明白,另行結案。等因,具疏題報。於順治肆年拾月貳拾伍日奉聖旨:"知道了,刑部知道。"欽此。今據江南按察司呈稱,蒙內院總督牌開,本院部前會審已斬叛犯顧咸正等一案,奏疏內董佑申,正名董醱申,查非沈猶龍監紀,其原日監紀係董祐申。又黃廣的名黃鯉,審係上海縣學門斗。查吳成林所舉,原云教書人,名跡不合。以上貳名,應再查明,另行發落。續准刑部咨覆云,董佑申、黃廣,確查另結,合行該司確查具報。蒙此,隨經行據華亭縣儒學教諭劉陞申稱,查得本學廩膳生員董醱申,原名董佑申,於天啓陸年科考入學,向經科舉肆次,崇禎拾壹年正月補廩,今逢清朝鼎運,首科錄取優等,應試江寧,案驗有據,食餼有年。見今學院蘇銓行考順治伍年歲貢,例該醱申陪貢,因係欽件未結,不敢起送,申報在府。確查董佑申因有華亭縣同學附學生員董祐申，於崇禎柒年歲考，入學本庠，亦經歲科考試。彼時佑申恐臨考案。驗祐、佑貳字，音畫相誤，於崇禎拾伍年蒙學院宗敦一科考，具呈本學申詳，奉批董佑申准改名黻申應試，遵行在册可查。且生員董祐申，亦於崇禎拾伍年具呈學院宗敦一，改入上海縣學去訖。兩生入學，自有前後，廩附各有次序，名字各有迥別，一更其名，一改其學。今黻申遵奉提獲，行查祐、佑貳字明確，備進兩生歷考等第見在。又據上海縣申稱，遵即移文本縣儒學教諭張可瞻，回稱：查得黄廣學前教書，並無其人，今黄鯉的係本學門斗，等因到府。查得董佑申於天啓陸年入學，崇禎拾壹年補廩，崇禎拾伍年請詳改名黻申，册籍可驗，該縣回文分疏甚明，原非董祐申也。查黄廣姓名，學前教書，並無其人，見在黄鯉，的係本學門斗，非係黄廣，此該縣該學，查報甚確，具詳到司，合候查核，具題結案，等因到臣。

該臣看得，董佑申後改名董黻申，乃華亭縣學廩膳生員，其叛案内曾做沈猶龍監紀係董祐申，乃改入上海縣學生員，因先已脱逃，致將董佑申拿獲，實爲佑、祐貳字相誤。又今見在黄鯉，係上海縣學門斗，前叛案内黄廣，乃叛犯吴成林所供，係學前教書人，名跡兩不相合，前已供明，衆證甚確，今行據松江府縣及該學詳查，復經按察司再審無異。見在董佑申、黄鯉原屬株連，應行釋豁。董佑申仍應還學肄業，用彰皇仁。其真犯董祐申、黄廣，臣已嚴行按察司轉行松江府縣，嚴緝另結。此臣任内行查未完欽件，臣謹具題，伏乞聖明勑下該部覆議，恭請聖旨裁定，行下臣等遵奉施行。

緣係傳奉事理，臣未敢擅便，爲此具本專差舍人沈鶴鳴親齎謹題請旨。

順治伍年貳月貳拾陸日，招撫江南各省地方總督軍務兼理糧餉内院大學士、太子太保、兵部尚書兼都察院右副都御史，今代回調理守制候議處臣洪承疇。

硃批：該部知道。

貼　　黄

欽命招撫江南各省地方總督軍務兼理糧餉内院大學士、太子太保、兵部尚書兼都察院右副都御史，今代回調理守制候議處臣洪承疇謹題，爲傳奉事。

臣准刑部咨，隨行按察司，轉行松江府縣及該學，查董佑申後改名董殷申，乃華亭縣學廩生，前叛案內有曾做沈猶龍監紀。係董祐申，因先已脫逃，致將佑申拿獲，實爲佑、祐貳字相誤。又見在黄鯉，係上海縣學門斗，前叛案內有黄廣，係上海學前教書人，名跡不合。此董佑申、黄鯉更屬株連，應行釋豁，董佑申仍還學肄業，未獲真犯董祐申、黄廣，臣行嚴緝另結。伏乞勅部覆議。謹題。

慶賀長至節事揭帖順治十年十月二十四日。

欽命經略湖廣、江西、廣西、雲南、貴州等處地方總督軍務兼理糧餉、太保兼太子太師、內翰林國史院大學士、兵部尚書兼都察院右副都御史洪承疇謹揭，爲慶賀事。

順治拾年拾壹月初貳日，恭遇長至，職奉差在外，不獲同在廷諸臣躬親拜舞，謹望闕叩頭慶賀，伏願皇上戀膺嘉祉，永享太平。職不勝踴躍歡忭之至，除具奏外，理合具揭。須至揭帖者。

順治拾年拾月初捌日。

貼　黄

欽命經略湖廣、江西、廣西、雲南、貴州等處地方總督軍務兼理糧餉、太保兼太子太師、內翰林國史院大學士、兵部尚書兼理都察院右副都御史洪承疇謹揭，爲慶賀事。

順治拾年拾壹日初貳日恭遇長至，職奉差在外，不獲同在廷諸臣躬親拜舞，謹望闕叩頭慶賀，伏願皇上戀膺嘉祉，永享太平。謹具奏聞。

恭陳湖南湖北情形併議分駐剿禦事宜事題本

欽命經略湖廣、江西、廣西、雲南、貴州等處地方總督軍務兼理糧餉、太保兼太子太師、內翰林國史院大學士、兵部尚書兼都察院右副都御史臣洪承疇謹題，爲恭陳湖南、湖北情形，併議分駐剿禦事宜，仰祈聖裁勅部覆議事。

竊照湖廣地方遼闊，襟江帶湖，山川險阻，爲從來形勝之地。今寇亂多年，用兵最久，人皆知逆賊孫可旺等抗拒於湖南，而不知郝搖奇、姚黃、一隻虎等衆肆害於湖北，兼以土寇附和，苗賊脅從，群聚搶攘，是湖廣腹裏，轉爲衝邊要害。臣今暫駐武昌，見聞最切。如辰、沅、靖州，見爲孫逆等賊盤踞，水陸不時侵犯。寶慶所屬之新化、城步各縣，雖經歸附，而孤懸窵遠，屢報危急，亦州府地界西粵，猺賊出沒無常。桂東、桂陽，又與江西之袁州、吉安各山縣接壤，有紅頭逆賊結聚，官兵見在會剿。至常德壹府，前逼辰、沅，後通澧州，苗蠻雜處，時常蠢動。即衡州、長沙雖已收服，而逆黨觀望，實繁有徒。此湖南之情形也。以湖北論之，漢陽、黃州、安陸、德安四府粗安，而鄖陽之房縣、保康、竹山、竹溪四縣，有郝搖奇、劉體純、袁宗第等諸寇，窟穴於羊角等寨，每營萬餘，虎踞縣界，殺擄肆行。鄖縣、鄖西、上津叁縣，前此尚恃一水可隔，今賊竟擄舟渡江，兩岸蹂躪，逼鄖陽僅數拾里，近又自均州槐樹關渡河者萬計。襄陽之宜城、南漳、均州、穀城四州縣，有一隻虎養子小李、馬蹶子、黨守素、李世威等諸賊，住於七連坪等處，將居民逼挾供糧。光化縣倚山濱江，殘廢無人。荆州府屬之歸州及巴東、興山、長陽叁縣，接連西蜀，雖陛補官員，從來未入版圖，無任可到，爲姚黃、王二、王三等諸逆老營。而夔州之界，又有賊首譚詣、譚韜諸頭目數營，俱窟穴於巫山縣等處，遊搶於彝陵、宜都、遠安、松滋、枝江伍州縣地方。鄖陽治臣朱國柱屢報賊情緊急，亟圖會剿。此湖北之情形也。

　　計今日官兵，分布機宜，湖南見有滿洲大兵、陝西滿兵及提督各總兵等官兵，分駐武岡、衡州、寶慶、常德一帶，可備防剿。然各郡窵遠，聯絡不及，實有首尾難顧之慮。若荆州屬縣，賊孽正熾，倘由澧州而犯常德，或截岳州以犯湘潭，不惟我兵腹背受敵，而大江以南，恐至騷動，此尤當急爲籌畫。臣與督臣祖澤遠會商，長沙係湖南北總會之區，衡、永、辰、常、寶慶必由之路，既可以接雲、貴，又可以達廣西，武昌藉以爲屏藩，江右倚以爲保障，臣必往來駐劄其間，始可四應調度，相機進取。至於湖北荆、鄖之賊，若不急爲剿除，必至滋蔓難圖。荆鎮官兵，雖堪戰守，然兵力有限，不能及遠。鄖、襄鎮兵，僅可自顧，不能剿賊，臣與督臣祖澤遠商議，以督臣必暫行移駐荆州，督同鄖陽治臣料理荆州、鄖、襄之賊，以扼全楚上游，綰南北要衝，而合盤打算，兵亦無多。查督臣前疏，議以湖廣提督總兵臣柯永盛所統經制官兵，改調長沙。今長沙有臣駐劄，可分兵兼顧常德，則提督官兵亦應調赴荆州、鄖、襄，聽督臣調度剿賊，乃足消肘腋之患。安襄樊而奠中州，固全楚以鞏江南，所關更非眇小。但督臣既已移駐，則武昌省會，干係甚大，雖有湖廣撫臣彈壓，而兵力單薄，未足爲恃。臣今有調到鎮將官兵，陸續到武昌，暫駐歇馬，可壯聲勢，而督臣仍應往來於荆襄、武昌之間，俟事定仍駐武昌，庶外可以靖賊氛，内可以固根本。容臣親歷湖南，歸併鎮將各營，計必有調撥官兵，可爲武昌增添城守之備，俟分派着落，方可另疏報聞。臣謹密題，伏乞皇上勅下該部覆議，恭請聖旨裁定遵行。

緣係恭陳湖南、湖北情形，併議分駐剿禦事宜，仰祈聖裁勅部覆議事理，臣未敢擅便，爲此具本專差舍人賴及國齎捧謹題請旨。

（順治拾年拾壹月貳拾捌日。）據《東華錄》。

硃批：這所奏分駐剿禦事宜著速議具奏。該部知道。

貼　黃

欽命經略湖廣、江西、廣西、雲南、貴州等處地方總督軍務兼理糧餉、太保兼太子太師、内翰林國史院大學士、兵部尚書兼都察院右副都御史臣洪承疇謹題，爲恭陳湖南、湖北情形，併議分駐剿禦事宜等事。

竊照湖廣寇亂多年，人皆知逆賊孫可旺等抗拒於湖南，而不知郝搖奇等肆害於湖北。臣計今日湖南見在滿漢官兵，分駐武岡、衡、寶、常德一帶，足以防剿，惟相隔窵遠，有首尾難顧之慮。若荆屬賊孽正熾，倘由澧州犯常德等處，則腹背受敵。臣與督臣祖澤遠會商，長沙係湖南總會之區，必臣往來駐劄其間，始可四應調度。其湖北荆、鄖之賊，議以督臣暫移駐荆州，督同治臣料理。但兵數無多，有提督柯永盛官兵，亦應調赴荆州、鄖、襄，聽督臣調度剿賊，以消肘腋之患。至武昌省城，止有撫臣彈壓，兵力單薄，有臣催到官兵陸續到省，可壯聲勢。督臣仍應往來於荆、襄、武昌之間，外靖賊氛，内顧根本。容臣親歷湖南，另爲調撥官兵，增添武昌城守。伏乞皇上勅下該部覆議施行。謹題請旨。

鎮臣防剿玩忽養寇貽害謹請勅部覆議事題本

欽命經略湖廣、江西、廣西、雲南、貴州等處地方總督軍務兼理糧餉、太保兼太子太師、內翰林國史院大學士、兵部尚書兼都察院右副都御史洪承疇謹題，爲鎮臣防剿玩忽，養寇貽害，臣謹具疏上聞，仰祈聖裁，勅部覆議事。

竊照鄖、襄總兵張士元，鎮守鄖、襄，已經伍載。臣自入湖廣以來，從未聞其如何練兵，如何剿賊。乃鄖陽之房縣、竹山、上津、鄖西各縣，與襄陽之南漳、穀城、宜城、均州等處，屢報賊情，破寨掠民，慘苦難言。前奉聖旨，調度會勦，以期大創。雖兵力未集，臣已一面嚴飭張士元，相機剿禦，保安地方，不得仍前懈弛，以致玩愒。鎮臣張士元未報厲兵秣馬，以圖勦賊安民，乃於叁月初叁日詳：爲痼病垂危，調理萬難痊癒，懇乞速賜罷斥事。內稱：本職素患痰疾，遇春即發，舉發昏憒，服藥即愈。不幸今貳月初旬又發，忽然仆地，不省人事，用藥灌救，半日始甦。延今半月，藥物不靈，至貳月拾捌日，昏迷喉閉，救治方活，危若朝露，皆院道文武所知見，情出迫切。伏乞本院部軫念嚴疆，本職命懸須臾，俯准代題，立賜罷斥，另簡精壯，刻期受事，等因。臣隨批：此時鄖、襄賊情甚急，總兵正宜殫力料理，豈得以病爲詞！仰振起精神，以圖剿禦，毋待再詳。去後，又准湖廣總督臣祖澤遠咨，據該總兵呈同前事，隨批仰力疾辦賊，候移咨經略院部定奪，相應移會裁酌，等因到臣。

該臣會同督臣祖澤遠看得，鄖、襄爲秦、蜀孔道，楚、豫咽唉。總兵張士元鎮守多年，不能寧靜一方，反致搶攘日甚。如果日久有病，何不具呈於先，乃至嚴檄責成之後，始以危病爲請，推託之情已見。且查其平日，並不思蓄養戰兵，購備戰馬，以圖衝鋒破賊，惟知教育俳優，掛食兵糧，以供歡樂。及賊搶至近城，城外叫罵，既無戰兵可以截勦，甘心忍辱，不敢出城，士民無不恥笑。至於本標前營中軍缺員，此何等時地，猶不選舉能將，乃以伊子具呈總督臣補用，督臣深鄙之，臣乃會督臣將文德題補。凡此，皆鎮臣張士元實蹟有據，賊患安得不蔓延，民生安得不塗炭？豈可姑容，以致再愒。所當解任議處，以爲玩忽養寇之戒。

臣謹會同湖廣總督臣祖澤遠合詞具題，伏乞皇上勅下該部覆議，恭請聖旨，裁定遵行。

緣係鎮臣防勦玩忽，養寇貽害，臣謹具疏上聞，仰祈聖裁，勅部覆議事理，臣等未敢擅便，爲此具本專差舍人劉有德齎捧謹題請旨。

順治拾壹年叁月貳拾捌日，經略湖廣、江西五省太保兼太子太師、内翰林國史院大學士、兵部尚書兼都察院右副都御史臣洪承疇。

硃批：據奏，張士元養寇貽害，著解任，仍議處具奏。兵部知道。

貼　黄

欽命經略湖廣、江西、廣西、雲南、貴州等處地方總督軍務兼理糧餉、太保兼太子太師、内翰林國史院大學士、兵部尚書兼都察院右副都御史洪承疇謹題，爲鎮臣防勦玩忽，養寇貽害等事。

臣會督臣祖澤遠看得，鄖、襄總兵張士元，鎮守多年，不能寧靜一方，反致搶攘日甚。如果日久有病，何不具呈於先，乃至嚴檄責成之後，始以危病爲請，推託之情已見。且平日不蓄養戰兵，購備戰馬，惟教育俳優，掛食兵糧，以供歡樂。及賊搶至城外叫罵，無兵截勦，甘心忍辱，不敢出城，士民無不恥笑。至中軍缺員，此何等時地，猶不選舉能將，乃以伊子呈補，督臣深鄙之，臣方會疏將文德題補。凡此皆張士元實蹟，豈可姑容，以致再悞。所當解任議處，以爲玩忽養寇之戒。臣謹同督臣祖澤遠具題，伏乞皇上勅下該部議覆施行。謹題請旨。

楚省藩司關係甚重員缺得人爲要謹就近擬補
仰祈勅部覆議事揭帖順治十一年四月二十三日到。

欽命經略湖廣、江西、廣西、雲南、貴州等處地方總督軍務兼理糧餉、太保兼太子太師、内翰林國史院大學士、兵部尚書兼都察院右副都御史洪承疇謹揭，爲楚省藩司，關係甚重，員缺得人爲要，臣謹就近擬補上請，仰祈聖裁，勅部覆議事。

本年叁月貳拾壹日，職接邸報，吏部一本，覆職題爲湖廣撫臣亟在得人等事,奉聖旨:"林天擎陞都察院右僉都御史、巡撫湖廣等處地方兼提督軍務,寫勅與他。"欽此。仰見我皇上睠顧巖疆,俾省會重地,表率有人矣。惟是湖廣寇亂,已經多年,大兵征剿,不止一次。民人之轉輸極苦,外省之協濟甚艱。今日急務,首在收拾人心,而欲收拾人心,必在徵解無□耗之費,供應免驛騷之苦,然後民可休息。民既休息,而大兵糧草,需用緊急,勢必官收官運,使備辦充裕,起解如期,然後糧餉可以不缺,則所藉布政司一官,其事最繁而責最大。前任布政林天擎,方整記規模,清理有緒,今必得接任之官,實心踵行,則規模頭緒,不至再廢。職欽遵勅諭,察有江西按察司、今陞廣東右布政使李長春,守嚴四知,才裕泛應。歷任浙江、福建,久著廉能之聲;二載江右臬司,更奏明允之績。雖報陞廣東,尚未赴任。若將本官以右布政職銜管湖廣左布政使司事,既可就近赴任,則兵餉民生,兩有攸賴。恐爲□□□陞,不便更改,職竊議右藩事簡,左藩事劇,而湖廣藩司更劇,與其將有用之才置之閑空之地,何如用之煩難之區,以收軍興料理之効。職謹會同湖廣總督臣祖澤遠合詞具題,伏乞皇上勅下吏部覆議。如果職等所舉不謬,恭請聖旨裁定遵行。爲此,除具題外,理合具揭。須至揭帖者。

順治拾壹年貳拾捌日。

貼　黃

欽命經略湖廣、江西、廣西、雲南、貴州等處地方總督軍務兼理糧餉、太保兼太子太師、內翰林國史院大學士、兵部尚書兼都察院右副都御史洪承疇謹揭,爲楚省藩司,關係甚重等事。

湖廣大兵糧草,需用緊急,見任布政使林天擎方整起規模,清理有緒,已奉聖旨陞補湖廣巡撫,必得接任之官,實心踵行,不至再廢。職察有江西按察司、今陞廣東右布政使李長春,守嚴四知,才裕泛應。歷任浙江、福建,久著廉能之聲;貳載江右臬司,更奏明允之績。雖報陞廣東,尚未赴任,若以右布政職銜管湖廣左布政使事,即可就近赴任,以收軍興料理之效。職謹會同督臣祖澤遠具題,伏乞皇上勅下吏部覆議。如果職等所舉不謬,恭請聖旨裁定遵行。謹揭。

府縣年衰政拙更調宜亟謹就近擬補仰祈勅部
覆議事揭帖順治十一年四月二十三日到。

　　欽命經略湖廣、江西、廣西、雲南、貴州等處地方總督軍務兼理糧餉、太保兼太子太師、內翰林國史院大學士、兵部尚書兼都察院右副都御史洪承疇謹揭，爲府縣年衰政拙，更調宜亟，臣謹就近擬補，仰祈聖明勅部覆議事。

　　竊照湖廣寇亂歷年，用兵甚久，湖北之民，疲於供應，湖南之官，累於賊情，料理原自不易，此必負精明強幹之才，然後可望勝任。職上年拾壹月，自九江舍舟登陸，經過黃州府，知府杜之璧方到任數日，職親見其年力衰邁，動履艱難，目前昏眊，耳則重聽，數問不能一答，有同木偶。彼時職到省，即面語督臣祖澤遠，謂黃州何地，恐難用此衰朽之郡守。至拾貳月間，本官到省城面見督臣，知職言之非虛，彼時即議更易，恐爲長途初到，暫留休息，以觀其後，又就近無才能之官，可以選代。今肆閱月未見興革何事，庶務多有廢弛。黃州劇郡，豈可姑留，以誤地方，所當聽吏部酌議休致。又職叁月初旬，經過岳州，據上江防道僉事張呈稟稱，岳屬平江縣民俗刁頑，積習已久，非敏練之吏，不能振剔。知縣楊世增，儀貌壯偉，素能習武，但資性樸實，才不足泛應，智不能察奸，衙役借端朦蔽，刁民乘機逋負，軍興旁午之際，呼之不應，倘不早爲更張，本官與地方必致兩悞。又據岳州知府高翼辰、推官劉元琬揭報相同。平江縣離長沙止貳百里，職抵長沙，覆加查訪，楊世增果醇厚有餘，吏治不諳，錢糧逋欠日多，境內詞訟紛起，應聽吏部照不及例降調別用。

　　職思楚省多事，陞補官員到任多至遲延，無濟急用。職奉有選賢良置要地之勅諭，自應欽遵，就近選擇擬補。察有浙江寧波府同知王猷著，職原調同浙江官兵，隨行約束，已經吏部覆職酌議選調堪戰將兵等事一疏內稱，寧波府同知王猷著，應以原官隨行至楚，聽軍前留用，員缺臣部另補，奉有俞旨在案。今浙江海汛戒嚴，原調官兵奉聖旨暫留緩發。本官先齎報文，於貳月初壹日赴職軍前，職面試其才足解紛，守絕塵染，且歷俸叁年有餘，資次相應。若以陞補黃州知府員缺,庶衝要之地,師帥得人。又察有見任湖廣沔陽州判官李文秀,幹才歷練,勤敏有爲,足任刁疲之地,合無陞補平江知縣員缺,可以竟其設施。職總因湖廣凋殘至極,地方急宜整頓,故衰老疎拙者既不敢苟容,而非得應手人才亦不聲藉以整頓。職謹會同湖廣總督臣祖澤遠合詞具題,伏乞皇上勅下該部覆議。如果職等所言不謬,將杜之璧、楊世增分別休致降調,王獻著、李文秀照缺酌用。恭請聖旨裁定遵行。爲此,除具題外,理合具揭。須至揭帖者。

順治拾壹年叁月貳拾捌日。

貼　　黃

欽命經略湖廣、江西、廣西、雲南、貴州等處地方總督軍務兼理糧餉、太保兼太子太師、內翰林國史院大學士、兵部尚書兼都察院右副都御史洪承疇謹揭,爲府縣年衰政拙,更調宜亟,臣謹就近擬補等事。

職見黃州知府杜之璧,年力衰邁,有同木偶,庶務多有廢弛,應聽吏部酌議休致。岳州府屬平江知縣楊世增,醇厚有餘,吏治不諳,錢糧逋欠日多,境內詞訟紛起,應聽吏部照不及例,降調別用。職察有浙江寧波府同知王獻著,原調同浙江官兵,隨行約束。今官兵暫留,本官先齎報文赴楚。職試其才足解紛,守絶塵染,合無陞補黃州知府員缺。又沔陽州判官李文秀,幹才歷練,勤敏有爲,足任刁疲之地,合無陞補平江知縣員缺。職總因湖廣凋殘至極,地方急宜整頓,謹會同督臣祖澤遠具題,伏乞皇上勅下該部覆議施行。謹揭。

嚴疆需官甚亟州縣缺難虛懸謹疏擬補
以期分任事揭帖順治十一年四月二十三日到。

欽命經略湖廣、江西、廣西、雲南、貴州等處地方總督軍務兼理糧餉、太保兼太子太師、內翰林國史院大學士、兵部尚書兼都察院右副都御史洪承疇謹揭,爲嚴疆需官甚亟,州縣缺難虛懸,臣謹具疏擬補,以期分任共理事。

竊照湖南久殘之地,蒙聖恩特用撫臣選補道臣,一切撫綏安輯事宜,不患提綱挈領之無人矣。但必得有司親民之官,奉行惟謹,有呼即應,而後庶務可以實行,積弊得以盡革,則州縣各官,豈可不急求補用?惟是湖南人皆視爲畏途,强壯有爲者計圖規避,柔弱無能者苟且求容。甚至委署之官,五日京兆,尤易生不肖之心。今必就近擇補,始易收得人實效。如長沙府所屬茶陵州,前任知州蕭漢英陞江南揚州府同知,上年玖月內,職過揚州,即見其到任,今經半年有餘,茶陵州員缺,尚係署官。雖據布政司册報,選有知州孟世勳,不知尚在何處,未見赴任信息。倘別有更改,益不可定。茶陵與楚省之郴州、桂陽,江西之吉安、袁州,皆係接壤,逼近酆縣,各處見有紅頭逆賊,出没不常,不容一日無正官料理。至衡州道屬之郴州,更爲緊要。蓋郴州屬縣有桂陽、桂東二縣,初經收復,有宜章縣屢報賊情,官兵正在防剿。該州知州楊士美陞補浙江嘉興府知府,先已離任,尚未見推選有人,即有推選,而該州離京最遠,憑限必在半年以外,何時可到?又長沙府善化縣知縣張繼,前報丁母艱,例應守制,時下大兵雲集,催辦供應,尤難緩待。再有鄖陽府保康縣知縣李澍林,青年壯志,果斷有爲,凡地理賊情,無不熟知,堪備軍前招撫運糧各項委用。

職欽遵勅諭:"文武各官,在京在外,應軍前及地方取用者,隨時擇取任用。"欽此。職將本官調赴長沙軍前効用,以上肆缺,俱難虛懸。職察有陝西鳳翔府通判喻三畏,先經職題爲酌議選調堪戰將兵等事疏,內稱本官能幹有聲,可隨營料理,支給行糧,業經部覆,奉有俞旨。今本官押兵抵楚,見在長江軍前。職見其才職明通,四應裕如,歷俸已逾肆載,合無陞補茶陵州知州,俾令速行到任,共濟時艱。其孟世勳至日,容職察其曾否違限,另議補用。又見任湖廣黃梅縣知縣鄧源瀿,才猷爽豁,庶務精詳,歷任黃梅叁載有半,賢聲懋著,職由九江過黃梅,士民感悦,合無陞補郴州知州,必能竭力以盡職守,一經奉命,即可催赴湖南任事,以免遠路遲延。遺下黃梅知縣員缺,應聽吏部推補。其善化知縣員缺,有見任山東東平州判官孫國泰,駿才又經歷練,利器久試盤錯,職過山東,聞之最真,合無即以本官陞補前缺,足以展其廉能。又保康知縣員缺,有陝西渭南縣縣丞張懋禄,職於陝西調兵時,取之軍前効用,見其任事練熟,苦難不避,兼以俸久勞深,合無將本官陞補前缺,庶上進有階,益加鼓勵。此皆職擇人以爲地方,不暇計各官艱險之苦，亦不敢自避煩瑣之嫌。職謹會同湖廣總督臣祖澤遠合詞具題，伏乞皇上勅下吏部覆議，恭請聖旨裁定遵行。爲此，除具題外，理合具揭。須至揭帖者。

順治拾壹年叁月貳拾捌日。

貼　　黃

欽命經略湖廣、江西、廣西、雲南、貴州等處地方總督軍務兼理糧餉、太保兼太子太師、内翰林國史院大學士、兵部尚書兼都察院右副都御史洪承疇謹揭，爲巖疆需人甚亟，州縣缺難虛懸等事。

職查茶陵州久選有知州孟世勳，不知尚在何處，急需正官料理。郴州知州楊士美，已陞知府離任，未經補官。善化縣知縣張繼，前丁艱守制。保康知縣李澍林，熟知賊情地理，堪備軍前招撫運糧各項委用，職遵勅諭，擇取赴軍前。肆缺俱難虛懸。職察有陝西押兵赴楚鳳翔府通判喻三畏，才識明通，合無陞補茶陵知州。黃梅知縣鄧源瀰才猷爽豁，合無陞補郴州知州，俱可就近速行到任。又東平州判官孫國泰，駿才歷練，久試盤錯，合無陞補善化知縣。渭南縣縣丞張懋禄，職於調兵時，取之軍前，見其任事熟練，苦難不避，合無陞補保康知縣。此皆職擇人以爲地方，以期分任共理。謹會同督臣祖澤遠具題，伏乞皇上勅下該部覆議施行。謹揭。

特舉堪任總兵官員仰祈勅部覆議會
推事揭帖順治十一年四月二十三日到。

欽命經略湖廣、江西、廣西、雲南、貴州等處地方總督軍務兼理糧餉、太保兼太子太師、内翰林國史院大學士、兵部尚書兼都察院右副都御史洪承疇謹揭，爲特舉堪任總兵官員，仰祈聖明勅部覆議會推，以資防剿急用事。

職蒙聖恩，委用經略，責任重大，日夕兢惕。但遠近各省，實難週到，全在選拔文武官員，分佈要地，用資共理，故不禁屢疏請補官員，原出於不得已。如鄖、襄爲秦、蜀、豫、楚接壤之地，賊情擾亂，民生不安，時下正在用兵。鄖、襄總兵，正當賊衝,鎮臣張士元鎮守數年,玩忽養寇,已經職會同督臣祖澤遠會疏題請,解任議處,原擬俟奉聖旨下部覆議出缺,以待會推。惟思鄖、襄鎮標營伍疲敝至極,必得謀勇兼優,素日能養戰士、備戰馬,方可以從新收拾,充實營伍。值茲賊氛孔棘,時難等待。而湖廣通省副將、參將中,推敲未得其人。職軍前有副將王平、高謙,參將楊相、曹志等,皆見在領兵,未便更調。職因就近省遍行察訪,有見任陝西總督標下中軍副將沈應時,壯年雄略,戰陣久經,處陝西強人壯馬之地,平時多有蓄養,若陞補鄖、襄總兵員缺,令其挑選精銳,整備盔甲戰馬,必能多行攜帶。由西安出潼關、河南南陽以抵鄖、襄,不特到任途近,而有此內丁馬匹,一到之日,營伍即可改觀。又有見任江西饒州府協守副將穆生輝,西陲戰將,歷練老成,部下皆舊日宣大官兵,多係親信勇敢之士,若陞補鄖、襄總兵員缺,令其於本營多選戰士數百名隨帶,由九江以達鄖、襄,一水之地,甚爲便益,饒南地方稍緩,再擇能將,又可整理。職議補總兵,即兼整練營兵,以爲一舉兩得。倘蒙皇上不以職言爲謬,勅下該部覆議,照例會推,恭請聖旨簡用壹員,勅令星速赴任,于嚴疆庶有裨益。爲此,除具題外,理合具揭。須至揭帖者。

順治拾壹年叁月貳拾捌日。

貼　黃

欽命經略湖廣、江西、廣西、雲南、貴州等處地方總督軍務兼理糧餉、太保兼太子太師、內翰林國史院大學士、兵部尚書兼都察院右副都御史洪承疇謹揭,爲特舉堪任總兵官員等事。

鄖、襄鎮臣張士元,玩忽養寇,已經職會疏題請解任議處。原擬俟部覆出缺,以待會推。惟鎮標營伍疲敝至極,值賊氛孔棘,時難等待。職察陝西督標中軍副將沈應時,壯年雄略,戰陣久經,處強人壯馬之地,平時多有蓄養,若陞補總兵令其挑選整備攜帶,由西安出潼關抵鄖、襄,到任途近,營伍即可改觀。江西饒州副將穆生輝,西陲戰將,歷練老成,部下多舊日宣大官兵,若陞補總兵,令其選帶數百,一水之地甚便。倘蒙皇上不以職言爲謬,勅下該部覆議,照例會推,恭請聖旨簡用壹員,星速赴任,庶有裨益。謹揭。

官兵聞警急趨陣擒渠黨等事
揭帖順治十一年四月二十三日到。

　　欽命經略湖廣、江西、廣西、雲南、貴州等處地方總督軍務兼理糧餉、太保兼太子太師、内翰林國史院大學士、兵部尚書兼都察院右副都御史洪承疇謹揭，爲官兵聞警急趨陣擒渠黨，臣謹具疏上聞，仰祈聖鑒事。

　　本年叁月貳拾壹日，職准偏沅撫臣袁廓宇咨，據分巡下湖南道趙廷臣呈，據長沙府呈，蒙職批，據湖廣辰常總兵官楊遇明塘報，内稱：案照貳月貳拾伍日據鎮篁右營都司羅景芳報稱，據團總燕之幹報稱，逆賊印象鼎領賊兵蜂擁至燕家坪一帶，殺擄男婦貳拾口，焚毀房屋貳拾肆家，其□害，不知其數，情慘事急，請兵救殘。同日□□桃源縣報同前事。又准辰沅兵備道署分巡湖北道事副使劉桓移稱，土逆出没，相機堵勦，是在貴鎮。准此，職隨於貳月貳拾陸日會同□□柯永盛，挑選辰、沅兩標官兵共壹千貳百餘□，□星馳撲勦，去後。

　　今於叁月初貳日，據本標署左營遊擊李攀桂、沅標後營遊擊劉自奇、内司守備艾成功塘報，内稱：職等奉調進勦印賊，貳月貳拾柒日至麻里山。據團總燕之幹報稱，此處與燕家坪相近貳拾餘里，今印賊見攻圍川過峒。職等於貳月貳拾捌日隨督官兵星追，至酉時，先發千總蕭友元、陳化鵬，帶領鳥鎗手□□名，并各營精兵肆百名，徑撲川過峒。賊見官兵驟至，飛奔老營太平寨，我兵尾後驅擊賊扎號所。當又發守備劉應科、張九成、楊兆慶，火器守備王智，隨征守備白世雄、吳應麟、張文夏、劉應龍、湯三□、王豹、何得功、李應元、楊禄、張文焕，千總楊兆禧、梁受禄、袁可平，把總殷朝啓、黄玄等，帶領鳥鎗手伍拾名并步兵從後路堵勦。職等隨於叁更時同守備艾成功，各營守千把總田景文、潘可觀等，及兩標協營馬步鳥鎗手，俱於貳拾玖日寅時，從大路直抵賊營太平寨地方。賊遂分頭迎敵，我兵奮不顧身，鎗矢齊發，狠戰自寅至午，攻破賊營，賊衆披靡亂竄。在陣擒獲賊首從共玖拾名，得獲賊馬騾玖匹頭。賊□已破，隨即收兵。計查辰標左營署遊擊李攀桂下擒獲僞副將壹員印象鼎，號仲調；僞參將壹員印國錫，辰州差來老本偽參將壹員譚星道,并印象鼎親兄印象垣,共計肆名,及搜出上年襲殺桃源鄭知縣報功獎賞偽劄諭貳件。各營共擒賊衆伍拾捌名,馬騾柒匹頭,婦女叁口。陣亡兵丁叁名,重傷兵丁壹拾肆名,陣傷折馬陸匹。沅標前營中軍守備楊兆慶下擒獲偽參將壹員范惟。右營署中軍守備田景文下擒獲偽參將壹員姚光祚。各營共擒活賊貳拾肆名,賊馬壹匹,婦女柒口。重傷兵丁玖名,陣傷折馬叁匹。常協營擒獲活賊貳名,賊馬壹匹。等情,解報到本職。據此,叁月初叁日回兵,即會同柯提督暨兵備道劉副使、府縣文武各官齊集教場,用花紅、銀牌、牛酒犒賞各有功官兵訖。

該本職看得,印象鼎係桃源一鷙悍之叛逆也。叛而撫,撫而叛,非一次矣。迺於玖年間乘孫逆之亂,糾合亡命,蹂躪桃源,慘不忍言。將家屬人等搬寄辰州,甘爲逆賊先鋒。拾年貳月内襲殺桃源知縣鄭朝肅、典史王應星、巡檢王浩,致奉部文,嚴責鎮道督兵搜勦之旨在案。本職恨不滅此朝食,無奈狡賊竄身辰賊營内,無從搜勦。今幸塘撥都司羅景芳偵探預報,星馳撲勦,賊首得以就擒,則桃源一境,可以乂安矣。賊首印象鼎等殺知縣,傷官兵,糾賊兩犯常城,原係欽犯,罪在不赦,并擒獲偽參將印國錫、譚星道、姚光祚及印象鼎親兄印象垣,共伍名,差官楊兆禧、余廷俊押解赴本經略軍前,聽候發落外,其餘賊除偽官范惟并賊兵共拾壹名重傷中途死故外,内有桃源近地脅從者王二等捌名,當即移道行府,釋放歸農。其有髮長賊兵胡楚南等陸拾陸名,審居近賊窠,恐反側不定,且據口供,願爲兵,不願爲民,法宜重處,仰體皇恩赦典,暫分發辰、沅兩標各營羈禁,請示定奪。至於得獲賊馬騾玖匹頭,内肆匹稍堪,發營騎征,下存伍匹不堪,變價銀貳拾玖兩,給賞傷亡兵屬并擒賊有功人員。所獲賊營婦女拾口,俱有原夫認領訖。此小□不敢言功,但辰疆未復,借此鼓勵,伏乞本經略破格題叙,以收後效,則辰逆不難於蕩平矣。理合塘報等因。蒙批:此舉誠爲真功,其得力在鎮將計算於酉時叁更,寅時疾趨撲勦,乃能擒獲叛逆渠魁,多擒真賊,以完奉旨前案,自應具題。見解印象鼎等伍名,仰長沙知府同推官細審口詞明白,并未解胡楚南等陸拾陸名,雖未解到,而塘報内據口供願爲兵,不願爲民,即就印

73

象鼎等質問，便可知其原詞，據實詳悉具報，以便定奪，兩日內詳□。該道先轉報偏沅撫院審確，咨會本院部，商□發落等因。

蒙此，併蒙發下僞副將印象鼎號仲調、僞參將印國錫、譚星道、姚光祚、印象垣，幷僞劄諭共壹拾柒件。該本府知府張弘猷會同推官張鳳翎吊取各犯，當堂研審。據印象鼎供稱，係桃源縣人，祖居辰、常交界安陽山大伏溪，素不守分。於順治玖年拾貳月拾伍日蒙賊僞安化伯莫宗文牌委團練兵馬，爲賊聲援，遂遵僞牌招集亡命楊秀等貳千捌百餘人，屯聚安陽山香山川過峒等處，乘間思逞。於拾年貳月內窺桃源縣知縣同典史、巡檢出外團練，遂率衆擒綁，奪其馬匹、弓矢、行李等項，逼勒降賊，不□，隨即殺之於高橋村，報捷賊營，各官得賞功□壹百兩、銀牌貳面，仍先行紀錄是實。又供拾壹年貳月內帶衆家賊兵數百，搶擄燕家坪一帶，殺擄男婦，焚燬房屋是實。又於貳月內出來搶擄，被官兵探的，乘夜追勦，力不能敵，奔回太平寨，虎踞死守，攻克被擒，在寨賊兵伍百餘名，被官兵殺死多半，逃走者不多，生擒者百人，幷兄印象垣亦被擒來。印國錫係小的姪子，爲賊營領兵參將。姚光祚亦是賊營領兵參將。譚星道是辰州賊渠僞盧都督差來，調各營兵馬上辰州合營去的，本年貳月拾玖日到太平寨，寨破之時，被官兵擒住。胡楚南等陸拾陸名，亦是□兵，□官兵活拏來的。其不願爲民者，因被擒□□□敢復回山寨，欲在外務農，既非故土，又無耕牛，所以不願爲民，惟願爲兵，希圖活命。又審印國錫，供同。譚星道供係四川巫山縣人，歸孫可望下僞都督盧名臣，現住辰州。拾壹年貳月拾伍日差來調印象鼎兵馬進住辰州合營，拾玖日到太平寨，貳拾玖日被官兵攻破，一概被擒。姚光祚供係桃源縣秀才，與印象鼎同居大伏溪，先與印象鼎記事，後做賊領兵將官是實。印象垣供係桃源縣秀才，係印象鼎同父異母親兄，被官兵克寨同擒等情，各供在案。相應具由解道，該本道研審無異。看得逆賊印象鼎、印國錫、姚光祚，身爲逆將，率賊殺官，且屯聚結□，勢成莫遏。譚星道爲僞鎮盧名臣腹心，調賊守辰州。印象垣係象鼎親兄。若非官兵奮力擒勦，則蹂躪地方，不知何所底止。審供既確，立當竿首。相應解奪等因，呈解到職。

该职逐加研审，逆犯印象鼎桃源县人，住辰常、交界，身为伪职，被官兵擒获，有原受伪印牌玖张，皆有姓名，或令调官兵赴辰州安置，或令招聚原部兵丁归入营伍，或令到处预备粮草，是甘心从贼已久，号召一方，助贼虐焰，杀桃源县知县等官，又有受赏伪劄见在，此即寸磔不足以尽其辜也。谭星道即谭性道，久在辰州贼营，上年已持伪印解调印象鼎赴辰州安置，今拾壹年贰月又持伪印解调印象鼎，抚慰练兵伪牌贰张可据，则是从贼日久，甘心为贼所用。姚光祚，桃源生员，久为逆贼印象鼎内幕书写，上年曾赴辰州见贼问话，见获伪印牌载有姓名。印国锡系印象鼎侄，同受伪劄，原与象鼎同夥，从逆杀官，皆与其事。印象垣与印象鼎同父异母兄弟，同寨被擒。已上五犯，情真罪当，均应立行枭斩，以伸国法。至于所获髪长贼兵胡楚南等陆拾陆名，具见在常德，未经职亲审，未能得其真伪。但太平寨一带，在桃源县之南、辰州府之北，首当辰贼之冲，处此地方之民家，□为贼扰害，既不得安生，逃走则穷民无□，必□於道路，又为逆贼印象鼎等势逼威挟，其中虽有真贼，亦必有畏威胁从者，若一概诛戮，不行分别，恐坚一方从贼之心。而辰州左右如印象鼎者，尚不乏人，益致奸逆藉口，鼓惑号召。所云不愿为民，愿为兵者，或自知其一回，又为贼陷害，难以存活，愿为兵乃苟图旦夕生计耳。殱渠魁，宥胁从，从古格言。今渠魁既得，此等似当行令常德道府，会同该提督、总兵，逐一审问，真正从逆助贼者，应行正法，如中有胁从不得已者，量行分别，愿回乡者给胁从免死印票回乡，不愿回乡者或为人佣工，或令开耕荒田，□法□散，以分别渠魁胁从，以散贼党。大逆印象鼎□纠党袭杀职官，原奉圣旨严责镇道督兵搜勦。今提督柯永盛、总兵杨遇明同心计筹，密发将兵署游击李攀桂、游击刘自奇等，奋勇力战，阵获元兇，在事大小将领各官，厥功难泯，相应优加叙录，以示鼓励，拟合咨覆等因到职。

该职看得，常德界连辰州，为边隅极冲之地，逆犯印象鼎等受贼伪官委管团练兵马，聚众桃源县一带，杀官肆掠，为害已久，原奉有部覆，严责镇道督兵搜勦之旨。今於燕家坪地方复肆焚杀，提督总兵柯永盛、辰常总兵杨遇明，一闻警报，随发官兵撲勦，辰常镇标署游击李攀桂、沅□游击刘自奇等，能於酉时率众急趨,叁更近賊營,寅時進取,直搗賊寨,擒獲多賊,使久逋之渠魁,一旦就縛,足以回覆責成欽案,除地方切近大害。職將解到各犯,發長沙道府廳審,解偏沅撫臣袁廓宇覆審。職又親加確訊,如僞副將印象鼎,僞參將印國錫、姚光祚,受賊僞職,有劄,殺官,僞牌可據,與久從辰州渠賊盧名臣之譚星道、印象鼎之親兄印象垣伍犯,均應梟斬,更有何詞。職以各賊皆當陣擒獲,長沙荒殘之地,不便久監,即於叁月貳拾貳日委分巡下湖南道趙廷臣,同軍前正紅旗阿思哈哈番劉進忠、旗鼓參將閻鎮,將印象鼎、印國錫、姚光祚、譚星道、印象垣押赴府城小西門外處斬訖。至所獲髮長賊兵胡楚南等陸拾陸名,職行常德道府會同辰常總兵,詳審真情,另行分別發落,總以寬宥脅從,使黨衆不堅從賊之心,難民各有來歸之望。其僞牌、僞劄各項,職已另咨兵部核驗外。再照此舉,皆提督臣柯永盛、總兵臣楊遇明調度有力,鎮筭都司羅景芳聞警預報,辰常鎮標署遊擊李攀桂、沅標遊擊劉自奇,守備劉應科、張九成、楊兆慶、艾成功,火器守備王智等,千總蕭友元、陳化鵬等,遵令計筭,奮勇用命,遂能破寨斬賊,陣擒渠魁,慰縣令各官之幽魂,洩地方民人之痛恨,所當叙錄,爲將來將士之勸。傷亡兵丁,仍應優卹。職謹會同湖廣總督臣祖澤遠、偏沅撫臣袁廓宇合詞具題,伏乞皇上勅下兵部覆議,恭請聖旨遵行。爲此除具題外,理合具揭。須至揭帖者。

順治拾壹年叁月貳拾捌日。

貼　　黃

欽命經略湖廣、江西、廣西、雲南、貴州等處地方總督軍務兼理糧餉、太保兼太子太師、內翰林國史院大學士、兵部尚書兼都察院右副都御史洪承疇謹揭,爲官兵聞警急趨,陣擒渠黨等事。

職據辰、常總兵塘報,審看得逆賊印象鼎等,受賊僞職,聚衆殺官,爲害已久,原奉有嚴責鎮道督兵搜勦之旨。今於燕家坪復肆焚殺,提督臣柯永盛、鎮臣楊遇明,聞警發兵撲勦,各官兵丁能於酉時急趨,叁更近賊營,寅時進取,破寨擒渠,得獲僞牌劄有據。職將解到陣擒印象鼎等伍賊,委官處斬訖。所獲髮長賊兵胡楚南等陸拾陸名,行常德道府會該總兵,就近詳審,分別發落。僞牌劄各項，咨送兵部查驗。其在事有功將領、各官，所當叙録鼓勵。傷亡兵丁，仍應優卹。職謹會同督臣祖澤遠、撫臣袁廓宇具題，伏乞皇上勅下兵部覆議施行。謹揭。

兵丁乘夜私逃追拏又行拒捕已經斬獲
發落事揭帖順治十一年四月二十三日到。

欽命經略湖廣、江西、廣西、雲南、貴州等處地方總督軍務兼理糧餉、太保兼太子太師、内翰林國史院大學士、兵部尚書兼都察院右副都御史洪承疇謹揭，爲兵丁乘夜私逃，追拏又行拒捕，已經斬獲發落，恭報上聞，仰乞聖裁事。

本年叁月初肆日，職行次岳州府，據寧國副將張鵬程稟稱：卑職受國厚恩，矢圖報効。前蒙本院部調取，即捐資蓄養舊日相隨官丁，收拾衣甲器械，爲朝廷効力。不意先因官丁於貳月拾玖日，舟次白螺山，遭颶風，將船打壞，漂失行李各項。蒙本院部目擊，親行犒勞，各兵無不感激思奮。後於貳月貳拾玖日到岳州府，候船渡馬過江，前赴常德防勦。乃岳州地方殘破已極，並無渡馬大船，止有小船貳拾餘隻，每隻裝馬貳叁匹，每日渡馬不過壹貳百匹。派定提督總兵營馬先渡，卑職營馬後渡。因在岳州城外帳房扎營，夜雨淋漓，彼地荒野，山獸爲害，官兵每夜防護。至叁月初叁日夜叁更時分，有營内兵丁借驅虎爲名，乘機逃走。卑職知覺，隨於伍更時拏獲田虎、王宣、王景、吳六、張應龍等柒名審明，即於平明查點各兵，共逃走馬兵壹拾伍名，拐去馬壹拾叁匹，步兵叁拾玖名，帶有餘丁貳拾餘名。又審得徽寧營逃去兵丁柒名，携帶小厮肆名。相應將拏獲田虎等解報，卑職一面帶兵前去追拏等情。叁月初肆日卯時稟報到職。

職以邊鎮各省調兵，遠赴湖南，原爲養之平日，用之一時。今方至岳州，即行脱逃，若不嚴拏正罪，軍法不行，兵將何用？職於本日平明將見獲逃兵田虎、王宣等柒名審實，即時梟斬，號令各營訖。又慮副將張鵬程以本營官兵追拏本營逃兵，恐不能濟事，職隨另遣蝦張大元、蝦馬鷂子，即於初肆日辰時帶領宣大馬兵追拏去後。職初伍日駐岳州，曉諭安頓官兵，初陸日就順風過洞庭湖，抵湘陰縣。初捌日二蝦差官張大選白虎口報：官兵初伍日追及逃兵，已經斬獲等情。職於叄月拾貳日進長沙府，拾伍日據張大元、馬鷂子領官兵回至長沙具報：職等奉令，叄月初伍日趕至鯽魚口地方，離岳州府壹百伍拾里，將逃兵趕上，諭令速回免罪。乃逃兵見兵馬近前，遂放箭拒捕。職等隨身先率兵圍勦，除斬殺叄拾餘名、跑散數名外，餘兵皆俯首情願回營。職等即帶至岳州府，會同整飭上江防道張呈查審。計帶回寧國副將營馬步兵丁李祥、趙一彩、佟守節、趙璧、呂國邦、尤進才等叄拾壹名，餘丁周二、六兒、陳大等壹拾肆名，帶回徽寧總兵營馬兵李保壹名，又帶回寧國營馬壹拾叄匹，理合解驗，聽候定奪。職將帶回各兵，親加查審，果係投降帶回，原未敢與官兵對敵，其拒捕各兵，已經斬殺多人，逃散無幾。又行據岳州知府高翼辰查報，逃兵追急，沿途並無擾害別情。職即仰體皇上將各兵分別責治，分發張大元、馬鷂子管收入伍，令其報効。仍行文江南徽寧兵備道，將逃散兵丁餘丁數名，如有回寧國、徽州各處，即令府縣官同該營看管家口各官拏報操撫臣就近發落。惟是兵丁平日受朝廷厚恩豢養，奉調援勦，未見賊而思脫逃，大干軍法。即爲貳月拾玖日夜颶風壞船，寧國副將營損失獨多，兵心稍阻，職亦既優加犒勞，以鼓銳氣，猶敢乘夜私逃。幸蝦張大元、馬鷂子率兵直追，斬獲招回，其數殆盡，零星跑散者止數名，足以振軍法而懾兵心。二蝦可謂奉令竭力，不負所委者矣。副將張鵬程領兵而兵私逃，法應議處。但該將所領皆係舊日相隨官丁，因有遭風之苦，情尚可原，且隨時擒解即稟，領兵追趕，是猶知愼守法紀者。今正在用兵之際，或可寬其一眚，姑令立功贖罪。此出自聖恩，非職所敢自必。若微臣方入湖南之境，即有兵逃之事，督率駕馭無能，罪狀已見，謹束身待罪，伏候聖斷處分。

職正繕疏具報間，叄月貳拾叄日據正欽尼哈番提督總兵李本深、徽寧總兵胡茂禎報稱，職等官兵同寧國副將張鵬程官兵在岳州渡馬完後，即於本月拾叄日自岳州起行。天雨連綿，洞庭湖水，比江水尤爲浩大。職等一路俱獲平安，叄月拾柒日到常德府，遵本院部調度，與湖廣提督總兵柯永盛、辰常總兵楊遇明見面交代。柯提督隨於貳拾日帶領各營官兵回汛訖。查常德城內，四望瓦礫，民房全無，幸蒙本院部先行柯提督，將官兵原住草房窩舖肆百玖拾餘間，未經拆毀，留交職等，今親查止有堪住房貳百貳拾餘間，餘皆壞爛。又原委軍前効用知縣劉見龍及先曾委署常德府知府范明宗、寶慶府經歷袁天秋等，修蓋營房，已完壹百伍拾餘間。但叁營官兵，及隨帶家口衆多，必得壹千叁百餘間，方可分住。常德竹木頗賤，惟需人工。今劉見龍等極力修造，職等仍督官兵餘丁助修，計日可成。其米糧常德尚有倉貯，可以支給。所運官兵餉銀、馬匹豆穀，俱已解到。職等已將官兵安插妥當，今惟有練兵辦賊，以圖報効等情。同日又據湖廣提督總兵官柯永盛、辰常總兵官楊遇明，各稟報相同。職謹一併具疏報聞，伏乞皇上鑒裁施行。爲此，除具題外，理合具揭。須至揭帖者。

順治拾壹年叁月貳拾捌日。

貼　　黄

欽命經略湖廣、江西、廣西、雲南、貴州等處地方總督軍務兼理糧餉、太保兼太子太師、內翰林國史院大學士、兵部尚書兼都察院右副都御史洪承疇謹揭，爲兵丁乘夜私逃，追拏又行拒捕，已經斬獲發落等事。

職行次岳州府，寧國副將張鵬程稟，本營兵丁乘夜逃走，隨拏獲柒名，審查逃兵，共伍拾肆名，餘丁貳拾餘名，徽寧營兵柒名，小廝肆名。職以兵丁養之平日，用之一時，今方至岳州即逃，大干軍法，隨將見獲逃兵審實梟斬訖。遣蝦張大元、馬鷂子追拏，乃逃兵放箭拒捕，二蝦率兵斬殺，招回殆盡，止跑散數名。職將招回兵審係未與官兵對敵，沿途並無擾害，即分別責治收伍。至張鵬程領兵而兵私逃，法應議處，但兵丁因有遭風之苦，情尚可原，且隨時擒解稟追，今正在用兵，或可姑令立功贖罪。若職督率無能，罪狀已見，伏候聖斷處分。其提督總兵併張鵬程各官兵，俱於叁月拾柒日到常德府，安插妥當。伏乞皇上鑒裁施行。謹揭。

恭報大兵到長沙日期事題本

欽命經略湖廣、江西、廣西、雲南、貴州等處地方總督軍務兼理糧餉、太保兼太子太師、内翰林國史院大學士、兵部尚書兼都察院右副都御史洪承疇謹題，爲恭報大兵到長沙日期，仰祈聖鑒事。

本年貳月內，臣於武昌起行赴湖南，欽奉聖旨：著固山額真季什哈分領滿洲、蒙古、烏金超哈官兵前駐長沙，與經略輔臣共張聲勢。欽此。臣隨於貳月拾壹日拜疏報聞。因思長沙殘破之地，城內城外，盡皆瓦礫，房屋全無，官兵遠征，勢難露處風日之下。臣即動軍前操練招撫銀兩，先咨送今偏沅撫臣袁廓宇，督同分巡下湖南道趙廷臣，預行修蓋營房，以爲官兵駐歇之所。臣叁月拾貳日進長沙，目擊荒凉景象，慘苦難言，惟有竹木價賤，易於採買，而民人逃亡，工匠絕少，難以應手。撫臣、道臣同心料理，計兩月內，成造營房壹千壹百餘間，併應用木槽鍬刀各項，俱製辦稍備。固山額真季什哈統領官兵，肆月初陸日俱到長沙，仰遵聖諭，與臣共張聲勢。臣督同撫臣、該道將捌固山官兵與臣軍前官兵，畫地分房，安插各當。寧南靖寇大將軍陳泰親統官兵，叁月拾貳日駐荆州，與臣常密會機宜，造船修路，以候兵行，其精神無時不專注湖南。固山額真季什哈等號令嚴明，共念地方之苦，計切安民，官兵秋毫無擾。而撫臣、道臣兩月內多方招集，民人漸次入城，各尋占原日地基，以竹草蓋房，城內城外，住者約有數百間，各有買賣生理，日已增添。督臣祖澤遠與未交代之司臣林天擎，催運米糧豆穀，源源繼至，併鍬刀、鐵鍋諸器物，多協濟長沙大兵，乃足供應。臣又與督臣及布政司酌議，將湖廣督糧道移駐嘉魚縣以南之新堤鎮，係沔陽州所屬地方，臣舟行親經其地，見在有數千家，此處四通八達，北連武昌，南近岳州，西通荆州，乃糧食船隻湊集之區，有督糧道暫駐於此，買備轉運，路近而解速，無所不便，即各府漕南貳糧，俱可往來武昌辦理。俟捌玖月間新穀既成，積貯已多，糧道仍回武昌，則於軍需征勦，甚有裨益。

緣係恭報大兵到長沙日期，仰祈聖鑒事理，臣未敢擅便，爲此具本，專差舍人陳上理齎捧謹具題知。

順治拾壹年肆月初捌日到。經略湖廣、江西五省太保兼太子太師、内翰林國史院大學士、兵部尚書兼都察院右副都御史臣洪承疇。

硃批：覽卿奏，大兵已抵長沙，一應安插招集及接濟糧運事宜。知道了。該部知道。

貼　黃

欽命經略湖廣、江西、廣西、雲南、貴州等處地方總督軍務兼理糧餉、太保兼太子太師、內翰林國史院大學士、兵部尚書兼都察院右副都御史臣洪承疇謹題，爲恭報大兵到長沙日期等事。

欽奉聖旨，著固山額真季什哈前駐長沙。臣思長沙房屋全無，官兵遠征，勢難露處，隨勳銀咨送撫臣袁廓宇，同分巡下湖南道預蓋營房各項。固山額真季什哈統領官兵，肆月初陸日到長沙。臣督同撫臣、該道將捌固山官兵與臣軍前官兵，畫地分房，安插各當。寧南靖寇大將軍陳泰親統官兵，叁月拾貳日駐荊州，與臣常會機宜，造船修路，精神專注湖南。其季什哈念地方之苦，安民無擾。今民人招集，日已增添，督臣祖澤遠及未交代之司臣林天擎，催運糧料器物協濟，乃足供應。臣又議將督糧道移駐沔陽州之新堤鎮，此處糧食船隻湊集，買備轉運，路近解速，俟捌玖月間，新穀積貯已多，仍回武昌，則於軍需征勦裨益。謹具題知。

署弁任事有效謹請實授以勵勤勞
事揭帖順治十一年五月二十六日到。

欽命經略湖廣、江西、廣西、雲南、貴州等處地方總督軍務兼理糧餉、太保兼太子太師、內翰林國史院大學士、兵部尚書兼都察院右副都御史洪承疇謹揭，爲署弁任事有效，謹請聖恩實授，以勵勤勞事。

職據鎮守辰常總兵官楊遇明詳稱，據沅鎮標右營遊擊洪顯達具詳，本營署中軍守備田景文同卑職相隨多年，積勞已久，自沅標右營委署中軍守備，任事又已貳年，深得臂指之用。今查左前後叁營中軍俱係實職，惟右營田景文未蒙實授，雖整理軍伍，尚屬虛銜，訓練士卒，難免泛視。倘荷俯垂一視，題以實授，景文必竭力以圖後効。該本職看得，沅鎮標右營遊擊洪顯達營內署中軍守備田景文，隨該將多年，又防守常德兩載，才勇俱備，凡坐塘偵探，事事小心，前發追勦印象鼎一案內，景文當陣擒獲僞參將壹名姚光祚，業經塘報蒙題在案。此勞績久著，乃署事至貳年有餘，未叨壹級之榮，伏祈本經略俯賜題請實授，俾勞弁得專心訓練，將士咸知感奮等情到職。

該職看得，沅鎮標營官兵協防常德，首當賊衝，見任實授者尚慮有諉卸之思，委用署事者難責其整理之效。乃沅標署右營中軍守備事田景文，委署貳載，守常有功，且偵探勤慎，擒獲賊渠，鎮臣楊遇明目擊最真，已將本官帶赴長沙面見。職驗其年力正強，弓馬嫻熟，堪以拔用。且沅州總兵已蒙聖恩陞用栗養志，必有實授營官，始足備其驅策。合無將田景文補授右營中軍守備員缺，誠鼓勵將士之一端也。職謹會同湖廣總督臣祖澤遠合詞具題，伏乞皇上勑下兵部覆議，恭請聖旨遵行。爲此，除具題外，理合具揭。須至揭帖者。

順治拾壹年肆月貳拾捌日。

貼　黃

欽命經略湖廣、江西、廣西、雲南、貴州等處地方總督軍務兼理糧餉、太保兼太子太師、內翰林國史院大學士、兵部尚書兼都察院右副都御史洪承疇謹揭，爲署弁任事有效等事。

職據辰常鎮臣楊遇明詳，沅鎮標右營署中軍守備事田景文，防守常德兩載，才勇俱備，凡坐塘偵探，事事小心。前發追勦印象鼎一案內，景文當陣擒獲僞參將姚光祚，業經具題在案。勞績久著，倘蒙實授，必竭力以圖後効。鎮臣將本官帶赴長沙面見，職驗其年力正強，弓馬嫻熟，堪以拔用。合無補授沅標右營中軍守備員缺，誠鼓勵將士之一端。謹會同督臣祖澤遠具題，伏乞皇上勑下兵部覆議施行。謹揭。

調用投誠官丁以資勦撫事揭帖
順治十一年五月二十六日到。

欽命經略湖廣、江西、廣西、雲南、貴州等處地方總督軍務兼理糧餉、太保兼太子太師、內翰林國史院大學士、兵部尚書兼都察院右副都御史洪承疇謹揭，爲

調用投誠官丁，以資勦撫事。

職今年貳月初旬在武昌起行時，准新陞鄖陽撫治臣胡全才公移內稱，接邸報，職蒙聖恩陞用，撫治鄖陽，責任甚重，敢不兢惕盡職。惟是鄖、襄寇氛正熾，急需勦撫，非得熟知賊情地理之人，不能收靖寇勦撫之效。今查有投誠官于大海，於順治捌年拾月內率衆歸誠，奉聖旨實授都督僉事，久住武昌，帶有當日投誠官丁，俱在湖廣督撫提標各營聽用。忠憤素著，志切平賊，祈轉會湖廣總督部院，酌議將于大海等發職，隨赴鄖、襄，以資勦撫之用，等因。

職思鄖、襄賊情久聚，地方蹂躪不堪，各營將弱兵單，壁壘無色。今撫治臣胡全才新膺重任，大費收拾，議委用熟識賊情地理之人，誠為緊要。所稱都督僉事于大海，真心向化，率衆投誠，蒙聖恩實授賜俸，久思報効。今留之閑住，貳載有餘，誠為可惜。若用之隨撫治臣前赴鄖、襄，併其當年隨帶投誠官丁，有在各標營食糧者，聽其選撥隨行，於勦撫事宜，必有裨益。職欽奉勅諭，歸順官員，內外酌量題錄。欽此。職移咨湖廣總督臣祖澤遠酌議，隨准回覆，已行令于大海束裝隨撫治臣自省城起行，仍將原分撥總督撫提叁標食糧，及寄住荊州鎮道標下各官丁共肆拾壹員名，亦調同于大海赴鄖、襄，鼓勵効用。已將花名數目，咨覆在案。其于大海等官兵月支廩俸餉米，應照原支數目，改歸鄖、襄撫治標下，乃便支領，俟有報効功績，聽撫治臣題報核敘。職謹會同湖廣總督臣祖澤遠、鄖陽撫治臣胡全才合詞具題，伏乞皇上勅下該部覆議，恭請聖旨遵行。為此，除具題外，理合具揭。須至揭帖者。

順治拾壹年肆月貳拾捌日。

貼　黃

欽命經略湖廣、江西、廣西、雲南、貴州等處地方總督軍務兼理糧餉、太保兼太子太師、內翰林國史院大學士、兵部尚書兼都察院右副都御史洪承疇謹揭，為調用投誠官丁等事。

職准鄖陽撫治臣胡全才公移，議投誠官于大海，奉聖旨實授都督僉事，久住武昌，忠憤素著，祈發隨職鄖、襄以資勦撫。職思鄖、襄賊情久聚，各營將弱兵單,撫治臣新膺重任,議用熟識賊情地理之人,誠爲緊要。且大海率衆投誠,久思報効,閑住貳載有餘,誠爲可惜。職移督臣酌議,隨准回覆,已行令束裝,隨撫治臣起行。仍將分撥各標下原帶投誠官丁肆拾壹員名,亦調同赴鄖、襄,鼓勵効用。其月支廩餉,即應改歸撫治標下支領。職謹會同督臣祖澤遠、撫治臣胡全才具題,伏乞皇上勑下該部覆議施行。謹揭。

粵西望餉甚迫協濟拖欠不應仰祈嚴飭
催解事揭帖順治十一年五月二十六日到。

　　欽命經略湖廣、江西、廣西、雲南、貴州等處地方總督軍務兼理糧餉、太保兼太子太師、內翰林國史院大學士、兵部尚書兼都察院右副都御史洪承疇謹揭,爲粵西望餉甚迫,協濟拖欠不應,仰祈聖明嚴飭催解,以濟急需事。

　　本年正月內,職准户部咨,爲恭報大兵入省事內,撥江南拾年運玖年漕折銀內,動支拾萬兩,請敕江南總督星速解交經略洪承疇轉解粵西充拾壹年兵餉。職即咨江南總督臣馬國柱及行江南布政司催解,去後。今肆月貳拾叁日,據布政司左布政劉漢祚稟稱,原撥漕折項款,皆屬蘇州、松江、常州叁府拖欠,職專司總催,行文手札及差官守催,叁府皆漠然不應。今復蒙部撥拾年運玖年漕折拾萬兩,轉解粵西,惟蘇、松、常叁府拖欠之數獨多,時下司庫罄懸,必不能如前應急。若不預行據實陳稟,將來必悞軍需,彼時治職以稽遲糧餉之罪,叁府州縣,誰肯代職分過?伏乞本經略移文蘇、松撫院,轉檄松、常兩道叁府,徑解軍前,方克有濟。等情到職。

　　職查粵西遠處孤危,官兵糧餉,壓欠甚多。今拾壹年額支,全無可發,各營官兵,盼望協濟,實饑渴之望飲食。職惟冀江南布政司解銀速到,以救燃眉。司臣劉漢祚急公念切,無如蘇、松、常叁府州縣各官將漕折銀兩,慣行拖欠,習以爲常。司臣欲將司庫那借,而各處起解甚多,無可再借。江南督臣馬國柱轉催甚力,亦深以此情爲苦。職擬咨蘇、松撫臣催取,又慮叁府各州縣以漕折銀兩既轉解粵西,則此項錢糧,不關考成數內,仍以膜外相視,徒延時日,不肯速解,必致有斷絕之慮。職萬不得已，謹具疏叩請聖裁，伏乞敕下蘇、松撫臣周國佐，嚴督蘇、松、常兩道叁府，勒限半月內催完。以蘇、松財賦之地，此漕折拾萬，爲數無多，半月可以立辦，即令叁府先儘一起凑足彙解布政司，轉解軍前，以便速解濟急。至戶部貳次續撥江南拾壹年正賦銀共貳拾萬兩，該江南布政司自應作速凑齊，陸續解完，以盡急公之誼，庶嚴疆官兵，得資飽騰，戰守有賴矣。爲此除具題外，理合具揭。須至揭帖者。

順治拾壹年肆月貳拾捌日。

貼　　黃

欽命經略湖廣、江西、廣西、雲南、貴州等處地方總督軍務兼理糧餉、太保兼太子太師、內翰林國史院大學士、兵部尚書兼都察院右副都御史洪承疇謹揭，爲粵西望餉甚迫，協濟拖欠不應等事。

職據江南左布政劉漢祚稟，部撥漕折銀拾萬兩，轉解粵西，惟蘇、松、常叁府拖欠數多，屢催不應，必悞軍需。職思粵西官兵望餉，有如饑渴，惟冀解銀速到，以救燃眉。無如叁府州縣各官拖欠習以爲常，司臣欲將司庫那借，無可再借。職擬咨蘇、松撫臣催取，又慮叁府以此項錢糧不關考成，仍膜外相視，必致有斷絕之虞。謹叩請聖裁，敕下蘇、松撫臣周國佐，嚴督道府，勒限半月內催完，彙解布政司，速解濟急。至貳次部撥江南拾壹年正賦銀貳拾萬兩，司臣自應速凑，陸續解完，以盡急公。庶嚴疆官兵飽騰，戰守有賴。謹揭。

湖南出征馬匹月支料草有例謹請敕部覆議揭帖_{順治十一年五月二十六日到。}

欽命經略湖廣、江西、廣西、雲南、貴州等處地方總督軍務兼理糧餉、太保兼太子太師、內翰林國史院大學士、兵部尚書兼都察院右副都御史洪承疇謹揭，爲湖南出征馬匹月支料草有例，臣謹疏請聖裁敕部覆議，以便遵行事。

職奉聖旨，隨帶八旗官丁、月支、廩俸、餉銀，已經戶部題有定數，調到邊腹各營官兵，亦有戶部頒發武職經費錄，可以照支。惟馬匹月支料草，上年陸月内,户部堂上滿漢大臣先曾會職面商,每馬壹匹,每月大約用料草銀壹兩貳錢。職因向來未經親行出兵,未知本朝征行料草則例,是以未敢遽議。上年拾壹月內,職抵武昌到任,正當各營馬匹支給料草之時。職再三酌量,湖南、湖北頻年征勦,地方凋疲,百物高貴,若每馬壹匹每月給銀壹兩貳錢,全買料草,似乎見少。夏、秋二季,馬可放青,每月壹兩貳錢,不無過多。且馬匹聚集一處,每日所用草料,恐買備不出,官兵勢必下鄉尋覓,致有離伍脱逃,及生事騷擾諸弊。職擬必動軍前銀兩,買備本色給散,庶遠征官兵,無尋覓之難,戰馬免饑損之患。職復將馬匹日支草料數目,就近移咨湖廣總督臣祖澤遠,檄行藩司,查覆滿洲馬匹支料豆額例:春、冬出征,每匹日支料捌倉升,閑住支肆倉升,各草貳束;夏、秋出征,每匹日支料陸倉升,閑住支叁倉升,各草貳束。至於湖廣督撫提標及經制各營馬匹,春、冬止日給料叁倉升、草貳束,夏來豆草俱不支,止給乾銀伍錢。今職軍前馬匹皆遠調出征,必期飽騰,以資戰守。如照湖廣經制官兵之例,馬匹實難臕壯。其隨征旗下各官,皆烏金超哈,似當照滿洲春、冬、夏、秋之例,分別出征、閑住兩項支給。職又慮軍前官兵,不敢輕比滿洲之例,仍再查續順公咨會開銷册内,開標營官兵馬匹,亦係與滿洲春、冬及夏、秋出征、閑住支料事例相同,惟草束春、冬每匹日支貳束,夏、秋不支。職因是知湖南出征之馬,原有成規,職軍前馬匹,同在出征,同是一體。今遠來瘦弱,急須喂養,職即比照續順公營例,備辦本色料草,按日給發,計合用豆草價值,較原議壹兩貳錢,春、冬固應加添,夏、秋亦有節省。況湖南不産豆,今以稻穀兼支,每豆一升,折穀貳升。稻穀湖南稍賤,比豆價較省,哀多益寡,實與部議每馬每月用料草銀壹兩貳錢之數相等。此不獨戰馬有資,即國計民生,均有裨益。職謹具題,伏乞皇上敕下該部覆議,恭請聖旨裁定行職,遵奉施行。爲此,除具題外,理合具揭。須至揭帖者。

順治拾壹年肆月貳拾捌日。

貼　　黄

欽命經略湖廣、江西、廣西、雲南、貴州等處地方總督軍務兼理糧餉、太保兼太子太師、内翰林國史院大學士、兵部尚書兼都察院右副都御史洪承疇謹揭,爲湖南出征馬匹，月支料草有例等事。

職軍前各營馬匹，户部堂上滿漢大臣先曾會職面商，每馬每月大約用料草銀壹兩貳錢。職抵湖廣，酌量地方凋疲，料草買備不出，必支給本色，馬匹始免饑損。即會督臣查滿洲春、冬出征，每匹日支料捌升，閑住肆升；夏、秋出征，日支料陸升，閑住叁升；草每日貳束。湖廣經制各營，春、冬每匹止日給料叁升、草貳束，夏、秋止折乾銀伍錢。職思軍前馬匹，遠調出征，必期飽騰，以資戰守。若照經制事例，實難臕壯。然又不敢輕比滿洲之例，再查續順公營馬，亦係與滿洲支料相同，惟草束夏、秋不支。職即照公營例給發，較之原議壹兩貳錢，春、冬固應加添，夏、秋亦有節省。湖南又豆穀兼支，穀價比豆價較賤，衷多益寡，實爲相等。伏乞皇上敕下該部覆議施行。謹揭。

照例請給官兵隨征家口月米以資養贍以收戰守實效事揭帖順治十一年五月二十六日到。

欽命經略湖廣、江西、廣西、雲南、貴州等處地方總督軍務兼理糧餉、太保兼太子太師、内翰林國史院大學士、兵部尚書兼都察院右副都御史洪承疇謹揭，爲照例請給官兵隨征家口月米，以資養贍，以收戰守實效事。

竊照職經略官兵，俱係調撥邊腹各營，隻身出兵甚多，亦有家口隨行者，如正欽尼哈番提督總兵李本深及蝦馬鷂子，招集官丁，皆係舊日親信之士，蓄養有素，一聞出征，隨攜帶家口前來，情願爲朝廷効力。今分駐常德、長沙防勦，當窮邊荒苦之地，無家口者尚有一二思逃，而有家口者並無一兵離伍。心既安於戰守，城又借以充實，深於營伍及地方兩有裨益。但各官兵月支糧餉有限，僅足養贍一身，若再以供給家口，實爲不足。且敵壘在前，日事防禦，必不能分身別營生業，倘家口有饑餒之虞，官兵即少敵愾之氣。職上年十一月内抵武昌，因查奉聖旨調到三關副將劉應志下官兵，有家口貳百肆拾名口，職自帶家口柒拾陸名口，職於出都時咨明，已經户部劄行通州西倉，准於沿途每名口每日支米捌合叁勺。今湖廣軍前相應照支，以資贍養。其正欽尼哈番李本深、蝦馬鷂子下各官兵家口，職不敢概給。隨查所屬各省支給錢糧經制，如湖南續順公標營官兵家口、廣西提督總兵各營官兵家口，俱有月支食米之例。職軍前官兵同是出征湖南，或可比例乞恩。職逐一嚴加察核，計李本深下官兵家口共壹千貳百肆拾肆名口，馬鷂子下官兵家口共捌拾玖名口，亦應每名口每日給米捌合叁勺，用以鼓其銳氣。又總兵南一魁奉聖旨赴陝西調集官丁，已到湘陰縣喂馬，據報攜帶家口頗多，尚未報有確數，併應另行覈實，以仰邀一視之皇仁。職謹具疏叩乞聖恩，倘蒙皇上俯念官兵家口，隨征支米有例，敕下戶部覆議，恭請聖旨，行下職等遵奉，庶官兵無養贍不足不之憂，得以一意盡力戰守矣。爲此，除具題外，理合具揭。須至揭帖者。

順治拾壹年肆月貳拾捌日。

貼　黃

欽命經略湖廣、江西、廣西、雲南、貴州等處地方總督軍務兼理糧餉、太保兼太子太師、內翰林國史院大學士、兵部尚書兼都察院右副都御史洪承疇謹揭，爲照例請給官兵隨征家口月米等事。

職查正欽尼哈番李本深及蝦馬鷂子，招集官丁，各攜家口隨征，情願効力，今分駐常德長沙防勦。當窮邊荒苦，月支糧餉，僅足養贍一身，不能供給家口，倘有饑餒之處，即少敵愾之氣。職查調到三關副將官兵家口及職自帶家口，已咨明戶部，沿途支給食米，今湖廣軍前，相應仍前照支。其李本深、馬鷂子下官兵隨征家口，查有續順公營及廣西提督總兵各營官兵家口，月支食米，或可比例乞恩，每名口冀得日給米捌合叁勺，用鼓銳氣。又總兵南一魁赴陝西調集官丁，據報攜帶家口頗多，尚無確數，併應覈實，仰邀一視之皇仁。職謹叩乞聖恩，敕下該部覆議施行。謹揭。

恭報解運粵西銀米事揭帖順治十一年五月二十六日到。

欽命經略湖廣、江西、廣西、雲南、貴州等處地方總督軍務兼理糧餉、太保兼太子太師、內翰林國史院大學士、兵部尚書兼都察院右副都御史洪承疇謹揭，爲

恭報解運粵西銀米事宜，仰祈聖鑒事。

職欽奉聖旨：粵西糧餉不足，鎮將等官，萬分孤危。仍着經略輔臣確查所轄五省內，僻緩地方官兵，酌調防守，務使巖疆重地，固保無虞。兵馬應用糧餉，行催運解接濟，勿令斷絕，務期足用，以資飽騰。欽此。是粵西餉匱兵饑情形，久在聖明鑒照中，無容職贅。職惟極力催運，以求仰副聖懷西顧。計職自經由江寧時，催帶江南布政司解到江南捌年分漕折協濟粵西銀伍萬兩，後在武昌催據兩淮鹽運司解到鹽課協濟粵西銀伍萬兩，續催江南布政司解到漕折協濟粵西銀伍萬兩，以上通共餉銀壹拾伍萬兩。拾年拾貳月內，職駐武昌，因管轄定南王下官兵蝦李茹春領兵赴粵西，給發過俸餉等銀陸千叁百肆拾肆兩零，實存銀壹拾肆萬叁千陸百伍拾伍兩零。職移催廣西撫臣、鎮臣差官黨從戎、張應星、婁全忠、陳彪管領，仍添差軍前署守備楊進才、隨征官趙夢麟，同行押赴廣西，交撫臣陳維新轉發，內止留銀陸千貳百兩，以爲撥運米糧水脚之費。蓋武昌至長沙，一路長江大湖，必須大船，始足避風險。而衡州、永州至桂林，水淺灘多，又應換小舟，乃便輸輓。是以押運官役，各以沿途苦難，疑畏不前。向來湖廣撥米運至衡州，可以轉至永州，其自永州以上，即停候廣西自行接取。廣西窮荒之地，船隻絕少，無處尋覓，既難濟官兵之急，解官解船停住江干，又久受等候之苦，以致兵民兩受其病。職就中設法，用以甦民困而濟兵食，即會湖廣總督臣祖澤遠，撥發運官許之藩等，管押江西解楚漕米伍千石，協濟粵西。深慮運官侵漁盜賣，恐粵西不得實用，職已委軍前阿達哈哈番唐文耀，隨征官高武等，在武昌時令其公同督糧道盤驗足數，押催起行。貳月拾玖日夜船泊武昌府所屬之水紅口地方，不意颶風壞船，漂失米貳千石，見經督臣確查，照例另題。其存留未失米叁千石，已於叁月拾叁日押解過長沙府。職檄衡州道府僱船預備，照題定自衡州至永州水脚事例，用督糧道發解銀米每石給銀貳錢肆分、食米叁升，另於衡州府委官壹員，同唐文耀等管押到永州，仍將武昌、衡州委官發回。其自永州抵桂林，即將前留粵西銀內動支壹千貳百兩，發永州道府，照民間時值僱船接運，不用官價，以速其行。職又准廣西撫臣陳維新咨，時當青黃不接，官兵米糧，刻不能待。職又將粵西前留銀伍千兩委軍前賞功守備麻世官、拖沙喇哈番喻震、隨征官楊友松等，齎赴永州，同該道府就本地照民間時價買米轉運。據報，已買完米貳千石，業於肆月拾壹日自永州府照民間時價僱船發行。今又准督臣祖澤遠撥發運官雍國瑞等運米貳千石到長沙補前漂失貳千石之數。職又委軍前拖沙喇哈番趙景龍、隨征官封養俊管押。職計算前後運米及買米止有柒千石，尚不足粵西兩月之需。職又於督糧道發運官雍國瑞等解長沙供應大兵米內今肆月貳拾日再借撥貳千石，另委軍前拜他喇布勒哈番王廷選、姜雲鳳，同行管押，俱照前次檄行衡州、永州道府，用民價僱船轉運，業於肆月貳拾伍日開船南上。其借過長沙米糧，職咨督臣於省城再行撥補。再查有督臣上年拾貳月內撥衡州南漕二糧協濟粵西米伍千石，爲時已久，止據衡州府具報支解過蝦李茹春等官兵米貳千柒百石，尚欠米貳千叁百石，無可應解，請預徵拾壹年分南漕二米，以抵前數。查開徵舊例，在秋成以後，督臣恐其預徵累民，亦行督糧道另撥米貳千叁百石，於肆月初陸日自省城起運前來，俟到長沙之日，職再委官押催速運，以期源源接濟。惟是楚省見今駐有大兵，用米數多，後來難以再繼。職貳月拾壹日具有欽奉聖旨事一疏，久奉聖旨下部，必蒙部議派撥。早一日可早濟一日之用，併得取數充裕，乃可轉運不窮。至於運粵糧船，一抵衡州之後，即須用八桿小船轉解粵西，在湖廣撥發至永州者，有題定輕齎行月楞木等銀，可以動給。水脚已有定例，運至永州，其自永州運赴桂林，即無應動錢糧項款。而江西外省協濟，自衡州以至桂林，則全無銀兩。職萬不得已，借動粵西餉銀，以爲僱運之資。今若不先行酌議措給，甚非長便之計。職查永州至桂林，必照民間時值僱募，使船戶無虧，然後轉運得速。合無將用過僱船水脚銀兩，即於應解粵西餉銀內開銷，庶解運不至中斷，士馬飽騰有賴。職謹具題，伏乞皇上敕下該部覆議，恭請聖旨裁定遵行。爲此，除具題外，理合具揭。須至揭帖者。

順治拾壹年肆月貳拾捌日。

貼　　黃

欽命經略湖廣、江西、廣西、雲南、貴州等處地方總督軍務兼理糧餉、太保兼太子太師、內翰林國史院大學士、兵部尚書兼都察院右副都御史洪承疇謹揭，爲恭報解運粵西銀米事宜等事。

職欽奉聖旨，計催到協濟粵西餉銀共壹拾伍萬兩，俱經支發轉解，止留銀陸千貳百兩，爲運米水脚。蓋運米先由長江大湖，必須大船避險，至衡州以上，水淺灘多，應換小船輪輓，運官苦難不前，向來運至永州，即候廣西接取，兵民兩病。職就中設法，用以甦民困而濟兵食。會督臣祖澤遠派撥糧米，俱委軍前隨征官押解，動前項銀發道府，照時價僱船裝運。又以青黃不接，需糧難待，委官領前銀赴永州道府，就近買米轉解。計運米買米共柒千石，職恐不足兩月之需，又借長沙米貳千石發行。尚有武昌補米貳千叁百石，到日，職再委官速運，以期源源接濟。惟楚省撥米難繼，職已具疏奉旨下部，必議多撥早到。其需用僱船水脚，無堪動錢糧，合無於粵西餉銀開銷，庶解運不斷。伏乞皇上敕部覆議施行。謹揭。

報明楚粵候任道府官員仰祈敕部
酌用事密揭帖順治十一年十二月十二日到。

欽命經略湖廣、江西、廣西、雲南、貴州等處地方總督軍務兼理糧餉、太保兼太子太師、內翰林國史院大學士、兵部尚書兼都察院右副都御史洪承疇謹揭，爲報明楚粵候任道府官員，仰祈聖裁，敕部酌用事。

職查本年貳月內，先准吏部咨，爲密題暫扣遠省銓補事。內開：接經略洪承疇密揭，報廣西真切情形，內云，細詳塘報，名爲恢復桂林省，其實止有附郭臨桂壹縣，省城之外，止有靈川、興安、全州叁州縣，餘皆逆賊盤據。總兵馬雄止守梧州壹府城。其湖南、湖北情形揭云：辰、沅、靖州，見爲孫逆等賊盤據，及荆州府屬之歸州、巴東、興山、長陽，雖陞補官員，從來無任可到。職等議得地方未定，不便先期除授，謹密題明，暫扣湖南、廣西未開各缺，及荆州所屬之肆縣，一面咨行經略輔臣，俟大兵恢復之日，或遵照敕書擇委彙題部覆實授，或開缺報部，按期銓選，庶封疆人才兩無誤矣。等因。奉聖旨："依議。"欽此欽遵，移咨在案。是湖南、廣西未復地方，未開各缺，已蒙聖鑒，暫扣銓補，其先時已選官員，仍在候任，至今未有着落，自應通行查明，以合部臣爲暫扣遠省銓補之計。

因查有湖廣辰沅兵備道副使劉桓，應駐劄辰州所屬之沅州。今沅州尚未收復，本官於拾年叁月抵湖廣按察司到任，即赴湖南等候。至拾壹年春間，值分巡湖北道缺官，委以署理道務。職見其操守謹飭，行事穩妥，足稱厥職。今新陞分巡湖北道陳全國到任，本官交代，因沅州未復，即空閑候任。廣西分巡左江道參議汪繼昌，順治陸年陸月內除授前職隨征，順治玖年正月內赴左江潯州府，貳月內南寧府駐劄到任，本年柒月內奉定南王令諭撤回，隨營梧州守候貳載。今拾壹年柒月內，職謹遵敕諭調赴長沙軍前委用。又廣西太平府知府黃中通，順治陸年除授前職，隨征叁載，玖年貳月內廣西各府開闢，太平府極邊之地，皆係土司猺獞，猶在觀望。本官於玖年貳月內就南寧府，領印開俸，招撫土司，至柒月內奉令諭撤回隨營，計歷俸五箇月有餘。拾年貳月內，平南、靖南二王委署梧州府知府，至今拾壹年陸月內始有新任知府應明赴梧州到任，黃中通乃得交代。計歷俸壹拾柒箇月，前後總計歷俸貳拾貳箇月有餘，經薦壹次。本官候任空閑，職調赴軍前効用，於今年拾月內到長沙。職見其才情爽豁，庶務熟諳，當梧州殘破之餘，辦濟糧餉，調停兵民，可稱盤錯利器，以廣西邊俸論，本官已合應陞之例，若以道缺陞用，正爲相宜。又廣西潯州府知府胡順忠、南寧府知府葛天驊，俱於順治陸年除授，隨征叁載。胡順忠於玖年正月內開闢潯州到任，葛天驊於玖年貳月內開闢南寧到任，至柒月內撤回隨營，俱暫住梧州府，守候貳載。職見其到任無期，軍前事繁，乏官料理，於今拾壹年柒月內亦將貳官調赴湖南試用，已及數月。胡順忠渾厚濟以精明，葛天驊幹才兼有操守，銓補知府，足以勝任。已上伍員，皆屬堪任之官，應補實缺，乃皆無任可到，才守何由展布？職今酌議參議汪繼昌委用半載，才識足任，職謹遵敕諭，仍留軍前任事，候有湖廣、江西道缺，另請補用。其副使劉桓、知府黃中通等共肆員，職應起送赴吏部銓補，將各原缺，照部議暫行停扣，庶封疆人才，兩無所誤。惟是職屬江、楚、粵西，員缺有限，各官危險久歷，近日吏部邊腹官員兼陞衝邊，遠吏困頓，爲之一舒。職今若俱起送赴部，此各官茹苦已深，數千里長途費用無措，情甚可念。各省員缺，又久懸待補。職謹據實具疏密請聖裁，伏乞皇上天恩，敕下吏部覆議。如果職言不謬，將劉桓、黃中通等歷過邊俸深淺，查有直省見在道府員缺，分別陞調改用，恭請聖旨行職，遵奉施行。爲此，除密本具題外，理合具揭。須至揭帖者。

順治拾壹年拾壹月拾玖日。

貼　黃

欽命經略湖廣、江西、廣西、雲南、貴州等處地方總督軍務兼理糧餉、太保兼太子太師、內翰林國史院大學士、兵部尚書兼都察院右副都御史洪承疇謹揭，爲報明楚粵候任道府官員等事。

職准吏部咨，湖南、廣西未復地方各缺，已奉聖旨暫扣銓補，先時已選官員候任，未有着落，應通行查明，以合暫扣銓補之計。有湖廣辰沅兵備道副使劉桓，應駐沅州，因未開復候任。廣西分巡左江道參議汪繼昌，先赴南寧到任，後奉定南王撤回守候，職遵敕諭調赴軍前委用。又廣西太平府知府黃中通，先就南寧領印招撫上司，後撤回委署梧州知府，歷俸貳拾貳箇月，今候任空閒，職調赴効用。以邊俸論，本官若陞道缺，正爲相宜。又廣西潯州知府胡順忠、南寧知府葛天驊，先俱到任，撤回守候，亦調赴軍前試用。已上伍員，皆堪任之官，無任可到，何由展布？職今酌議汪繼昌仍留軍前任事，候湖廣、江西道缺請補。其劉桓等肆員，職屬員缺有限，若俱起送赴部，各官茹苦已深，路費無措，情甚可念，伏乞皇上天恩敕部覆查直省員缺，陞調改用。謹揭。

慶賀萬壽事揭帖順治十二年正月二十六日到。

欽命經略湖廣、江西、廣西、雲南、貴州等處地方總督軍務兼理糧餉、太保兼太子太師、內翰林國史院大學士、兵部尚書兼都察院右副都御史洪承疇謹揭，爲慶賀事。

順治拾貳年正月叁拾日，恭遇萬壽聖節，職奉差在外，不獲同在廷諸臣躬親拜舞，謹望闕叩頭慶賀。伏願皇上懋膺嘉祉，永享太平，職不勝踴躍歡忭之至。

爲此，除具奏外，理合具揭。須至揭帖者。

順治拾貳年正月初叁日。

貼　黃

欽命經略湖廣、江西、廣西、雲南、貴州等處地方總督軍務兼理糧餉、太保兼太子太師、內翰林國史院大學士、兵部尚書兼都察院右副都御史洪承疇謹揭，爲慶賀事。

順治拾貳年正月叁拾日，恭遇萬壽聖節，職奉差在外，不獲同在廷諸臣躬親拜舞，謹望闕叩頭慶賀，伏願皇上戀膺嘉祉，永享太平。謹揭。

察報桃源失事情形事密揭帖順治十二年七月二十九日到。

欽命經略湖廣、江西、廣西、雲南、貴州等處地方總督軍務兼理糧餉、太保兼太子太師、內翰林國史院大學士、兵部尚書兼都察院右副都御史洪承疇謹揭，爲察報桃源失事情形，仰祈皇上鑒裁事。

案照本年肆月拾柒日，辰州逆賊水陸出犯常德，經由桃源縣，衝散塘撥官兵，併知縣不知下落緣由，職業於伍月貳拾貳日具疏上聞。隨一面嚴行湖廣分巡湖北道僉事陳全國確查，去後。順治拾貳年陸月貳拾伍日，據該道詳稱：奉本院部批，據本職塘報內開，准沅州張總兵手本移稱，據沅州鎮標左營署守備劉應瑞等報稱，肆月拾伍日奉沅鎮憲票帶領兵丁前去桃源縣更換塘撥，本日申時率領到汛。時值久雨綿延，江水泛漲，方行安插兵丁，隨撥偵探頂塘信息。於拾柒日寅時，天正霪雨霧罩，人喊逆賊來了，探看係頂塘褚把總在船叫喊，賊船即追褚把總船後，順流直下。卑職率兵臨江對敵，不意賊船聯接齊到百拾餘隻，賊衆兵寡，抵對不住，逆賊蜂擁上岸，勢甚披猖，衝散各兵受傷奔走，卑職獨立難支，只得拚命過河。仍即尋問桃源李知縣，因本縣原無城郭，知縣又病，遂不知其去向。今收各兵回城，除將署守備劉應瑞軍法綑打外，等因移會到道，相應轉報。

隨蒙本院部詳批：沅標署守備劉應瑞，既於肆月拾伍日領兵到桃源信地，既稱安插兵丁，隨撥偵探頂塘信息，經拾陸日一日，至拾柒日寅時賊船到縣，何以並無預備，致賊登岸衝散各兵，併桃源知縣李瑢不知去向，似此疎虞，平日將兵，防禦何在？仰該道即細查官兵失事緣由，信守將領職名，所領兵丁數目，併查桃源知縣有何下落，印信、倉庫、獄囚有無損失，地方民人是何情形，一一確詳通報。速速。奉此。

又蒙本院部批：據本職爲呈報縣官被擄事，肆月貳拾日據桃源縣署縣丞事丁禹赴職投見，貳拾肆日據該縣代典史事柳秉芳報文到，職就經備行常德府，即便責差的當人役前赴桃源縣確查。知縣李瑢、教官康士騏，或見賊船勢衆，逃匿山溪，或別有他故，務須細查貳官向往下落的實，具文報到，以憑轉報，毋得含糊。去後。續據常德府知府高明回稱：隨差快手張崇元、湯文前往桃源縣查探，於伍月初貳日據署本縣縣丞事丁禹稟稱，肆月拾柒日卑職奉委在南湖舖修路，突見賊船群至。卑職急奔脫逃，遍查本縣知縣，未獲的音。至貳拾玖日，據難民何真如因賊拏住逃歸，稱李知縣被擄，已在賊營。又據本府快手張崇元等稟稱，蒙差行至桃源地名車家灘，撞遇逃回民鍾方，口稱李知縣并攜印信，於肆月拾柒日被賊擄獲，同方壹船，拾捌日早裝往辰州，於貳拾伍日夜小的因賊兵醉眠，脫命逃回。各報到府。其康訓導俟差快探確另報。

據此，該本職看得，桃源縣知縣李瑢，先經告病，今被賊擄，難民何真如、鍾方目擊情真，無容再查。但辰、沅兩鎮，以桃源逼鄰賊境，特設防守官丁伍百員名，兩鎮分班遣官防守。今該沅鎮差中軍劉應瑞、千總蕭友元防守桃源，一旦狡賊東下，即云縣無城池，倉猝之間，不能盡力堵剿，豈孤身一縣官，不能挾與偕行，而至令輕被賊擄，則平日防守之官，所防何事，豈可視縣官如草菅？若不按律寘之以法，則玩恣成風，異日疆場之事，有不忍言者矣。訓導康士騏查訪未明，容行另報，等因。奉批：前塘報批查，尚未回報，此呈縣官、印信被賊擄去，情節已確。但署縣丞丁禹、代典史柳秉芳，是奉何衙門批署，在何年月。其訓導康士騏，或何衙門委署，或部選實授，有無教諭，俱未報明。官印既失，倉庫、獄囚損失，不問可知。而倉庫若干錢糧，獄囚有無重犯，亦宜查明。賊至桃源縣，地方民人作何搶害，皆應確報。併中軍劉應瑞是何營分職銜，或部推實授，或外委署事，必會查明白，及查兵丁損失確數，限文到三日內，一一詳報，特差人馳到，毋得發塘撥以致稽遲，立等具題。至緊。

又奉本院部憲票行，職查照貳次批詞，備細查明，限文到次日內具文，付差來內丁帶到，以憑繕疏，毋容遲緩時刻。奉此，該本職當即備行常德府，并移會辰、沅兩鎮查復。於陸月初柒日催據常德府呈稱，查得桃源失陷，縣官被擄，此時賊勢，出沒無常，兵馬交鬨，鄉民星散，經承盡去，止有原任本縣縣丞萬啓泰先經報陞，續奉文革職，因大兵經臨，蒙本道著萬啓泰採買穀米，接濟軍需，住縣日久，深知地方情形，隨令查探。所批各項情形，取具回報。催據萬啓泰回稱，該卑職查得辰賊逼近桃源，時遇大水泛漲，逆賊乘水順流而下，於本年四月拾柒日寅時突犯桃源。細查告病知縣李瑢，據本官家人李養德逃出供報，賊到之時，本官披衣在後堂僉押將傾就編銀叁百兩計陸錠，用印起解，不期賊突然至縣，知縣併印信、庫銀盡被所擄。又卑職查本縣倉廒，並無穀米，驛馬壹拾匹，俱遭賊搶，牢獄並無重犯。地方民人情形，雖則水陸直犯，原無殺擄，桃邑之民，盡避山林，尚未寧居。又查署縣丞丁禹，原任麻陽縣典史，於順治拾壹年陸月內奉辰沅兵備道劉副使批委署事。其署典史柳秉芳，係沅水驛驛丞，因知縣李瑢告病，於拾貳年貳月內奉道府暫委料理捕務。彼時丁禹在本縣鄒市迤東修理橋路，柳秉芳奉刑廳差委亦在鄒市，俱未在縣。再查桃源教諭從無部選，亦無委署，止部選訓導康士騏，係湖廣荊州府監利縣人，因無齋學，不在縣居。據門斗苟自榮傳言，本官在江南岸秦陽坪居住，離城壹里，賊到先登北岸到縣，是以本官得脫遁至龍陽，聞已回籍，印信原未頒發。今奉行查，合據實回報。等情申府。據此，查得桃源與辰賊逼鄰，肆月拾柒日因大水泛漲，以致賊船直犯桃邑，擄去縣官，并帶縣印壹顆。查倉內並無米穀，止據本官家人李養德稟報，劫去編銀叁百兩，且經承逃散，無憑稽查。本縣驛馬壹拾匹，盡被擄去。監獄並無重犯。通邑士民，潛避山林，尚未復業。鄒市客船貨物，所焚不過二三隻，其餘逃走者多，內中亦有被掠，止搶貨物，船未挐去，仍係商賈駕逃，無人可考。及查丁禹原係叔和碩鄭親王委補辰州府麻陽縣典史,因辰失陷,流寓常德,先以桃邑乏員,於拾壹年陸月內蒙辰沅兵備道帶管分巡湖北道劉副使批委暫署本縣縣丞事。其柳秉芳係辰州府沅州沅水驛驛丞,因桃邑之捕,於今拾貳年正月內詳蒙本道批委暫署典史事務。再查儒學教諭久缺印信,未奉部頒,止有銓選訓導康士騏在任。先據快手湯文回稱,據門斗苟自榮口稱,本官因賊犯桃源,直奔龍陽,聞知回籍。本官係荊州府監利縣人,本府已經差役張崇元前往偵探,俟查明另報。查縣屬驛巡久缺,此外並無被難官員。至於失防職官兵丁損失,係干武職衙門,本府不便查行,不敢妄報,懇乞轉移各鎮確查。回報到職。

陸月初柒日,准沅州張總鎮移稱,案查劉應瑞係本標左營千總,於拾壹年玖月內因左營中軍缺員,辰常楊鎮委署本營中軍。本年肆月拾伍日以桃源擺塘,輪該本標更換,比撥兵貳百名,以劉應瑞統領前去。拾柒日賊犯本標,損失兵丁拾玖名、隨征守備壹員、馬玖匹,業已具呈報經略內院總督部院,擬合移復。又於陸月初拾日准辰常楊總鎮移稱,查得桃源縣無城垣可守,本鎮政慮縣官催徵錢糧爲重,恐有疎虞,所以設防兵伍百名、將官壹員,原未奉上令。舊議辰、沅兩標,鎮箚營壹月壹防,輪流更換。鎮箚都司李禎、羅景芳奉經略內院調防益陽新化,止有辰、沅兩鎮,壹月壹換。本年正月拾伍日起,係辰標水師營將官張文明,貳月拾伍日係沅標前營將官張禄,叁月拾伍日該辰標中營將官張友才。因友才有肆營傳宣中軍之責,發本營中軍守備荊國泰,外加千總叁員荊起虎、程化鵬、高有功,協同率兵伍百名前去防守。肆月拾伍日更換沅鎮左營領兵經制千總劉應瑞、後營千總蕭友元,帶兵在縣防守。至於逆賊下犯桃源,本標官兵已回,所失縣官并傷損兵丁情形,本鎮未知。桃源縣官失落根由,煩爲徑移沅州張總鎮,查詢千總劉應瑞、蕭友元明白回復。等因各到職,准此。該本職查得,桃源知縣李瑢被擄情節,及擺塘官兵劉應瑞、蕭友元等,據常德府及准沅州總鎮、辰常總鎮各回文甚悉,本職無庸復贅,擬合轉報,等情到職。

該職看得,桃源縣離常德捌拾里,與辰州相離叁百里,辰州地處上游,順流而下,由桃源達常德,一日夜可到。雖桃源原無城池,重兵難以駐劄,但既設立縣治，內有縣官、印信、庫獄、民人，干係匪小，又有官兵駐防，安設塘撥，正藉爲府城藩蔽。辰常總兵楊遇明，係常德主兵，沅州總兵張鵬程，駐兵常德，協同戰守，向來會議兩鎮各發官兵伍百名，輪班設防，壹月壹換，似亦各有責成。乃沅鎮張鵬程發署守備左營千總劉應瑞、後營千總蕭友元，領兵赴防，肆月拾伍乃其到信日期，既已安置塘兵，頂撥偵探，何以肆月拾柒日辰逆水路突下，乘夜直至桃源，官兵全無知覺，並無堵禦，致令賊船登岸，衝散塘兵，搶劫縣官、縣印，奪去編銀、驛馬，以及焚掠商船，徑於拾柒日夜順流直抵常德河下。若果主兵鎮將平日選官挑兵，設防嚴謹，偵探明遠，提督與總兵不分主客，聯絡發哨，日夜戒備，則賊出必能先知，可以設法迎剿，何至有擄官失印之事。今署守備千總劉應瑞與千總蕭友元，領兵防守，不能探禦賊衆，併官印俱不能保，雖賊來倉猝，船隻勢衆，而疎防之罪，自無所辭。職已令沅鎮總兵將貳官羈候，仍行分巡湖北道會按察司究擬，另疏奏聞。惟是左標提督總兵李本深、後標總兵胡茂禎，將謂是職經略軍前戰兵不宜分力守信，然戰者應預計於數拾里之外，不宜倉皇於近城咫尺之間。辰常總兵楊遇明，將謂其將兵班次業已交換，然班次雖有更換之月日，而桃源乃其專屬之信地。沅鎮總兵張鵬程宜選實授將官，領兵駐防，乃以署中軍、千總領兵前行，力輕勢弱，何以禦敵？今輪防該班失事，責將誰諉。已上職不敢不據行間實情指陳，以達宸聽，使提督鎮將，知職不敢毫有隱飾，以爲將來警惕修備之實圖。然猶幸肆月拾捌、拾玖等日，提督鎮將分統官兵迎剿，打沉賊船，堵賊退回，招撫多人，使逆賊狡計不得狂肆深入。此在湖南法度久弛、將兵懈玩之後，乃能盡力退賊，保全重地，功有足錄。當此賊勢重大，衝邊緊急之際，正鼓勵戰守之時，職不敢不叩懇皇恩，寬其前過，叙其後功，俾益加振奮，著實練兵，以期建殲賊恢疆之偉伐。至於副將孫喜策，營兵有限，僅足協守府城，不能遠出哨防，其力量可原。道臣陳全國，驕傲使氣，鎮將兵民，俱不相合，職行文批稟，屢次誡諭，仍未省改。今屬縣失事，平日不能調和整飭可知。職已先將違誤軍需，另疏糾，恭候旨處分。如微職經略五省，不能進取折衝，輒至官印被擄，調度無能之罪，惟有束身静聽皇上嚴譴。其桃源縣委署縣丞丁禹、委署典史柳秉芳，當逆賊到日,一在鄒市修理橋梁,一因刑廳差委公出,俱不在縣。部選訓導康士騏,原無城守之責,因無縣學齋舍,寄居江之南岸,當賊由北岸入縣中,即行遠避,雖與同城失守不同,亦應聽候部議。所失桃源縣印信,應行補鑄。搶去編銀、驛馬、邊方殘苦,無從賠補,仰懇皇恩豁免。

今逆賊於伍月貳拾叄、貳拾肆日被滿漢官兵大創之後,暫退回辰州,計無日不伺釁思逞。桃源乃常德門戶,先雖設有塘撥,官兵尚爲單薄,又無堡寨可恃,今宜益加嚴謹。但桃源議建城垣,敵壘當前,工程浩大,其勢不能,且亦無此多餘錢糧。職今已行提督三鎮會議,或先於桃源要害去處,樹立木城排柵,漸修小堡,使官民將兵有依據駐守之地;一面責成辰常、沅州貳鎮,必選擇實授遊擊,各領全營官兵,合計壹千貳百同行,常川駐守。左標提督總兵、後標總兵既駐兵同城,安危與共,各應派撥本標將兵,安設於畎溪河洑山一帶,接連哨防,自不待借主兵之耳目以爲耳目。再議於桃源、常德百里上下,設立墩臺拾數座,安兵瞭望,遇警傳烽,百里之內,一時可達,一如防邊之例。併於桃源南北令辰常鎮先安設沿河哨船,如賊再由水路突犯,我兵哨船可以順流傳報,不至出我不意,乘夜暗襲,有措手不及之虞。職一面會總督撫臣借動錢糧,預行修造,仍會選強幹知縣,另疏題補,以收拾殘廢,安撫民人。

抑職猶有請者。職於本年伍月貳拾貳日,具有辰州逆賊水陸出犯常德,已經官兵堵回等事密疏具題,內開:見駐常德鎮將官兵,其力量原爲不薄,乃僅堵賊暫退,未見大有斬獲。職恐提督各總兵及各標將領甚多,彼此易生推諉,即已先檄行調度,以提督李本深職銜居先,應令提調;總兵楊遇明,久駐地方,應會行提調;總兵胡茂禎、張鵬程,應同加商確。遇有戰守機宜,必齊心合力,出奇制勝。如果逆賊復出,期以盡力大創,殲滅賊衆,方爲有功。等因。計職疏已呈睿覽,正在候旨,職今再懇切申明者,總爲皇上命職經略,職勢不能分身四應,計惟有調度提督各鎮及將兵力備戰守,俾其各知提調、商確,皆有責任,經職兩疏題知,異日遇有功罪,必難分毫假借,期各自盡職守,先以慎固封疆,且漸圖恢復進取之大計。職謹具疏密題,伏乞皇上勅下該部覆議,請旨裁定行職,欽遵奉行。爲此，除密本具題外，理合具揭。須至揭帖者。

順治拾貳年柒月初陸日。

貼　　黃

欽命經略湖廣、江西、廣西、雲南、貴州等處地方總督軍務兼理糧餉、太保兼太子太師、內翰林國史院大學士、兵部尚書兼都察院右副都御史洪承疇謹揭，爲察報桃源失事等事。

職據分巡湖北道查報，桃源逼近辰賊，原無城池，肆月拾柒日辰賊出犯，該沅鎮張鵬程發署守備千總劉應瑞、千總蕭友元應班哨防，乃不能知覺堵禦，被賊衝散，擄去知縣李瑢，併縣印、編銀、驛馬。貳官疎防之罪，職已行羈候究擬。惟提督各鎮李本深、楊遇明、胡茂禎、張鵬程，若平日主客聯絡，嚴防遠探，何至有此？猶幸肆月拾捌等日，各能盡力退賊，保全重地，功有足録，職不敢不叩懇皇恩，寬其前過。常協副將孫喜策營兵有限，力量可原。道臣陳全國，職先已糾參。職調度無能，靜聽皇上嚴譴。桃源署縣丞丁禹、署典史柳秉芳，俱因公出。訓導康士騏，不在同城，賊至遠避，應聽部議。所失縣印、銀馬，擬應補鑄豁免。職檄行提督各鎮，將桃源加兵添撥，設立排柵、小堡、墩臺、哨船，嚴謹探防，併將職先疏內調度事宜，再懇切申明，俾各知責任，力備戰守，伏乞皇上勅部覆議施行。謹揭。

常德勦賊大兵已旋荆州會議另發大兵
駐劄澧州事密揭帖順治十二年七月二十九日到。

欽命經略湖廣、江西、廣西、雲南、貴州等處地方總督軍務兼理糧餉、太保兼太子太師、內翰林國史院大學士、兵部尚書兼都察院右副都御史洪承疇謹揭，爲常德勦賊大兵已旋荆州，會議另發大兵駐劄澧州，臣謹將情形恭報上聞事。

竊照辰州逆賊，於伍月貳拾叁日夜及貳拾肆等日敗挫之後，退扎麻衣洑，常德滿漢官兵追勦已遠，回赴常德，并職同固山額真季什哈等各統滿漢官兵，於陸月初拾日自湘潭順到長沙各情形，職已於本年陸月拾貳日塘報兵部在案。惟查先於肆月貳拾叁日常德、寶慶、烟溪各處,一時同報賊警,新化、東安、益陽相繼見告,在在需兵堵禦。荊州稍近常德,隨經寧南靖寇大將軍陳泰,預先會發纛章京蘇格沙哈統兵援勦。其衡州駐劄固山額真季什哈滿兵及職軍前漢兵,俱候賊逆確出何路,方可迎勦,既不便輕動,亦不便他分。深慮逆賊於常德、寶慶兩頭牽制我兵,而暗由烟溪中閒水陸並下,以出益陽,或從陸路走安化、寧鄉以犯長沙,彼處無兵可以堵截,長沙根本動搖,關係匪小。職是以於伍月初拾日移咨纛章京商酌,如辰賊未退,正在勦殺,自不便動移;若賊已退遠,常德米糧豆草,不能供應,大兵難以駐歇,或可移至長沙。續於伍月拾捌日准纛章京咨會,辰州水陸賊衆,俱已遁去,大兵倘於常德久駐,料豆槽刀,俱無所出,況天氣炎蒸,尚候裁酌定奪。又手札內開,同衆大人會議地方情形。澧州與常德逼近,若分一枝大兵駐劄,則可兼顧常德;在長沙與益陽逼近,若分一枝大兵駐劄,則可兼顧益陽。倘有急警,援勦甚便,庶免滿兵奔馳之勞。除已移咨大將軍裁酌,希爲會商等因。職彼時因賊情未定,長沙緊要,隨即咨覆,請將大兵移至長沙,俟賊逆退後,再議分駐澧州。繼聞貴州發下賊兵象隻,已抵白溶地方,迎遇出犯常德賊兵賊船,復下麻衣㳇扎營,候孫可旺僞令再犯常德,職即再移纛章京仍駐常德勦蕩。逆賊果於伍月貳拾叁日夜出犯,遂經纛章京督率滿漢官兵設計出奇,以少擊衆,大獲奇捷。控賊前鋒,若專靠漢兵,誠有不能,於此益見深賴滿兵之大力。但逆賊大勢,全聚辰州,情形叵測。職同固山額真季什哈等公議,即於陸月初貳日自衡州移赴湘潭,以備常德合勦,併就近防固長沙、益陽,仍可兼顧寶慶等處。隨一面起行,一面備咨大將軍及纛章京知會。

　　計咨文尚未投到荊州,陸月初捌日,職先准大將軍陸月初貳日咨開,前議將纛章京統赴常德兵內分撥前往長沙,以備防勦,今常德正在勦賊,纛章京所領兵內難以撥往,本府另將駐荊兵馬內每牛彔下撥暗甲壹名,每固山下章京壹員,分得撥什庫壹員,付蒙古梅勒章京蘇郎東俄羅統領前赴長沙,惟貴院部同季固山額真酌駐防勦。陸月拾肆日又准大將軍咨會,本府前於陸月初貳日發赴長沙兩梅勒章京,隨於本日起行至監利縣地方,見河堤衝決數拾丈,水勢瀰漫,難以濟渡。又公安、澧州一路三穴,孫、黃二河川水泛溢,橋渡難施,據兩縣稟報在案。似此大兵一時難進,勢必候水消落,方可前行等因。職隨咨覆,內開:先時季固山額真滿兵同軍前漢兵尚駐衡州,大將軍因長沙空虛可慮,故分發大兵前來,酌駐防勦,誠爲綢繆根本至計。今衡州滿漢官兵已於陸月初拾日到長沙,可以接應益陽、烟溪一帶,大將軍所發大兵既爲水阻轉回荆州,正爲相宜。俟湖南再有緊急,另議咨請。回覆大將軍去後。

同於陸月拾肆日准驫章京咨開,陸月初陸日有從賊中投來者,審供賊自潰敗之後,業已遁回貴州。又據稱常德一戰,除水淹殺不計數外,其解散逃奔者,約近貳萬等情。目前陸續投降逆賊,將至千餘,本營令各鎮道逐名安插,聽伊自便,或留營中當兵,或發原籍爲民,俟招撫之後,再行馳報。現今常德卑濕狹隘,兵馬不便久駐,本營擬暫回荆州,同大將軍等速議澧州應否駐防事宜。至辰賊情勢,已發撥前去偵探,俟有的確,容另移知等因。職即咨覆,內開:大兵久駐常德,盛暑露宿,地方卑隘,本院部不勝懸念,恨不能親赴料理。但今賊逆雖敗退辰州,前屢據投誠衆丁供,候請孫可旺僞示,則其情形尚未可定。且常德城垣被陰雨衝壞塌倒,方在急議修築,十分可慮。若驫章京大兵遽回荆州,逆賊聞知,倘突至常德城下,止有提督鎮將漢兵,一面守城,一面臨陣,此不能大勦,且恐疎虞。萬一有意外之事,則湖南動搖,前番大捷奇功,甚爲可惜。是大兵或留或撤,實係常德郡城安危,即關湖南封疆利害。今此咨文到日,驫章京如尚未起行,必祈仍暫駐常德,以俟賊出再勦。本院部前派附近各府州縣,各出人夫船隻,解赴常德,以幫割運青草、餵養大兵馬匹,計已齊到。又已分頭再催豆穀幷木槽、鐁刀,長沙道府亦有凑解接濟,應俟逆賊果盡回貴州,方可議移駐澧州。倘此咨文到日,驫章京先已起行在途,未便轉回常德,則必求在澧州駐劄,以前此分駐澧州之議,定在應行,無俟再計。澧州距常德壹百捌拾里,城內外頗寬,尚有房屋可屯駐兵馬,而支應豆穀、幫供船夫、草束槽刀等項,長沙及省城皆可由岳州轉運協濟。倘一回荆州,則離常德隔遠,恐不能策應,甚屬可慮。合咨驫章京停止回荆,以慎固常德,幷爲湖南各郡保障。

至陸月拾捌日，職又准大將軍咨開：陸月拾貳日午時，據提督李本深等塘報，逆賊仍回扎麻衣洑，差人往孫逆處請示。本府因將駐荆大兵內所有明甲官兵，盡數發往常德，其應用草料，煩速行該管地方，陸續運濟。如後有別信，本府亦往前進發。爲此移知。陸月貳拾肆日，准纛章京咨稱，准大將軍清字咨開，本營駐劄常德，與賊逼近，凡有地方情形，必甚的確。本營與衆大人議得，常德城內窄狹，城外又無可居，爲此滿洲兵丁難以駐劄。其常德與澧州不甚相遠，兩日可到，我兵欲駐澧州。兵丁及苦獨力，兩月勞苦，成病甚多，馬匹倒斃，瘦羸不堪。因此與衆固山大人會議，得將每牛彔出暗甲貳名，明甲量撥多寡，與藍拜固山額真統率駐劄澧州。未知可否，本營與衆固山大人之見如此，惟俟大將軍之意裁酌，已經移咨商議。本營於陸月拾肆日將馬匹俱發陸路先行，官兵坐船拾柒日已回荆州等因。

職見纛章京大兵已行，澧州駐劄之議，時不可緩，即檄行湖廣分守上荆南道張國土，轉催岳州府知府高翼辰親赴澧州，併委軍前傳號遊擊龍略，隨征旗下官姜雲鳳、樊成、楊友松，將職借發軍前兵餉銀伍千兩解交該道查收，令該知府知州就近採買稻穀，併於附近州縣預備僱給人夫船隻，以便大兵到日割交青草，及多備木槽、鍘刀、鍋口，聽候取用。仍令龍略等住澧州，協同催辦。又委旗下官蔣廣、龐守廉赴常德，同分巡湖北道及常德府，將長沙及省城運到常德米豆、鍘刀，速行僱船轉運澧州，以濟急用。併先札會湖廣撫臣林天擎預行布政司，將後運料豆及撥發餉銀，俱徑解澧州，以待大兵支應，無容時刻遲誤。

至陸月貳拾玖日，職又准大將軍咨開：前往常德纛章京，於陸月貳拾壹日已抵荆州，本府隨於貳拾貳日會衆議定，柒月初間分發大兵前往澧州駐劄。其陸月拾肆日發去擺牙喇官兵，仍在澧州駐劄等因，各在案。職於此深見大將軍臣陳泰爲封疆大計，節次發兵，真是不遺餘力。纛章京臣蘇格沙哈，親臨地方，目擊兵情賊情甚真，將原統赴常德勦賊官兵，暫回荆州休養，會議另發大兵駐劄澧州。蓋以澧州離荆州、常德各壹百捌拾里，州城內外，尚可安住官兵，且從石門、慈利二縣，直通辰州，計程止叁百餘里，甚得適中扼要。今大將軍將先發擺牙喇官兵已先留駐澧州，於柒月初間復發大兵前來，此不特常德遇警，援勦近便，可省滿兵奔馳之勞，免江湖渡涉之阻，且可壯荆州門戶，爲湖南犄角，足以大張聲勢。職已會同督撫諸臣，上緊催辦銀米、料草各項，運解澧州，期於源源接濟，用資飽騰。至前議長沙分兵駐劄，原因職同固山額真季什哈等尚駐衡州，是以慮及根本空虛。今職同固山額真已回長沙，自不敢先請荆州大兵移駐，必俟有緊急，長沙滿漢官兵調發他出，職臨期再會大將軍酌議發兵合勦，庶荆、澧、長沙，彼此聯絡，有如常山之勢，封疆大有攸賴矣。職謹將荆州節次發兵緣由及兵旋移駐情節，備具密疏題報，伏乞皇上垂鑒施行。爲此，除密本具題外，理合具揭。須至揭帖者。

順治拾貳年柒月初陸日。

貼　　黃

欽命經略湖廣、江西、廣西、雲南、貴州等處地方總督軍務兼理糧餉、太保兼太子太師、内翰林國史院大學士、兵部尚書兼都察院右副都御史洪承疇謹揭，爲常德勦賊大兵已旋荆州等事。

肆月内常德各處報警，大將軍臣陳泰發纛章京統兵常德援勦，彼時賊逆已退，職同固山額真季什哈等尚在衡州，慮長沙無兵，咨移纛章京移駐長沙。繼聞辰賊復出，職咨大兵仍駐常德勦賊。果於伍月貳拾叁日夜貳拾肆日出犯，纛章京出奇大捷。大將軍以纛章京兵不能移，陸月初貳日自荆州發官兵將赴長沙，行至監利縣，因大水阻回。職彼時先同滿洲官兵自衡州、湘潭回長沙，即咨覆停發官兵。又准纛章京咨賊已遠遁，常德卑濕，兵丁多病，會議陸月拾柒日暫回荆州休養，與大將軍商酌另發兵澧州。職即於澧州預備糧料、草束、夫船、槽刀各項。陸月貳拾玖日准大將軍咨，纛章京貳拾壹日到荆州，會議柒月初間發兵赴澧州，其陸月拾肆日先發擺牙喇官兵，仍在澧州駐劄。職深見大將軍陳泰爲封疆大計，節次發兵，不遺餘力，今兵駐澧州，尤得扼要，既省滿兵奔馳，且爲湖南犄角。伏乞皇上垂鑒施行。謹揭。

粤西官兵會合湖南將兵勦撫富川賊衆
獲捷情形事揭帖順治十三年正月十七日到。

欽命經略湖廣、江西、廣西、雲南、貴州等處地方總督軍務兼理糧餉、太保兼太子太師、内翰林國史院大學士、兵部尚書兼都察院右副都御史洪承疇謹揭，爲粤西官兵會合湖南將兵勦撫富川賊衆，臣謹據塘報獲捷情形，恭報上聞事。

案照順治拾貳年拾月初叁日，職准廣西撫臣于時躍咨開，准提督廣西總兵官伯線國安手本内開，准本院咨，據富川縣報稱，玖月初捌日申時，據營官陳遂報稱，探得猺賊數千，聚城會衆，要來劫搶，貳伍都各處村寨百姓，驚惶逃避。又據差役楊正偵探回報，自昭平副將營兵馬撤回，其鍾山鎮附近下玖團暨擎田、五洞、龍井各寨猺賊約有叁肆千，即將鍾山鎮城營房壹百餘間燒燬，鎮堡四門打壞落水，城垛俱拆平。又將附近鍾山投誠觀岩、水岩、石墻數寨男婦拏去。又統賊圍困馬山，又行劫昭平貳伍都高寨，順民紛紛奔竄。蒙撫院暨本道差官執示招撫不服等情，相應商酌勦蕩，煩爲議確賜覆。准此，本爵隨會商右翼管兵蝦，以此屢撫不服，負固抗順之賊，難以縱其竊踞，當如貴院咨移，發兵征勦。今議遣本標後營遊擊彭麟、前鋒守備王自福，領繫守備劉志高、劉莫才，前營把總孫堯相、左營把總徐昇、中營把總李仕、右營千總任忠厚、後營守備管千總事董伯文，共帶馬步官兵壹千壹百員名，擬於玖月拾捌日出兵，本爵密授方略，前去會同平樂副將劉用楚與原撥駐防守備王士元、王泰等，各分頭進勦，務盡根株，并檄行湖廣道將堵截，等因。又准廣西右翼總兵官全節移報，遣發中軍參將高應詔、右營守備郁從政、千總沈奇名，前中後千總李貴、丘進孝、陳應龍，隨征帶兵守備李有才、李虎，千總林維鳳，把總楊自富、鄭友才、詹三光等，領官兵共捌百名前往征勦。又准管轄定南王下官兵蝦李茹春移報，本旗遣撥擺牙喇章京王永年、牛录章京瞿天俊，撥什庫程顯明、金如翠、張國良、王成名，領鐵甲兵丁伍百名、火器兵丁玖拾肆名，共官兵陸百員名，前往征勦各等因。

准此，爲照富川一隅，久爲賊孽盤踞，又有僞逆朱盛濃等煽惑猺獞，負固狂逞,毒流楚粤,久擬發兵征勦。而僞逆朱盛濃等,又以投誠詭計,餌緩我兵,本院與提督伯慮兵威所至,玉石俱焚,仰體皇仁好生德意,先差官童欽等前往招撫,而僞孽朱盛濃、賊首王心、鍾守御、僞典史蔣乾相等,日遣黨賊焚劫銅盆、洞心等寨,殺人擄牛,不可勝紀。而朱盛濃借口伊弟朱盛添往長沙經略軍前投誠,不日出山就撫,推捱緩哄,以遂劫搶之謀。隨即會提督鎮蝦計議,發兵進勦,各訂日期前來。本院亦即行署中軍參將張可用,選撥本標把總李尚成,再撥材官姬之英、邢璽、孫光顯、孫榮顯、眭自勇、王邦相、夏仲英等,領親丁標兵宋雯、郎太等共壹百員名,合營進發,會師征勦。併行湖南永州守道及道州參將,統領官兵於緊要隘口,嚴加堵截。併行平樂副將劉用楚,城守王士元、王泰,各率所部官兵,會合前進。仍嚴加申明紀律,及行署平樂同知查克中、署賀縣胡勳,將附近已順鄉村,逐一指示官兵,不許擅行搶掠擾害。又令本院標官裴捷執招撫牌示監營,以示勦撫並用之意。煩轉檄湖南道將協力截堵會勦,等因到職。

職即督令楚粤官兵合力進勦去後。拾貳年拾壹月貳拾陸日,據湖廣分守上湖南道左參議萬全呈稱,會勦粤西富川土逆一案,陸續接奉經略、督、撫各院部併廣西撫院憲檄,隨備移道州參將李東斗及行永道守備解明貴,各整搠兵馬,約同堵禦要隘,應援勦撫,并申飭附近各縣嚴守城池。於拾月貳拾日准該將李東斗移稱,帶同永道守備解明貴,團集永明肆都鄉勇數千,令署典史翁天寵并令署枇杷所千總蔡光斗,點集所軍同進,本職親率官兵,於拾月初叁日,赴廣西富川捌都秀山寨之茗山。有逆賊倡衆迎敵,我兵奮勇,隨攻克茗山,殺賊貳拾餘人,傷死官兵貳名,重傷兵丁伍名,輕傷兵丁陸名。初伍日攻破大壩、拾叁村落,斬逆賊不計其數,活擒逆賊柒名,同守備解明貴審實梟示。銃死兵丁貳名,重傷兵丁肆名,輕傷兵丁貳名。餘逆逃聚村落山寨堅守。拾月初七日又攻克山寨,殺死逆賊數拾餘人,先後得婦女、牛隻、器械等項,諸逆喪膽。初捌、玖等日有石密寨、大壩、拾叁村之餘孽,秀山寨茗山、長圳,斗岩寨小田等村之賊黨,相繼投誠,傳諭剃髮投見,給發告示,暫行安撫,俾觀望餘逆,知所觀感,業經備具塘報在案。拾月貳拾伍日又准李參將移稱,據廣西富川谷塘、下井、千長盤文星、猺老廖明月等玖排肆拾壹户,俱聞風歸順。本職於拾月拾陸日帶同赴廣西領兵將領及平樂府查同知處投見,給發告示,就近安撫,隨到谷塘玖都相會。粵西各營於拾月拾捌日同進剿捌都,見死賊滿山遍野,踴躍打仗,就於寶劍寨地名下營。拾玖日長廣拾餘寨,貳拾日湧泉拾叁寨,貳拾壹日月塘柒寨,玖都叁拾餘寨,各頭目先後赴營投誠,各給告示安撫,軍聲大振。獨是寶劍寨逆賊數千,猖獗粵西,將領計議拈鬮各分地方,晝夜圍攻,復造敵樓攻打。賊見勢勇,料無生路,通寨喊叫,自願投誠剃髮。貳拾玖日有月塘、湧泉、長廣諸寨户老,各具甘結,願保寶劍寨永不做賊。各將領及查同知等商量,給示安撫,於是富川一帶悉平。本職當查前茗山大壩山寨共得婦女拾肆口、大小水黃牛陸拾隻、鳥鎗拾捌桿外,大旗、鎗刀無用,俱經焚燬。前後共被打死兵丁拾名,帶傷兵丁拾陸名,官馬壹匹。本營於拾壹月初貳日回道州汛守,公同千把等官議將牛隻變價,半爲陣亡兵丁超度,半賞帶傷兵丁湯藥。又據永道守備解明貴塘報相同,内云,圍攻寶劍寨陣亡署把總壹員向國華,兵丁叁名,重傷兵丁壹名,得獲大旗貳面、賊牛肆隻,犒賞衆丁。卑職於拾壹月初壹日回永明縣汛守。該本道看得,是役也,參將李束斗、守備解明貴及大小中千等官,鼓舞將士,以數百官兵,糾集本道編立保甲鄉勇數千人,攻克逆寨。勦撫並用,則有茗山、大壩、拾叁村落山寨、石密等處也。廣宣招撫,則有谷塘、下井、玖排肆拾壹户,長廣拾餘寨、湧泉拾叁寨、月塘柒寨,則玖都叁拾餘寨皆服矣。寶劍壹寨,始而同粵西官兵攻打無忌,繼而畏死悔罪。安撫勦局已竣,然後楚粵官兵,分頭旋汛,則富川諸逆,從此必傾心向化。至於李參將獲過大小水黃牛陸拾隻,移稱半資陣亡超度,半資受傷湯藥,及守備解明貴營獲牛肆隻,分犒衆丁,相應允從。其得婦女拾肆口,本道移行該營,查其受難者,准行招領,不得一概稽留。如該參將營陣亡兵丁拾名,官馬壹匹,守備解明貴陣亡把總壹名、兵丁叁名,自應招補。拾貳月初九日又據提督廣西總兵官伯線國安塘報,内稱,富川逆賊招撫不服緣由,及發兵行勦日期,相機招撫情形,俱經塘報訖。

拾壹月貳拾貳日據提標後營遊擊彭麟、撫標領兵官姬之英、擺牙喇甲喇章京王永年、右翼鎮標中軍參將高應詔、平樂副將劉用楚班師回省,開具塘報,內稱:富川猺多民少,兼有偽部院朱盛濃,偽副將萬總、王心等,各恃險寨,作祟多年。蒙授方略,擒賊必須擒頭,卑職等遵令,先從間道於玖月貳拾伍日至地名菜地冲,正係死賊出入門户,隨議先發貳兵,同監營官裴捷執牌前去,宣揚招撫。賊反鳴鑼放砲,不肯投誠。隨議伯標遊擊彭麟,守備王自福、劉英才、劉志高、陳弘道,五營守千把總孫堯相、徐昇、李仕、任忠厚、董伯文,守備王士元、王泰分打北面;撫標領兵官姬之英、邢璽、孫光顯、眭自勇、孫榮顯、夏仲英,把總李尚成、平樂副將劉用楚,署中軍守備劉選勝,千總夏時凱、熊選、林成魁、陳略、周啓聖、劉用雲、資九湘、唐譽、楊經魁、鄭忠孝、劉泰,投誠總兵湛志倫,攻打東面;王旗擺牙喇甲喇章京王永年,牛录章京瞿天俊,鋒登撥什庫程顯明、金如翠、王國政、王成名、張國良、武斌、胡友昇、汪三、吳懷玉、高二、羅國斌攻打西面;右翼鎮標中軍參將高應詔,守備李友才、雷正鳴、林維鳳、李虎,千總鄭友才、楊自富、彭祥、詹三光、李建功、郁從政、沈奇名、丘進孝、陳應龍、王思訓、李貴、王好普攻打南面;四面齊上。至玖月貳拾柒日午時攻破,斬賊伍百餘徒,活擒偽監軍道周士顯,當同文武審明梟示。得獲腰刀捌拾把、鳥槍伍拾叁門,長槍無數。拾月初壹日起營至上九團古城寨地方,隨將甘順偽千總蒙時貴等,給發告示安撫。未及下營,即將偽副將王心險寨重重圍定,連夜攻打,生擒王心,并斬親兄王恩、長子王文鼎。有遊擊彭麟得偽副將錫條印壹顆。拾月初叁日,得獲偽部院朱盛濃併弟朱盛添,搜獲新鑄未成銅條印貳顆,追出偽兵部戎政尚書銅條印壹顆,并獲偽典史蔣乾相,俱經解赴發落。同日招出偽千總鍾守御、周居道,遵憲令俱給發示安插。聲勢大振,各賊棄寨盡逃深山。恐延日期,隨留縣官守備王泰在古城寨內宣布朝廷招撫深仁,將上九團及各寨逃賊,陸續安撫。卑職等公同監營官裴捷、平樂署同知查克中,於拾月初拾日起營潛赴賊巢大圍源,正是拆毀城房之逆,死賊數千,旗號遍野,攔路接仗。隨分遊擊彭麟帶領守備王自福、劉英才、劉志高等,平樂副將劉用楚帶領署中軍守備劉選勝,千把夏時凱、熊選、周啓聖等,從左殺進;甲喇章京王永年、撫標領兵官姬之英、右翼中軍高應詔帶領官兵瞿天俊、程顯明、金如翠、邢璽、孫光顯、李友才、雷正鳴、林維鳳、李虎從右包來。我兵奮勇，砍殺不計，死賊大敗，棄寨奔逃深山。拾壹日各將分路搜山，賊衆又來接仗，被我兵殺死深溝山坡難數，當得賊馬肆匹、大旗捌面、弓箭柒副、銃砲叁拾門、長槍叁百壹拾伍根，并得大砲壹門，長陸尺，圍貳尺伍寸，查係死賊原奪縣城之物，即已擡赴古城，仍留縣用。拾月拾貳日起營，至賊巢地名貳九龜石源，賊頭劉登會、麥有成、王勝章、瞿金科等出寨迎敵。我兵奮勇，砍殺數拾，賊奔入寨，恃倚石寨高險，銃砲連天。各將分頭，伯標遊擊彭麟，守千把王自福、劉英才、劉志高等攻打正西；撫標領兵官姬之英、邢璽、孫光顯等攻打東北；擺牙喇甲喇章京王永年，牛彔章京瞿天俊、程顯明、金如翠等攻打正北；右翼鎮標參將高應詔，守千把李友才、雷正鳴等攻打正東；平樂副將劉用楚，守千把劉選勝、熊選、夏時凱、周啓聖等攻打正南。拾肆日寅時，四面齊上，斬賊無數，活擒賊首劉登會、麥有成，并餘黨伍拾柒名，當即審明梟示。得獲鳥鎗肆拾貳門、長鎗貳百捌拾根。本日起營前進地名谷塘下井源，本寨猺民已赴道州參將李東斗處投誠，卑職等給示，令其仍歸本寨。拾月拾陸日早公議發馬騎探路，併與道州參將李東斗會合。前至寶劍地方，蠻賊率衆迎敵，我兵奮勇殺敗。有鎮標參將高應詔，得獲偽兵部職方司銅印一顆。拾捌日前進地名捌都，死賊數萬，漫山遍野，泥溝稻田，攔口打仗，從辰至午，殺敗死賊，各奔原寨。卑職等就於地名寶劍寨旁下營，連夜攻打。無奈此寨寬大，高險賊多，前係泮田，後係石山。拾月拾玖日，即有長廣偽千總毛文范等壹拾肆寨赴營投誠。貳拾日有湧泉壹拾叁寨赴營投誠，貳拾貳日有月塘柒寨赴營投誠，貳拾貳日有金田捌寨赴營投誠。賊知我兵聲勢大振，玖都叁拾餘寨，各領頭目赴營投誠，隨將賷發告示公同文武面給安插。獨是寶劍賊徒數千，猖獗無忌，卑職等拑圍各分地方，晝夜圍攻。正在做造敵樓，限期攻打，賊見勢勇，料無生路，通寨喊叫，情願剃髮投誠。貳拾玖日有月塘、湧泉、長廣等寨寨老唐迒庭、義大策、毛萬九、莫廷炤、李大申等，各具甘結保狀，赴營呈遞，願保寶劍永不做賊。卑職等文武商議，仰體朝廷好生深仁，隨即安撫訖。拾壹月初壹日回師古城，正議前往下九團剿撫，初叁日據撫標招撫官蔣肇昌稱,此處已經盡順,初陸日帶領僞千總龔昇科、頭目莫應龍等赴營投誠。以上得獲馬匹、刀鎗、盔甲,各賞有功員役及受傷官兵。是富川上九團及柒、捌、玖三都并下九團,俱皆明白,已經全勝。查富川逆賊,處處皆係險寨,利刃堅甲,爲害多年,渠魁現擒,餘賊就經剿撫,此皆遵授方略,仰仗朝廷威德所致。除陣亡被傷官兵,聽各標自行開報外,本提標陣亡兵丁伍拾貳名,帶傷千總壹員徐昇、把總壹員李仕,輕重帶傷兵丁柒拾柒名。又據平樂副將劉用楚開報。該副將下陣亡兵丁壹拾肆名,輕重傷兵丁拾玖名等情,彙具塘報到爵。

　　據此,本爵看得,富川是役,逆孽與寨賊恃險負固,積玩多端,爲楚、粤兩省交界之患,屢次諭撫不悛,致行撲剿,猶逞凶拒敵,官兵攻圍,經伍拾餘日之久,而各寨始剿撫剋平,誠永清一邊幅之巨毒。其各寨賊逆,當陣斬與擒獲審戮者,報内開列詳明。其解到逆魁王心、蔣乾相等,已經公會撫、按、司、道、鎮、蝦審明,當即梟示訖。至於僞部院朱盛濃與弟盛添,在撫院業有密疏會題,請旨定奪外,所有各標領兵將領,攻打各寨,或奮勇身先而拔寨,或登城砍栅而破巢,俱克稱戡敵之資,削平寇逆之藪,此各將效力,不負委用。用於剿後而示以招撫,使各寨畏威懾服,革心向化,皆廣布大清朝恩威並濟。所有得獲賊寨鎗刀、器械、紅衣、鳥鎗、大砲等項,據各將彙報給散各營留用。其所獲馬匹、牛隻、男婦,各將議照各標有功受傷官兵分別重輕行賞,以示鼓勵,并給償陣亡兵丁,以作卹資。至於旗幟與銅錫僞印、關防、條記等物,業經解驗有據。其陣亡兵丁,本爵諭令各營挑選壯健餘丁,即行照數頂補,充足營伍。相應塘報本經略察照具題,等因到職。

　　該職看得,廣西所屬富川縣與湖南道州、永明接界,山勢險峻,民猺雜處,爲土寇潛伏淵藪,兼有僞部院朱盛濃竊踞於中,妄稱楚藩遺孽,號召黨羽,以通孫、李二逆聲勢,致粤西、湖南兩省交界地方,受其擾害。廣西撫臣于時躍,先據富川縣塘報賊衆肆逞,即會提督伯臣線國安、右翼鎮全節管兵蝦李茹春,商酌發兵剿蕩,併咨職與湖廣督臣、湖廣偏沅撫臣,會行永州守道督發湖南道州參將李東斗,率領營兵鄉勇,約期堵截。廣西撫臣仍委署平樂府同知查克中等,隨營指示,分别叛服,免致混殺良民,併委標官裴捷等,持招撫告示曉諭,以示剿逆撫順並行不悖。乃粵西撫標、提標、右翼鎮管兵蝦各官兵及湖南道州參將、永州道守備各官兵,俱涉歷山險,依期會合,直搗賊巢,散脅擒渠,將富川一帶險寨克復,悉行歸順。此皆仰賴皇上恩詔覃敷,遠邇向化,而撫臣于時躍及提督伯臣線國安、右翼鎮全節蝦李茹春,實心宣揚,多方調度,粵西調剿文武各官皆同心合力,或奮勇爭先,或圍寨破敵,或實行招撫,各著成績。又湖廣分守上湖南道參議萬全,素練鄉勇,調隨參將李東斗官兵依期進發,堵剿斬獲,功俱足録,應否議叙,以激勵將來,此出自朝廷鴻恩。其見獲僞部院朱盛濃同弟朱盛添,初借投誠以緩兵,及職等知其詭計,即立行會兵以剿逆,先經廣西撫臣會疏請旨正法,近報盛濃已經監故,足徵天網不漏。得獲器械銃砲各項,俱留營應用,馬匹給賞受傷官兵。至於各營所獲婦女、牛隻,職仍會兩省撫臣併行該道,轉會各營將領,招民認識,有主者即行給領,果係無主,方可酌量給賞。其傷亡官兵,職仍另劄提督伯及檄行永州守道等查明,分別輕重,以聽另議,給發賞卹,庶可宣示皇仁。至銅錫僞印、關防、旗幟,應聽撫臣于時躍就近驗明收貯。職謹會同兩廣總督臣李率泰、湖廣總督臣祖澤遠、廣西撫臣于時躍、湖廣撫臣林天擎、偏沅撫臣袁廓宇、廣西按臣張所養、湖南按臣胡來相,合詞具題,伏乞皇上勅下該部覆議,請旨裁定行下,職等欽遵奉行。爲此,除具題外,理合具揭。須至揭帖者。

順治拾貳年拾貳月拾玖日。

貼　　黄

欽命經略湖廣、江西、廣西、雲南、貴州等處地方總督軍務兼理糧餉、太保兼太子太師、內翰林國史院大學士、兵部尚書兼都察院右副都御史洪承疇謹揭,爲粵西官兵會合湖南將兵剿撫等事。

職准廣西撫臣于時躍咨會,及據提督伯臣線國安、分守上湖南道各塘報,廣西富川縣與湖南道州、永明接界,爲土寇猺獞淵藪,兼有僞部院朱盛濃,通孫、李貳逆,流毒兩省交界。撫臣會提督伯、右翼鎮蝦各發官兵,併咨職與湖廣督撫臣會發道州參將各官兵,約期堵截,直搗賊巢,散脅擒渠,富川險寨,悉行歸順,皆賴皇上恩詔覃敷,廣西撫臣及提督伯等宣布調度,道臣萬全、參將李東斗等官兵、鄉勇堵勦,功俱足錄,應否議叙,出自朝廷鴻恩。其見獲朱盛濃同弟盛添,先經撫臣請旨正法,近報盛濃監故。得獲器械、馬匹,留營賞用。所獲婦女、牛隻,職等會行招民認領。其傷亡官兵,另查賞卹。職會督臣李率泰、祖澤遠,撫臣于時躍、林天擎、袁廓宇,按臣張所養、胡來相,疏乞皇上勅部覆議施行。謹揭。

湖廣右路營伍戰馬缺額等事揭帖

欽命經略湖廣、江西、廣西、雲南、貴州總督軍務兼理糧餉、太保兼太子太師、内翰林國史院大學士、洪承疇謹揭,爲湖廣右路營伍,戰馬缺額,□□□□□□□□□旨給發,以裨征勦實用事。

職據湖□□□□□□□□□□平呈稱,本職蒙朝廷豢養深恩,寸功未豎,推陞右路總兵,見今駐□寶慶,爲湖南第一衝邊,此正矢志圖報之地。今惟有整頓兵馬,得以應手前驅。但查右路額兵叁千,見在止貳千壹百有餘,尚缺兵捌百柒拾餘名。本職見督各營將領,設法招集。其馬匹額例,原係馬三步七,計兵丁叁□□,共該馬玖□匹。今見在止官馬壹百壹拾匹,□□□□□□□營官自馬壹百壹拾玖匹,止共□□□□□貳拾玖匹,尚缺額馬陸百柒拾壹匹。此衝□□敵急需,前時本經略疏題中、左二路鎮標缺馬,因右路□□議設,是以未能併疏。今本職已經任事,又聞中、左二路蒙皇恩先發馬壹千匹,官兵無不鼓奮。右路官兵與中路同駐寶慶,遇警同行征勦,乃本路馬匹不足,何所藉以馳騁?不敢不速詳給發。其本路官兵朋、椿銀兩,自順治捌年陸月起,至拾壹年叁月止,共扣過朋銀壹千零伍兩肆錢伍分,椿臟銀伍拾陸兩玖錢。又拾壹年肆月起,至玖月止,扣過椿臟銀肆百捌兩陸錢,共銀壹千肆百柒拾兩玖錢伍分,見存本路左右二營收貯,□□□用買馬。又順治拾壹年肆月起,至拾貳□□,□過朋銀玖百陸拾兩捌錢,已經布政司抵兑本路拾貳年夏季俸餉給放官□□。至拾貳年正月以後,朋銀俱係扣存布政司庫,未經支領。此本路節年扣過朋、椿銀兩數目。今湖南地不產馬,價值高貴,無以購買。祈查照中、左二路部覆事例,將本路左、右二營收貯前項朋、椿銀兩,亦解交布政司庫,以撥充楚餉,將缺額馬陸百柒拾壹匹,於京中照數發補,庶兵威增壯,征□□資等因到職。

該職看得,右路營伍,乃殘壞之餘,同中路官兵駐守寶慶,當逆賊首衝,補用總兵王平隨帶來陝西兵馬,從新整頓,必有馬匹,始足供哨探而備征勦。今總兵王平以右路原額該馬玖百匹,見在止貳百貳拾玖匹,計缺額□□百柒拾壹匹,誠宜急行補足,俾得應手馳驅。據詳報,本路左、右二營收貯順治捌年陸月起,至拾壹年叁月止,扣過朋銀、椿臟銀,及拾壹年肆月起,至玖月止,扣過椿臟銀共壹千肆百柒拾兩玖錢伍分。又布政司抵兌兵餉動用,順治拾壹年肆月起,至拾貳月止,扣過朋銀玖百陸拾兩捌錢,併拾貳年正月以後朋銀俱扣存□□。今湖南既非產馬之地,價貴難購,如動用前銀買馬,必至有名無實。計應照部覆中、左二路事例,朋、椿銀兩解京苦累,一併撥充楚餉,咨行戶部查照。其所缺馬匹,於京中給發,乃可濟急。惟是直省□□需馬甚多,恐難一時全給。查右路見在兵丁止貳千壹百有餘,以馬三步七計算,止該馬陸百叁拾餘匹。合無先給馬叁百柒拾壹匹,合本路見有馬貳百貳拾玖匹,以足陸百匹之數。俟將來兵丁招集如額,再行請發,庶與經制額數相符,而馬匹得有實用。至於所給馬匹,或部臣照中、左二路□例,差官轉發,或檄行總兵王平,委官赴領,此皆出自皇恩,非職所敢先議。職謹會同湖廣總督臣祖澤遠、湖廣撫臣林天擎、偏沅撫臣袁廓宇、湖南按臣胡來相,合詞具題,伏乞皇上勅下該部覆議,請旨裁定行下,職等欽遵奉行。爲此,除具題外,理合具揭。須至揭帖者。

順治拾貳年拾貳月拾玖日。

貼　黃

欽命經略湖廣、江西、廣西、雲南、貴州等處地方總督軍務兼理糧餉、太保兼太子太師、內翰林國史院大學士、兵部尚書兼都察院右副都御史洪承疇謹揭,爲湖廣右路營伍戰馬缺額等事。

職據湖廣右路總兵王平呈,官兵駐守寶慶,必有馬匹,始足備征勦。今計缺額馬陸百柒拾壹匹,誠宜補足。其本路扣過朋、椿銀兩,如動用買馬,湖南價貴難購，必至有名無實，應照部覆中、左貳路事例，朋椿銀兩解京苦累，一併撥充楚餉，咨行戶部查照。其所缺馬匹，於京中給發。惟馬匹恐難一時全給，合無照右路見在兵丁，先給馬叁百柒拾壹匹，合見有馬匹，以足陸百匹之數。俟將來兵丁足額，再行給發。所給馬匹，或部臣照例差官轉發，或檄行總兵委官赴領，非職所敢先議。職謹會督臣祖澤遠，撫臣林天擎、袁廓宇，按臣胡來相，疏乞皇上勅部覆議施行。謹揭。

封疆之事與建言不同賞罰之典與優容迥異伏祈酌量分別以昭平明之治事題本

欽命經略湖廣、江西、廣西、雲南、貴州等處地方總督軍務兼理糧餉、太保兼太子太師、內翰林國史院大學士、兵部尚書兼都察院右副都御史洪承疇謹題，為封疆之事與建言不同，賞罰之典與優容迥異，伏祈睿鑒，酌量分別，以昭平明之治事。

順治拾貳年拾月貳拾陸日，臣准吏部咨開，該本部覆刑部題覆大理寺少卿霍達題前事等因。順治拾貳年柒月貳拾壹日，奉旨："依議。本內注語封疆之事等四句滿字，前後俱落，殊屬疎忽，著補正飭行。"欽此，欽遵，抄部送司。除武職聽兵部議覆外，相應議覆。議得續順公倡逃一案，偏沅巡撫金廷獻已經刑部題覆，奉旨在案。其餘與續順公同事撫臣，疏內未列職名，應勅下經略輔臣洪承疇，限叁月內察明速奏，以憑議覆等因。順治拾貳年玖月貳拾貳日奉旨："依議行。"欽此，欽遵，合咨遵奉旨內事理，限叁月內察明速奏等因到臣。臣即檄行湖廣按察司，察續順公倡逃一案，偏沅巡撫金廷獻已經刑部題覆奉旨在案。其與續順公同事撫臣，疏內未列職名，未知當日續順公同事巡撫係何職名，有何應察情節，察明速報，以便核議具奏。欽限叁月，勿得遲誤。該司仍通報總督部院，撫、按各院會核施行。臣又併移督、撫、按諸臣察覆，去後。

拾貳年拾壹月貳拾叁日，准湖南按臣胡來相手本移稱，當經備行按察司，確察與續順公同事撫臣職名具報外，合先移覆。拾壹月貳拾肆日，又准湖廣撫臣林天擎咨開,續順公倡逃一案,同事偏沅巡撫金廷獻已經部議,無庸贅詞。其餘撫院,則止有前任湖廣省城巡撫遲日益。查續順公駐劄寶慶,偏沅巡撫駐劄長沙,距省城千有餘里,即謂省城巡撫有全楚之責,原因湖南遠隔湖湘,特設偏沅巡撫,則彼中一應軍機,已有專屬,應何議覆,惟聽裁奪。拾壹月貳拾玖日,又准偏沅撫臣袁廓宇咨開,查得續順公係順治柒年拾壹月到湖南,於拾壹年柒月內調回。彼時同事撫臣,係前任偏沅巡撫金廷獻,專轄湖南,前任湖廣巡撫遲日益,總轄通省。又有前任鄖陽撫治趙兆麟,係專轄鄖、襄,與湖南無涉。謹查明職名回覆。拾貳月初肆日,又准總督臣祖澤遠咨開,隨移撫院確查,勿逾部限,已經速具咨報在案。拾叁年正月初拾日,催據湖廣按察司按察使管起鳳回稱,查得玖年湖南逆賊鴟張,公師倡逃一案,俱經湖南道將塘報各部院,據實具疏。至續順公後來調撤回京,本司衙門並未奉有原行。今忽奉憲檄,遵旨查當日續順公同事撫臣係何職名,內奉有通報督、撫、按會查之語。但玖年與續順公同事撫院職名,本司惟知是偏沅巡撫金廷獻。今細閱部疏,又云偏沅巡撫金廷獻已經臣部題覆,奉旨在案,不知又查同事撫院職名者何人也。事關奉旨,本司何敢擅議,相應遵照經略院部牌示,詳請會查,抑或逕移經略院部酌議批示下司,統候裁酌等因,呈詳湖廣撫院。蒙批:與續順公同事者,止有偏沅撫院,其餘則係前任遲巡撫也。仰該司再行確查明白詳報。蒙此,該本司覆查,看得順治玖年偏沅撫院金廷獻與續順公同事湖南,不能固守封疆,同逃岳州,已經部議明白,無容再贅。今復奉明旨,確查其餘與續順公同事撫臣職名,本司查偏院金廷獻之外,則係前任省城巡撫遲日益也。省城相隔湖南窵遠,省撫與偏撫實未可同日而語。況偏撫已經題覆,則省撫似難深求。事關欽件,本司未敢擅便,相應轉詳裁酌等因,各到臣。

　　該臣看得,續順公倡逃一案,乃順治玖年內事。前任偏沅巡撫金廷獻,已經部覆奉旨在案。其餘與續順公同事撫臣,原疏未經列有職名,致蒙部覆請勅臣察明速奏。臣隨移湖廣督、撫、按臣會核,併行按察司確察。今各回稱,其餘撫臣,彼時有前任湖廣撫臣遲日益,駐劄省城,總轄全省;前任鄖陽撫治臣趙兆麟,駐劄襄陽，專轄湖北荆、鄖、襄地方，與湖南無涉。臣即案察已經革職撫臣遲日益，先於順治拾年陸月内，臣准吏部咨開，該原任都察院趙開心，奏爲遵旨確指具奏事，部覆奉旨："遲日益、金廷獻遺誤地方情形，著經略輔臣同該督詳察具奏。"欽此。臣隨會同督臣祖澤遠詳察，於順治拾壹年正月初捌日會疏具題。内開：當黔逆肆亂，湖南文武俱奔避岳州，撫臣遲日益猶借口遼遠，以鞭長不及爲諉。至武昌省會，正其駐劄彈壓地方，幾至空城等因，奉旨下部。拾壹年叁月貳拾伍日，准吏部咨開：議得撫臣遲日益，據經略察奏，遺誤地方，徇縱中軍，已經部院詳議勘懲，奉旨革職，毋容再議。順治拾壹年貳月貳拾貳日奉旨："是。"欽此，欽遵，咨臣在案。是革職撫臣遲日益於玖年續順公倡逃一事，業已先經部覆奉旨。至前任鄖陽撫治臣趙兆麟，湖南原非專轄，此俱應聽部臣議覆，臣謹具題，伏乞皇上勅下該部覆議，請旨裁定行下，臣等欽遵奉行。

緣係封疆之事與建言不同，賞罰之典與優容迥異，伏祈睿鑒，酌量分別，以昭平明之治事理，臣未敢擅便，爲此具本，專差舍人張守富齎捧謹題請旨。

順治拾叁年正月拾陸日，經略湖廣、江西、廣西五省、太保兼太子太師、内翰林國史院大學士、兵部尚書兼都察院右副都御史洪承疇。

硃批：吏部議奏。

貼　黃

欽命經略湖廣、江西、廣西、雲南、貴州等處地方總督軍務兼理糧餉、太保兼太子太師、内翰林國史院大學士、兵部尚書兼都察院右副都御史洪承疇謹題，爲封疆之事，與建言不同等事。

臣准部咨續順公倡逃一案，偏沅巡撫金廷獻已經部覆，奉旨在案。其餘與續順公同事撫臣，疏内未列職名，請勅臣察明速奏。臣隨移會湖廣督、撫、按諸臣，併行按察司察明，俱回稱其餘撫臣彼時有前任湖廣撫臣遲日益，統轄全省，前任鄖陽撫治臣趙兆麟，專轄荆、鄖、襄地方，與湖南無涉。臣案查已革職撫臣遲日益，先經部覆，遵旨確指具奏事一疏，内開：議得撫臣遲日益，據經略察奏，遺誤地方，已經部院詳議勘懲，奉旨革職，毋容再議。是遲日益於玖年續順公倡逃一事,已先經部覆奉旨。至前任撫治臣趙兆麟,湖南原非專轄,俱應聽部臣議覆,伏乞皇上勅部覆議施行,謹題請旨。

道臣赴任違限奉差抱病有據事題本

欽命經略湖廣、江西、廣西、雲南、貴州等處地方總督軍務兼理糧餉、太保兼太子太師、內翰林國史院大學士、兵部尚書兼都察院右副都御史洪承疇謹題,為道臣赴任違限,奉差抱病有據,仰祈上裁勅部覆議事。

臣准湖廣撫臣林天擎咨開,順治拾貳年拾貳月拾玖日,據湖廣布政司詳,奉本院批,據前任湖廣分守武昌道今陞廣西驛傳道副使張弘俊呈稱,本道前分守武昌,蒙督、撫各部院委齎拾貳年萬壽表箋,於拾壹年拾貳月初拾日自武昌就道。行至中途,聞叨轉廣西副使職,隨星馳入都,嵩呼竣役,擬領憑赴任。乃部憑已於拾壹年拾貳月拾肆日先發楚省。本職即於拾貳年叁月初伍日,隨班赴鴻臚寺,投遞報單辭朝。叁月初陸日出都南下,由水路之任。沿途路紆水阻,至陸月內抵江寧。不期舟中暑濕傷重,瀉痢不止,遂成病體,不能起行。本職萬不得已,只得暫泊江寧,延醫人邵玉鉉調治,已經移明江寧守、巡兩道查驗訖後,恐時日延遲,抱病前進。即於捌月貳拾日自江寧起行,舟中服藥,調治未痊,拾月初拾日方得到武昌。隨赴湖廣布政司領憑,始知憑限定於拾貳年陸月貳拾伍日到任。本職不勝慌忙,即催船赴任。豈意舊恙復作,日夜不寧,隨延醫生鄧林鵬服藥,皆謂病已纏綿,不能速效。又經兩月,今拾貳月內方得小痊。部限已逾,苦情迫切,不敢不據實呈明,伏乞俯念本職叨轉在奉差赴闕之先,部發文憑定限在拾貳年陸月之內,原係就楚省赴粵,程途近便,所以定此限期。今本職齎捧赴都,嵩呼事竣,始自都返楚,然後轉以赴粵,往返程途,較前已多柒千餘里。報國有心,縮地無術,雖本職兼程飛赴,勢亦不能如限,況水路風阻,一病江寧,再病武昌,兩經調治,俱報明地方官查驗有據,實不敢遷延故違。本職今已勉力赴粵,倘蒙移咨經略內院,轉咨廣西總督部院,撫、按兩院,會疏顯明,庶勉曠職之咎,得以安心報稱等情。奉批:仰布政司確查報。奉此,本司隨經牌行武昌府確查，回稱，差喚醫生鄧林鵬面問確查，據鄧林鵬執結赴府稟稱，在省果有前任分守武昌道張參議喚鵬看病，原因舊疾舉發，用藥調治，今始稍愈，委係的情，取具甘結，並職府印結申報。

該本司看得，前任分守武昌道張參議，於拾貳年拾貳月初拾日齎萬壽表箋赴京，及拾貳年正月貳拾捌日，奉本院發下該道陞轉廣西驛傳道文憑到司，此該道方在嵩呼時也。及事竣言旋，往返柒千餘里，已不能照憑限月日。且舟行卧病，調理稽延，雖欲不違憑限，不可得也。今蒙行查，據該府回稱，該道委實到省患病，備具印結前來。則該道之違限，實由奉差路遠風阻，兼值暑濕抱恙，未可與無故違限者同日而語，應請賜咨轉達，回報到院。看得前任分守武昌道張參議，陞轉廣西驛傳道文憑於拾貳年正月終送院內，限拾貳年陸月貳拾伍日到廣西任。此爲自楚赴粵之限期，比時若該道在武昌，自可發領，依期抵粵。乃該道先於拾壹年拾貳月內委齎萬壽表箋赴京，計憑到湖廣之時，正該道方在詣闕嵩呼之日。及至事竣，叁月初伍日辭朝返楚，途遥逆水，挽舟而行，途次已先違限。江寧復患病症，及抵武昌，前疾復作，就醫調治，仍未得痊，即呈明起行。今據司府確查，各有甘結見在。則本官之愆限，情非得已，實有可原。且先時在楚奉差，時下在楚患病，本院自應代咨明白，聽候貴院部查核會題。等因到臣。

該臣看得，粵西邊遠，正當用兵之時，新補官員，果係故違憑限，必照例參罰，難容少貸。若其中有因公稽阻，途遠難前，患病情真，勢非得已者，亦必察明分別，以服人心。如前任湖廣分守武昌道、陞轉廣西驛傳道副使張弘俊，部發文憑，定限拾貳年陸月貳拾伍日到廣西任。本官於拾貳年拾貳月內始自武昌赴長沙，是其部限已逾半載。乃准湖廣撫臣林天擎咨會本官，文憑部中所定，原係自楚赴粵限期，今本官先奉差齎捧萬壽表箋，嵩呼事竣，方辭朝返楚，較自湖廣赴粵西，程途已多行柒千餘里，自難如限赴任。況沿途水路紆廻，守候風阻，本官又於江寧、武昌兩經患病，延醫調理，取有地方甘結，各有憑據。則本官情實可原，與無故違限者自不相同。拾貳年拾貳月終，本官經過長沙，臣面見其病體虛弱，尚未全愈，詢其赴任，則急迫前行，計拾叁年正月前後可到全州，以抵桂林到任。今粵西凋殘至極，缺官甚多，臣既准有湖廣撫臣移咨，又經面察確實，不敢不將本官違限情由，先疏具題，以勵邊吏任事之心，爲嚴疆料理之效。臣謹會同兩廣總督臣李率泰、廣西撫臣于時躍、廣西按臣張所養合詞上聞，伏乞皇上勅下該部覆議，請旨裁定行下，臣等欽遵奉行。緣係道臣赴任違限，奉差抱病有據，仰祈上裁，勅部覆議事理，臣等未敢擅便，爲此具本，專差舍人王得功齎捧謹題請旨。

順治拾叁年正月貳拾叁日，經略湖廣、江西、廣西五省、太保兼太子太師、內翰林國史院大學士、兵部尚書兼都察院右副都御史洪承疇。

硃批：吏部議奏。

貼　　黃

欽命經略湖廣、江西、廣西、雲南、貴州等處地方總督軍務兼理糧餉、太保兼太子太師、內翰林國史院大學士、兵部尚書兼都察院右副都御史洪承疇謹題，爲道臣赴任違限等事。

臣准湖廣撫臣林天擎咨，前任湖廣分守武昌道張弘俊，於拾壹年拾貳月內委齎萬壽表箋赴京，拾貳年正月內部發本官陞轉廣西驛傳道副使文憑，定限拾貳年陸月貳拾伍日到廣西任，原係自楚赴粵限期。乃本官在都嵩呼事竣，拾貳年叁月初伍日辭朝返楚，較自湖廣赴粵西，程途已多柒千餘里，自難如限赴任。兼以水路風阻，行至江寧、武昌，兩經患病，延醫調理，各取有地方甘結憑據，情實可原，與無故違限者不同。拾貳年拾貳月終，本官經過長沙，臣面見病體尚未全愈，隨急迫赴任，計本年正月前後可到桂林。臣既准撫臣咨會，又經察實，不敢不將本官違限情由，先疏具題，以勵邊吏任事之心。臣會督臣李率泰、撫臣于時躍、按臣張所養具疏，伏乞皇上勅下該部覆議施行，謹題請旨。

報明大兵班師咨送軍前候用
官員事揭帖順治十三年五月初四日到。

欽命經略湖廣、江西、廣西、雲南、貴州等處地方總督軍務兼理糧餉、太保兼太子太師、內翰林國史院大學士、兵部尚書兼都察院右副都御史洪承疇謹揭，爲

報明大兵班師，咨送軍前候用官員事。

　　順治拾貳年拾月貳拾陸日，職案准寧南靖寇大將軍同統領大兵固山額真藍拜、蠹章京蘇格沙哈，咨爲移用隨征官員事。內開：准隨征弘文院中書舍人樊咸叙、吳甲周呈稱，職等自順治捌年選入內院辦事貳載，拾年拾貳月蒙點隨征，又再歷寒暑，艱苦備嘗，前後共歷俸肆載。竊思職等衙門舊例，叁年俸滿，即轉部屬，同咨考選中書秦廷獻已陞戶部主事。又隨征舊例，皆就地方委授道缺，同咨考選中書李翀霄、盧慎言已陞參政副使。又本年部覆疏內自後隨征中書以參議僉事酌用。職等論俸則已過壹年，論勞則隨征最久，目今旋師在邇，伏乞俯鑒微勞，或援例推陞，或破格咨用，等情。准此。本府照得隨征中書舊例，俱經委用道缺，今中書樊咸叙、吳甲周俸深勞久，兼以勤謹辦事，才守俱優，相符舊例，即應委用。奈無地可補，茲貴院部正當需才之際，若有員缺，煩爲題補，以鼓後效等因。職即咨覆大將軍行令貳官赴長沙軍前効用，候缺題補。去後。

　　隨於拾貳月貳拾貳日，准寧南靖寇大將軍蘇格沙哈咨送前來，今拾叁年叁月拾伍日，據貳官呈稱，竊照京官叁年考滿過期，不給由者，聽部院查參議處，俱經吏部題明，奉有俞旨。念職等題授今職，自順治玖年正月貳拾捌日到任歷俸，至拾年拾貳月初伍日，奉差隨大兵前征，至湖廣荊州府。拾貳年拾貳月內，因大兵換班旋師，蒙大將軍以職等在營勞苦，隨赴常德剿賊有功，咨送經略院部軍前，候缺補用。扣算至拾叁年叁月止，共計內外實歷俸連閏肆年零貳個月，正合考滿之例。近閱邸報，中書科等衙門俱已遵行，惟職等奉差隨征，今又就近咨送經略軍前効用候補，恐與本衙門考滿事例不同。然論給由新例，則俸已過期，兼京察在邇，恐部院查核未便，理合預先呈明，伏乞裁酌，轉達吏部等情。

　　據此，職隨移咨吏部，內開：中書樊咸叙、吳甲周，原係奉差隨征，於拾貳年拾貳月內，因大兵換班旋師，大將軍以隨征中書有酌用參議僉事之例，隨將貳官咨送題補。貳官於大兵起行後，即於拾貳年拾貳月內到軍前。計大兵到京，必爲會明吏部。惟因湖廣、江西未有相應員缺，是以未經擬補具題。今據貳官具呈，自玖年正月內到任，至今拾叁年叁月，已歷俸肆年有零。遵照新例，正當給由之時，又京察將近，恐致查核，預先具呈，乞達吏部。查中書給由，在內應從本衙門起送。今貳官俱奉差隨大兵出征，在營貳年，著有勞苦，又於常德隨同勦賊有功，因大兵旋師，咨送軍前，照例候用，又經數月。貳官既無從赴本衙門起文，本衙門亦無憑起送，似應在於軍前候缺擬補上請。但職官考滿有例，不得不代爲咨明，等因。已於本年叁月貳拾柒日移咨吏部在案。今叁月貳拾玖日，據中書樊咸叙呈稱，叁月拾玖日職接家信，報職生父生員樊吉徵在原籍陝西三原縣拾貳年拾貳月貳拾日未時病故。職驚聞訃音，哀慟幾絶，理應回籍守制。計自聞喪日起，除閏扣至拾伍年陸月拾玖日止，共貳拾柒箇月服闋，懇乞俯賜代題。又本衙門舊例，凡中書官員丁憂回籍，俱有孝字勘合。職隨征在外，原係公差，所領兵部官馬伍匹，俱已交回，伏乞照例給職勘合夫馬，庶長途有賴，等情。職隨查在外丁憂官員，例有原籍府縣甘結，未據本官呈報，即批令查取。據稟稱，湖南離陝西甚遠，往返必須半年。職自接報，五內俱裂，實難等候，即取具見任長沙協守副將韓孟之同鄉印結繳報，中間自無別情。據稱隨征候用，原係公差，所請勘合，應行查給。職即檄行湖廣驛傳鹽法道，查照兵部頒行欽定條例，果應給發，即逕行填給，就近具報湖廣督撫臣查明，俾本官回籍守制服闋，赴部起復。其到部之日，應否照隨征事例，以參議僉事酌用，此應聽部臣查議，非職所敢預擬。至於見在軍前中書吳甲周，俟有相應缺出，容職另疏擬補。職謹具題，伏乞皇上勅下該部覆議，請旨遵行。爲此，除具題外，理合具揭。須至揭帖者。

順治拾叁年肆月初拾日。

貼　　黄

欽命經略湖廣、江西、廣西、雲南、貴州等處地方總督軍務兼理糧餉、太保兼太子太師、內翰林國史院大學士、兵部尚書兼都察院右副都御史洪承疇謹揭，爲報明大兵班師，咨送軍前候用官員事。

拾貳年拾月內，職准大將軍咨會大兵換班旋師，將隨征中書樊咸叙、吳甲周，咨送到職軍前補用。拾叁年叁月內，據貳官呈，歷俸肆年有零，正當給由之時，但見在軍前候用，無從赴本衙門起文，本衙門亦無憑起送。隨經職咨明吏部在案。今據中書樊咸叙報稱生父樊吉徵在原籍陝西病故，理應回籍守制。查中書例有孝字勘合，職即行湖廣驛傳鹽法道查兵部頒行條例，果應給發，即逕行填給，就近具報湖廣督、撫臣查明，俾其回籍服闋，赴部起復，聽部臣查議。至見在軍前中書吳甲周，俟有相應缺出，容職另疏擬補。伏乞皇上勅部覆議遵行。謹揭。

報湖南學臣長沙病故事揭帖順治十三年七月初十日到。

欽命經略湖廣、江西、廣西、雲南、貴州等處地方總督軍務兼理糧餉、太保兼太子太師、內翰林國史院大學士、兵部尚書兼都察院右副都御史洪承疇謹揭，爲謹報湖南學臣長沙病故事。

順治拾叁年陸月初叁日，職據署湖廣分巡下湖南道事護印同知陳正中呈稱，陸月初壹日據長沙府呈，據江南蘇州府吳江縣學生員黃自振呈稱，嫡兄湖廣湖南提學道黃自起，於閏伍月初叁日抵長沙府歲試，初柒日開考，初拾日即患腹痛痢疾，至拾柒日抱病增重，請假調理。湖南長沙酷暑異常，世間罕見，水土不服，醫藥又少，一病不起，不幸於陸月初壹日辰時身故。該卑職聞報，即親詣本學道公署，將原領坐名勅書壹道、關防壹顆，當同署長沙府事推官袁天秩封固，收貯府庫。其一應文卷、考卷，俟查明另報。等情到職。

該職看得，湖南提學道黃自起，甫到長沙開考生童，水土不服，即患痢疾。本官年方強壯，猶抱病支持，勉試數場，乃藥餌無效，病勢益劇。先據呈稱，自京抵武昌到任，未經歇息，即赴長沙考試，沿途盛暑亢陽，業已受傷。及到湖南長沙，水土異宜。痢疾大作，適值夏月，殊常酷暑，人不能受，生來所不經見，既無良醫，又無藥料，一病幾殆，不能勉強，懇乞給假調治，等因。職隨批令本官，安心調理，以候稍痊再試。豈意本官於陸月初壹日，即報身故。職行令長沙道、府、廳、縣各官，親看料理，將本官原領坐名勅書壹道，令該府封賚湖廣按察司查例轉繳，仍將關防封固，亦令該府差官同送按察司查收，併文卷、考卷查明收貯府庫。該道、府一面具報總督臣及撫、按臣題報，聽候部推銓補職。謹會同湖廣总督臣祖泽远、湖广抚臣林天擎、偏沅抚臣袁廓宇、湖南按臣胡来相，合词上闻，伏乞皇上勅下该部，将湖南学臣遗缺，速赐铨补施行。为此，除具题外，理合具揭。须至揭帖者。

顺治拾叁年陆月拾叁日。

贴　黄

钦命经略湖广、江西、广西、云南、贵州等处地方总督军务兼理粮饷、太保兼太子太师、内翰林国史院大学士、兵部尚书兼都察院右副都御史洪承畴谨揭，为谨报湖南学臣长沙病故事。

职据长沙道府呈称，湖南提学道黄自启，于闰伍月初叁日甫到长沙岁试，即患腹痛痢疾，请假调理。酷暑异常，水土不服，医药又少，于陆月初壹日辰时身故。职行令长沙道、府、厅、县各官，亲看料理，将本官原领坐名勅书壹道，令该府封赉按察司查例转缴，关防封送该司查收，文卷、考卷收贮府库。职会督臣祖泽远，抚臣林天擎、袁廓宇，按臣胡来相，疏乞皇上勅部，将湖南学臣遗缺，速赐铨补施行。谨揭。

军前拾贰年分收支兵马钱粮事揭帖顺治十三年八月十六日到。

钦命经略湖广、江西、广西、云南、贵州等处地方总督军务兼理粮饷、太保兼太子太师、内翰林国史院大学士、兵部尚书兼都察院右副都御史洪承畴谨揭，为微臣军前拾贰年分收支兵马钱粮，臣谨造册奏销，仰祈勅部查核事。

窃照直省各营兵马钱粮通例，每年造销一次。职于顺治拾贰年终，即将职军前拾贰年分原奉部拨银、米、料草及提督、镇将大小各营支过俸饷、米粮、马匹料草，逐加清算。查准户部拾贰年分，原拨兵饷银叁拾捌万伍千壹百两、月米叁万陆千石。又部覆奉旨将职奏销顺治拾年柒月起，至拾壹年拾贰月终止，册内存剩兵饷银肆万陆千伍百柒拾陆两零、米贰万肆千壹百陆拾陆石零、豆贰千壹百壹拾叁石零、谷伍千陆百伍拾叁石零、草拾壹万玖千捌百玖拾柒束，俱作拾贰年兵馬支用。内如豆穀、草束，止有此數，而銀、米貳項，合算共計銀肆拾叁萬壹千陸百柒拾陸兩零，共計米陸萬壹百陸拾陸石零。此職軍前拾貳年正月起，至拾貳月終止，壹年原撥銀、米、豆、穀、草束數目也。其支放款項，如自拾貳年正月起，至肆月止，俱係照依拾壹年營分事例支領，未有更易。惟雲貴投誠副將張興，拾壹年册內，原隨副將卜世龍營每月照有馬戰兵例支給餉銀貳兩，職於軍前另行幫助，以爲食用。今拾貳年貳月内，職准部咨奉旨："張興慕義來歸，著好生安插。"欽此。職若將本官仍與兵丁同例支糧，無以示鼓勸，隨於貳月起，改給副將半俸，俾知朝廷招撫深仁。叁月内又有投誠僞掛印將軍李有實，帶領僞官兵丁叁百伍拾貳員名到長沙，自願在軍前立功報効。職即設法安插，支給銀、米接濟，於具題湖北山寨渠魁率衆向化等事疏内稱，各官目兵丁俱見在軍前，職動營制内缺額兵丁所遺糧餉，暫發支領，令其朝夕訓練，漸成營伍，今湖南各處急在增兵，候奉有俞旨，另行酌議發營，等因。拾貳月内職准兵部咨覆，内開：僞將李有實率衆來歸，與詔相合，應給副將職銜，以鼓來歸之志。據稱各降丁暫動缺兵遺糧，支領訓練，相應准從，業奉有俞旨，併將李有實劄付封發前來。職查本官先時止暫給副將半俸，同行投誠僞官俱給馬戰兵糧餉，兵丁俱給步戰兵糧餉，以候請旨。今李有實既經給以副將職銜，又見在領兵，計必給以副將全俸，始可資其養贍，責成訓練兵丁。

職於拾貳年拾貳月起行令入册，照副將全俸支領。又叁月内，職准兵部咨，奉旨：發到正紅旗下阿思哈哈番今任益陽總兵劉進忠家人樊獻、陳政到職軍前，酌授職銜，用行撫間，職隨各授以守備印劄，具疏題報在案。但貳官養贍無資，將何効用？職行令照旗下隨征馬甲内題給守備職銜官員事例，每月各支銀貳兩，以爲資給。凡此皆職拾壹年奏銷册内所未有，今拾貳年内先未報部，職於軍前酌議舉行者，職不敢不明白入疏，以叩懇皇恩核銷。

至拾貳年伍月内職軍前官兵，奉旨設立營制，各營錢糧，即應照營制支領。中有以小營歸併大營，以多兵撥補少兵，又有見在酌議，等候疏請，發回原營，頭緒紛繁，俱須酌量妥確。如從前原有直省督標涿州、河南、河北各營，及陝西督標、宣大督標協守三關、江南督標操標、徽寧鎮將，併提督各鎮將，招集官兵各名色，皆行除去，止併爲經略左標、前標、後標及軍前左營、右營，經略標中營、標前營、標後營，共叄鎮伍營。但各營雖經湊合，若照營制數目計算，仍多缺額。惟左標提督總兵營有溢額兵丁貳百餘名，因提督李本深先赴常德防剿時帶有旗下隨征官員併馬步甲兵壯丁同行効力，每月錢糧即隨提督營支領。今雖設立營制，而各官各兵仍在常德，未便遠赴軍前，與旗下官兵一起支領，致難分散，故仍應隨左標造支。又有原調涿州參將陳喜、衛輝營都司楊奎光，職先題營制疏内，原稱將各官暫留本營數月，俟官兵分營定日，職咨兵部聽察核，以爲用舍。今伍月、陸月營制方定，參將陳喜、都司楊奎光尚留本營，其俸薪各項，必應照舊支領。職於陸月終給咨貳官赴部，即於柒月爲始住支。而陳喜又有帶回親丁人等，職俱令開除不補，以用合左標營制。計柒月以後，止多有旗下官兵壯丁，此原係應支之數，非爲過額。即軍前左營、右營及標前營，亦有旗下官員馬步甲兵壯丁在内，原係蝦張大元、蝦馬鷂子本身所帶，或隨營旗下官員所帶，猶在營制之内，未經過額。但是存一旗下官兵，即少一漢營兵缺，且於營制事例未能相合，此支過拾貳年糧餉，開造領狀在先，未便又行更正，致有稽遲。職已行令各營，自拾叄年爲始，將本營隨征旗下官甲壯丁，俱另具領狀，支領錢糧，以便歸同八旗官兵一起銷算，俾漢兵營制，得以畫一。若原任提督、總兵今病故劉忠原統招集官兵，與陝西榆林、洮、階、紅、永及寧夏蘭河、固原各官兵，因水土不服，人心不固，拾貳年叄月内移駐湘潭縣休養，伍月内仍在酌議疏請發回原營，難以設爲經略右標，至拾月内業奉俞旨，准行發回。又旗下替職閑官白廣恩，伍月内具詳患病，原領自行招集官兵，亦難歸併，玖月内業奉俞旨，准回旗調理，本官已將兵丁帶回。是以此數營兵馬，伍月以後，皆不得不仍照原營支領錢糧。又如職軍前奉旨調到見任文職官員，併題設旗鼓、傳號、賞功各官，與調用武職官數員，此皆在職軍前任用，更非各營可以歸入，月支俸餉各項，今亦應照拾壹年事例開銷。凡此皆係照依新設營制，已經更定及難以更定，應行聲說明白。

又拾貳年玖月以後，有左標等營陸續搬到兵丁家口，先經部覆，奉旨：每兵准給家口米叁倉斗，以資養贍。職隨行令，接日開支。又拾月内有常德左標、後標招集戰船頭舵水手，先經職題疏，於拾月以後，各照投到入營之月日開支。凡此又皆奉旨新收者，職俱已通行詳列，以備部臣查核。

至於馬匹一項，各營先時奉調赴楚，於正馬之外，帶有副馬，爲數原多，乃抵湖南日告倒斃，難如原議馬捌步貳之額，職具設立營制疏内，已擬爲馬柒步叁。但是各兵内有正馬倒而副馬存，副馬倒而正馬存，壹兵止領壹馬者固衆，其正馬、副馬俱存者亦復不少，又尚有各官騎坐馬匹在内，故各營間有馬匹，支給草料之數，多於有馬戰兵。而前標總兵南一魁營，又因兵未足額，若照通例，止應照見在兵數，分爲馬柒步叁支給有馬戰兵餉銀。今該鎮營有馬戰兵，原係未定營制之先，已支馬戰兵餉銀，今馬匹俱係見在，勢難改爲步戰兵，況爲數無多，仍在額設營制之内，今不得不仍給馬戰兵餉銀，併支給馬匹料草，以實營伍。至今拾叁年倒斃相繼，即較見在額兵，應有馬戰兵之數，亦已不足，凡此又皆新設各營内，所當暫爲權宜，使營伍得以充實。

若所用料草，係職先動兵餉銀兩，委官預行採買，陸續起運。計拾貳年内共計買過本色豆叁萬叁千石，每石價銀并過洞庭湖轉運至長沙，以及轉運常德、衡州、永州、湘潭水腳價銀，低昂不等，共用過兵餉銀肆萬貳千玖百兩。共買過稻穀陸萬肆千石，每石價銀并轉運水腳低昂不等，共用過兵餉銀貳萬壹千玖百肆拾兩。共買過草貳百捌拾貳萬玖千柒百貳拾玖束，每束價銀壹分，共用過兵餉銀貳萬捌千貳百玖拾柒兩貳錢玖分。以合前存剩豆、穀、草束，共爲馬匹逐月支用。

今計順治拾貳年正月起至拾貳月終止，軍前各營官兵馬匹共支過兵餉銀貳拾貳萬玖千叁百玖拾柒兩零。又奉旨找給西兵回營月餉銀貳千叁百肆拾玖兩零，共支過月米叁萬柒千柒百肆拾石零，共支過前存剩及買備豆叁萬肆千陸百石零，共支過前存剩及買備穀陸萬玖千貳百石零，折豆叁萬肆千陸百石零，共支過前存剩及買備草貳百玖拾肆萬玖千陸百貳拾陸束。

又新設益陽鎮兵，職於遵奉俞旨，會選益陽應設鎮將各官等事一疏，原稱除拾贰年柒捌月起，以至拾贰月终，已於臣军前拾贰年本折钱粮，预行支给，以收拾新抚降丁，整顿新增营伍。其拾叁年正月起，即应於湖广布政司关领，以入经制销算，用清钱粮款额等因，奉旨在案。今查各投降官丁，伍陆月内即有陆续投到，原於陆月内起支粮饷。今计自拾贰年陆月起，至拾贰月终止，共支过军前兵饷银柒千柒百肆拾伍两零，共支过军前运发月米壹千伍百贰拾玖石零，共支过就近买备豆贰百肆拾玖石零，动用过军前兵饷银叁百贰拾肆两零，支过就近买备谷肆百玖拾玖石零，动用过军前兵饷银壹百陆拾肆两零，支过就近买备草贰万叁千叁百壹拾肆束，动用军前兵饷银贰百叁拾叁两壹钱肆分。

再合而计之，总共军前兵饷豆、谷、草束并西兵找饷、益阳官兵俸饷、豆、谷、草束，共动用过兵饷银叁拾叁万叁千叁百伍拾贰两零。照户部原拨兵饷银肆拾叁万壹千陆百柒拾陆两零计算，拾贰年终，仍应存剩兵饷银玖万捌千叁百贰拾叁两零。内有原拨江南布政司拾贰年饷银伍万两，至今拾叁年始行解到，未便造入拾贰年册内，应俟拾叁年分造册奏销。今拾贰年终，止存剩银肆万捌千叁百贰拾叁两零，月米共动用过叁万玖千贰百柒拾叁石零。拾贰年终，仍存剩米贰万捌百玖拾叁石零，存剩豆伍百壹拾贰石零，存剩谷肆百伍拾壹石零。以上系顺治拾贰年正月起，至拾贰月终止，支放过官兵马匹银、米、料草数目也。至於缺额银米各项，职因军前营制初立，凡有缺额兵丁及逃亡事故，俱经先行扣除，不计入兵数内支给粮饷，是以未经另有缺额钱粮。其扣除小尽及逃故截旷，职俱一一扣存另收。今计拾贰年终，职军前官兵马匹，及新设益阳官兵马匹，共扣存过小尽截旷银伍千伍百肆拾壹两零，米玖百壹拾石零，豆玖百柒拾伍石零，谷壹千玖百伍拾壹石零，草柒万玖千伍拾贰束。合计前存剩银、米、豆、谷，通共实在拾贰年终，存剩兵饷银伍万叁千捌百陆拾肆两零，米贰万壹千捌百叁石零，豆壹千肆百捌拾捌石零，谷贰千肆百贰石零，草柒万玖千伍拾贰束，俱已於军前接作拾叁年支用。相应同江南布政司后解到银伍万两，一并於拾叁年兵马钱粮册内奏销。以上系职军前顺治拾贰年正月起，至拾贰月终止，实存银、米、豆、谷、草束数目也。至若拾贰年内，江南各处拨饷未到，职借长沙府贮大兵银两，支給軍前兵餉。又職拾貳年貳月至陸月,親督兵衡州,併調發標中營、後營副將劉應志、卜世龍赴寶慶協防,後調赴永州,接防廣西,又調總兵南一魁廣西會剿,皆有借支衡州、寶慶、永州、廣西各處錢糧,職即於軍前拾貳年分兵餉銀米内,照數動支分發補還借項,各取具實收存案,即應作軍前支過錢糧,不另開借支名色,免致將來混淆,有費清算。今即照例備造四柱清册,咨送户、兵二部,聽候查核。職謹按各鎮各營支領簡明總數繕册,進呈御覽,惟奏銷兵馬錢糧,户部通行立有定限,職軍前自應依期具疏。乃拾貳年營制既經新設,歸併款項甚費稽查,又調赴廣西永州前標總兵。及標中營、標後營副將,俱久征在外,拾叁年肆伍月内方回長沙、衡州,乃得報册查對,清還借支款項,致遲時日,造報愆期,惟有仰乞皇恩鑒察原宥,勅下該部覆核銷算,請旨裁定,行下職等欽遵奉行。爲此,除具奏外,理合具揭。須至揭帖者。

順治拾叁年柒月拾捌日。

貼　　黄

欽命經略湖廣、江西、廣西、雲南、貴州等處地方總督軍務兼理糧餉、太保兼太子太師、内翰林國史院大學士、兵部尚書兼都察院右副都御史洪承疇謹揭,爲微臣軍前拾貳年分收支兵馬錢糧,臣謹造册奏銷等事。

職軍前官兵馬匹收支錢糧,自拾貳年正月起,至肆月止,俱係照依拾壹年營分事例支領,未有更易。惟投誠副將張興改給半俸,副將李有實改給全俸,又准部咨發到今任益陽總兵劉進忠家人樊獻、陳政月支銀兩,皆先未報部,職不敢不明白入疏。至拾貳年伍月内,職軍前官兵已經設立營制,各營錢糧,即應照營制支領。惟中有已經更定,及難以更定,與所當暫爲權宜,職俱聲説明白,聽部臣查核。

今計拾貳年正月起,至拾貳月終止,職軍前兵餉買備豆、穀、草束,併西兵回營找給月餉,益陽新設官兵俸餉、豆、穀、草束,共動用兵餉銀叁拾叁萬叁千叁百伍拾貳兩零,月米叁萬玖千貳百柒拾叁石零,照部撥拾貳年兵餉銀、米、豆、穀草束數目,尚有存剩,併扣存小盡截曠銀、米、豆、穀、草束,俱作拾叁年支用造銷。

今即備造四柱清册,咨送户、兵貳部查核,職謹繕册進呈御覽。惟奏銷部有定限,自應依期具疏。因營制新設,又官兵赴廣西出征,拾叁年肆、伍月内方回,乃致報册愆期,惟仰乞皇恩鑒宥,勅下該部覆核銷算遵行。謹揭。

請定歲終奏報以肅馬政事揭帖順治十三年八月十六日到。

欽命經略湖廣、江西、廣西、雲南、貴州等處地方總督軍務兼理糧餉、太保兼太子太師、内翰林國史院大學士、兵部尚書兼都察院右副都御史洪承疇謹揭,爲請定歲終奏報,以肅馬政事。

職案查順治拾貳年拾月貳拾貳日,准兵部咨,該本部題前事。照得各部錢糧,該督撫歲終俱有奏報,臣部職掌天下營馬,事關封疆,尤爲至重。舊例各營按季報册,臣部久經行文各省知會在案。今查册報寥寥,又煩瑣礙難稽查,相應停止季報,請勅各督撫於年終確查某營經制該馬若干,舊存若干,新收若干,部發若干,朋銀買過若干,得獲賊馬若干,倒斃若干,見在若干;其朋、椿銀兩,以柒年捌月貳拾叁日奉旨之日爲始,某營額兵若干,某年朋銀若干,椿銀若干,解過户部若干,撥兑兵餉若干,買馬用過若干,見今存貯若干,比依錢糧歲終奏銷之例,察照督撫統轄營伍馬數,彙爲一總册,銀數彙爲一總册,具本奏報勅下臣部查核。如有奏報愆期,及開造不明,臣部察明題參,庶錢糧清楚,官兵可收騰驤之用矣。等因。順治拾貳年玖月初肆日奉旨:"依議行。"欽此。欽遵咨會到職。

職隨於拾貳年拾壹月内移咨兵部,内稱:軍前各營官兵馬匹,初無額設,俱係零星湊集。至今拾貳年伍月内,始准兵部咨開,覆奉俞旨,設立營制,從前調撥更定,頭緒不一,非直省經制各營,久有成規可比。所有應扣朋銀,及應追椿銀,已照兵部先次通行數目扣追收貯,今當奏銷。順治拾年柒月起,至拾壹年拾貳月終止,收支兵馬錢糧,除將收支朋銀、椿銀數目造册另咨送查外,其營伍馬數總册及銀數總册,統俟奏銷拾貳年錢糧,一併具本奏報。等因,咨會兵部去後。

今拾叁年肆月内，職准户部咨，爲恭報微臣軍前收支兵馬錢糧造册奏銷等事。内開：該兵部具題，看得經略輔臣洪承疇於拾貳年陸月内代中、左貳路請給馬匹，臣部已經覆准馬應部發，朋、樁銀兩撥充楚餉，遵行在案。今輔臣疏稱，各營賠樁銀兩，奉旨減免，月分追解、貯庫朋銀，於拾壹年叁月官兵到長沙之日爲始扣存，具題前來。該臣部確查咨送册内，自拾壹年叁月起，至拾壹年拾貳月終止，共扣朋銀柒千叁百叁拾肆兩玖錢，内除買馬貳拾玖匹，共動用過銀伍百玖拾柒兩柒錢陸分，實在存貯朋銀陸千柒百叁拾柒兩壹錢肆分。拾壹年拾月起，至拾貳月終止，共實在樁銀玖百叁拾柒兩伍錢。貳項通共朋、樁銀柒千陸百柒拾肆兩陸錢肆分。查楚省非產馬之地，相應將見貯朋、樁銀兩撥兑本營兵餉，移咨户部查照可也。順治拾叁年貳月拾捌日奉旨："依議。"欽此，欽遵。查得經略標下官兵扣存朋、樁銀，既經兵部題兑本營兵餉，合移咨經略院部，扣抵拾叁年兵餉應用，年終報部核銷，等因，咨職在案。是職軍前各營官兵馬匹，拾壹年拾貳月以前應扣朋銀、樁銀，業已報明兵部，題奉俞旨矣。惟馬數總册及銀數總册，未經造報。當今拾叁年應造拾貳年分奏銷之時，職即逐一徹底清查，以依式造册。但職軍前營伍初設，調撥緒繁，營分數多，款項不一，職已於先今奏銷收支兵馬錢糧疏中備悉題報。今馬政、錢糧同係一體，職不敢再有煩贅。

今查營伍馬數，自順治拾年柒月起，至拾貳年肆月終止，職軍前營制未立，未有額馬數目。職即將到營馬匹查明官兵原帶官馬、買備自馬，併部發欽賜載馬、動用朋銀買馬、動用操練招撫銀與江南督標解到馬價銀，以及逐月倒斃、調撥，分爲舊管、新收、開除、實在四柱。又自拾貳年伍月起，至拾貳年拾貳月終止，職軍前官兵已經奉旨立有營制，定爲馬柒步叁，則各營俱有額數。職查計經略左標、右標、前標、後標、提鎮肆營，及軍前左、右兩蝦營，併標中、標前、標後叁副將營，内除各官應有騎坐馬匹，又八旗隨征官甲自備馬匹外，共該兵丁騎征馬柒千柒百匹。查拾貳年陝西各營官兵奉旨發回原營，新陞職右標提督總兵官張勇尚未抵汛，職將見在各營查明，亦開列四柱。計拾貳年拾貳月終止，通共見在馬肆千零壹拾匹，内官馬貳千叁百伍拾肆匹，自馬壹千陸百伍拾陸匹，其提督鎮將各官騎坐馬匹及八旗官甲馬匹,俱已在内。此職軍前各營馬匹數目,職即彙造總册壹本。其朋扣銀兩,查自拾壹年叁月扣起,至拾壹年拾貳月終止,共扣過朋銀柒千叁百叁拾肆兩玖錢。内蝦張大元、馬鷂子,副將劉應志、卜世龍各營,動用銀伍百玖拾柒兩零,買馬貳拾玖匹,發營騎征,止存剩銀陸千柒百叁拾柒兩零,業經户部撥充職軍前拾叁年分兵餉。其自拾貳年正月起,至本年肆月終止,營制未立,各營朋銀,俱仍照拾壹年原營分扣解。若自拾貳年伍月起,至拾貳年拾貳月終止,營制已立,雖有額兵數目,而各營兵丁多未足數,逃故無常,收除不一,未便照營制額兵全算朋扣。職行令各營,惟照見在官兵扣除。今計拾貳年壹年,職軍前各營扣過朋銀,併在職軍前支餉副將李有實投誠官兵,及前軍前任用阿思哈哈番、今任益陽總兵劉進忠所統招撫降丁,併調撥招集官兵,扣過朋銀通共銀捌千玖百壹拾兩陸錢零。乃各鎮營俱駐湖南,水土風氣,甚不相宜,馬匹最難喂養,倒斃時時見告,營馬日見缺乏。拾貳年春、夏,職親督官兵赴衡州,而常德各處,又值賊警,各營需馬至急,難以候具疏請給。又投誠副將李有實官兵與益陽新設官兵,俱全無馬匹,更無以資敵愾。職萬不得已,陸續動支前銀,給發各營,差官於武昌、漢陽、荆襄併南陽近處購買,共計買馬叁百貳拾陸匹,共用過價銀玖千貳百陸兩柒錢零。除將前項拾貳年分朋銀捌千玖百壹拾兩陸錢零動用外,而副將李有實與今益陽總兵兩營,尚有不足價銀貳百玖拾六兩壹錢,職已於拾貳年分賠椿銀内動支補湊。其所買馬匹,見今俱在左標提督李本深、後標總兵胡茂禎、軍前左營蝦張大元、右營蝦馬鷂子、標中營副將劉應志、標前營副將王永祚、標後營副將卜世龍,及前寧國副將今沅州總兵張鵬程、前阿思哈哈番今益陽總兵劉進忠,及投誠副將李有實等各營騎征操練。此乃職軍前朋扣銀兩數目,職即彙爲銀數總册壹本,逐月扣過朋銀,及買馬價銀、毛色、口齒、細數清册壹本。又倒馬賠椿銀兩,查自拾壹年拾月追賠起,至拾壹年拾貳月終止,共追完賠椿銀玖百叁拾柒兩伍錢,已經部覆撥充職軍前拾叁年分兵餉。又自拾貳年正月起,至拾貳年拾貳月終止,共追過賠椿銀肆千捌百陸拾肆兩,内動用湊補副將李有實及今益陽總兵劉進忠買馬不足銀貳百玖拾陸兩壹錢。又前標總兵南一魁，拾貳年拾壹月內調赴粵西會剿，爲粵西邊地，瘴氣濕熱更甚，馬匹倒斃更多。該總兵稟稱陝西慶陽等處，係生長家鄉，有馬可買，且本營見有官兵遵旨赴陝西搬取家口，去時既可順便帶銀，回時又可順便帶馬，兩爲妥便。職爲邊方需馬甚急，即動支前收貯貳拾年分樁銀貳千捌百叁拾壹兩伍錢，給發該總兵，轉給差官賷赴陝西購買。今拾叁年閏伍月陸月內，官兵家口陸續搬到，共帶買來馬大約壹百叁肆拾匹，已經前後過長沙赴職親加點驗，方轉解衡州本營。應俟該總兵報有價銀確數及毛片、口齒册到職，覆行查明，即另行咨部核銷。今計軍前仍實存拾貳年分賠樁銀壹千柒百叁拾陸兩肆錢，即照奉旨部行新例，以聽撥充兵餉，不敢再動買馬。此乃職軍前追過賠樁銀兩數目，職亦彙造銀數總册壹本，馬匹倒斃月日年歲，應賠銀兩細數清册壹本。是職軍前馬匹總數及朋銀、樁銀共叁項，俱已各行查明，所造各册，即已另咨兵部查核。職謹具疏題報，伏乞皇上勅下該部查核覆議，請旨遵行。爲此除具題外，理合具揭。須至揭帖者。

順治拾叁年柒月拾捌日。

貼　　黃

欽命經略湖廣、江西、廣西、雲南、貴州等處地方總督軍務兼理糧餉、太保兼太子太師、內翰林國史院大學士、兵部尚書兼都察院右副都御史洪承疇謹揭，爲請定歲終奏報等事。

職准兵部咨，年終確查馬匹，及朋銀、樁銀數目造報。職將軍前提督各鎮各營馬匹清查，自拾年柒月起，至拾貳年肆月終止，營制未立，未有馬數。拾貳年伍月起，至拾貳年拾貳月終止，立有營制。職將各官兵官馬、自馬，併部發戰馬，動用朋銀及操練招撫銀、江南解到馬價銀買馬，職即查明彙册。其朋扣銀，自拾壹年叁月起，至拾貳月終止，內動用買馬外，尚有剩銀，部臣已撥充拾叁年兵餉。至拾貳年壹年朋銀，因湖南水土不宜，馬匹倒斃，職萬不得已，陸續動發各鎮各營購買騎征，尚有不足價銀，於賠樁銀內動支湊補。又倒馬賠樁銀，拾壹年拾月起，至拾貳月終止，亦經部撥充拾叁年兵餉。拾貳年壹年，樁銀內湊補前買馬不足銀，併動給總兵南一魁差官赴陝西買馬價銀，仍有存剩，應聽撥充兵餉。職俱彙造總數細數清冊,另咨兵部查核,伏乞皇上勅部核議遵行。謹揭。

粵西及軍前官兵望餉至迫事題本

(上缺)兵改作戰兵餉銀。又撥江南省□□□□賦銀伍萬兩,此部臣體念湖南、粵西衝邊官兵窮苦至極,故細心籌畫,特派撥於江南財賦近地,以俾早行起解,免致匱乏。在臣猶恐江南派發各省協濟甚多,民力亦甚艱難,並不敢以壹貳次取必齊解,俱分派叁肆次陸續催解。每行文壹次,必具手札壹次,全不用嚴檄危詞。惟以荒邊困苦情形,再四委曲懇求。又因前差官王廷選赴浙江催餉,與縣官爭鬧,遂不敢再行差官,止差標中營內丁齋文守催,但有解銀,隨到隨收,毫無延遲,使費收完,即印發批迴,仍給原解官、解役回途路費,用示鼓勵。乃臣每月急催,每月盼望,自春至夏,自夏至秋,望眼已穿,解到絕少。今玖月已終,時已入冬,計江南布政司應解粵西餉銀共壹拾伍萬兩,前後只解到肆萬兩,較原撥數目,未及叁分之壹。而廣東調到廣西戰兵餉銀,則全無起解。其應協濟臣軍前餉銀拾萬兩,前後只解到貳萬陸千兩,較原撥數目,僅及肆分之壹。其原撥江南拾貳年白糧改折協濟臣軍前拾叁年餉銀伍萬捌千捌百兩,至今玖月已終,全無起解。茲數月來,臣惟將兩淮先解完鹽課銀及江西前後解到餉銀,湊發粵西官兵僅至本年柒月,湊發臣軍前官兵僅至本年玖月。今玖月庫內無銀可發,粵西及臣軍前兵餉中斷情形,不勝急迫。臣查前任江南江西總督臣馬鳴珮,屢次回臣催餉咨文,甚爲激切。前布政司臣劉漢祚,拾壹、拾貳兩年餉銀,多已如期完解。獨至今拾叁年餉銀,催之愈急,應之愈遲。揆厥所由,緣左布政劉漢祚於拾貳年拾壹月赴京朝覲,布政司印務即交右布政馮如京署管。自拾貳年拾壹月接管起,至拾叁年閏伍月初旬方交代左布政劉漢祚,計實署柒箇月。任內拾叁年叁月內,僅補解軍前拾貳年餉銀貳萬兩,尚有應解粵西拾貳年餉銀叁萬伍千兩,全無補解。其拾叁年應解粵西餉銀,止於今年伍月內解到壹萬兩,其餘並無起解。拾叁年應解臣軍前餉銀,止於肆、伍兩月內解貳萬壹千兩,其餘並無起解,此署司臣馮如京任內遲解實情。及閏伍月內,左布政劉漢祚回任江南。捌月内接解粤西拾叁年饷银叁萬兩，合前方有肆萬兩之數，併解臣軍前拾叁年饷銀伍千兩，方合有貳萬陸千兩之數。又劉漢祚補解粤西拾貳年舊饷貳萬兩，其餘拾叁年銀兩，臣屢次急催，正望續解，乃劉漢祚已報陞福建巡撫，即料理交代，未經再解。是江南協濟粤西與臣軍前兵饷，俱因接署司臣解遲，以致欠缺甚多。今拾月初壹日臣據新左布政臣陳培禎玖月初壹日自江南僉發報文，內稱：本司初任，首查此饷，係至緊急，今先措解粤西拾叁年饷銀壹萬兩，措解軍前拾叁年饷銀壹萬兩，又措解廣東移調廣西守兵改戰兵饷銀貳萬兩，其餘即差人分投各府守提，俟另再解，等因。此新任司臣念切衝邊，初到即以解饷爲首務，將來必不遲誤。但臣詢問催饷內丁，禀稱在江南親見前饷銀玖月拾伍日方自江南由水路開行，計必拾月終旬，乃得到長沙，彼時再轉解到粤西，即在拾壹月下旬。且所解壹萬兩，合廣東移廣西戰兵饷銀貳萬兩，以補給粤西各官兵歷過捌月一月，尚爲不足。而臣軍前壹萬兩，僅足給各標官兵拾日之饷，何足濟事。況粤西荒殘異常，百物騰貴，時已入冬，每布壹疋，價銀壹兩肆伍錢，官兵至爲窮苦。臣准廣西撫臣于時躍、廣西按臣張所養移會，及提督伯臣綫國安咨呈，望饷十分急迫，深有脫巾之慮。其臣經略各標各營，俱外省遠調，又各處搬到家口，不比各省兵丁，皆有本地親識及營運生意，可資養贍。今拾叁年粤西兵饷，計自捌月至拾月，已壓欠叁箇月，而臣軍前拾月分又無銀可支。此極邊窮兵，以糧饷爲性命，臣職任經略，以封疆戰守爲性命，如此饷缺兵饑，何所恃以無恐？所幸戶部撥派粤西及臣軍前拾叁年饷銀數內，有兩淮鹽課銀共貳拾萬玖千有零，賴前鹽臣姜圖南檄催鹽運司，肆伍月內盡數解完。今捌月內戶部找撥鹽課共捌萬玖千有零，今准新鹽臣白尚登移會，已經盡數發解，計拾壹月內，必到長沙。又部撥江西省協濟粤西，及臣軍前拾叁年饷銀共貳拾萬兩，得前江西撫臣郎廷佐留心急催江西布政司前署司臣遲日震，及今見任司臣范登仕，俱依期速解。至今拾月止，共欠叁萬兩，併戶部找撥江西協濟粤西叁萬玖千有零，見在行催，計拾壹月內可望全完。粤西及臣軍前，從前數月，乃得藉以通融接濟。倘兩淮、江西，俱如江南起解不前，則粤西、湖南，幾有不忍言者矣。

臣今惟有據實叩懇皇恩，俯鑒各省官兵，最危莫如廣西，最急莫如湖南，餉銀十分急迫，仰乞天語申飭江南督、撫臣，責成新任司臣陳培禎，將拾叁年原撥江南協濟粵西拾伍萬兩，內除已經解到及見今報解共伍萬兩外，尚欠解拾萬兩，併原撥協濟廣東移調廣西守兵改戰兵銀伍萬兩，內除見今報解貳萬兩外，尚欠解叁萬兩。又拾叁年原撥江南協濟臣軍前拾萬兩，內除已經解到及見今報解共叁萬陸千兩外，尚欠解陸萬肆千兩，併原撥白糧改折協濟臣軍前伍萬捌千捌百兩，全未報解，及欠解粵西拾貳年舊餉壹萬伍千兩，俱於司庫見貯，不拘何項銀內，照數湊備，星速差官管押，通行完解。仍乞欽限於本年拾壹月拾貳月內全到長沙，轉解支給，庶可救濟燃眉，俾官兵得資飽騰，其於嚴疆戰守甚有裨益矣。臣謹具題，伏候皇上勅下該部，速加覆議，請旨遵行。

緣係粵西及軍前官兵望餉至迫，江南協濟銀兩起解遲誤，臣謹亟懇皇恩。嚴飭立解，以濟嚴疆大計事理，臣未敢擅便，為此具本，專差舍人史應科齎捧謹題請旨。

順治拾叁年拾月初伍日。經略湖廣、江西、廣西五省、太保兼太子太師、內翰林國史院大學士、兵部尚書兼都察院右副都御史臣洪承疇。

貼　黃

欽命經略湖廣、江西、廣西、雲南、貴州等處地方總督軍務兼理糧餉、太保兼太子太師、內翰林國史院大學士、兵部尚書兼都察院右副都御史臣洪承疇謹題，為粵西及軍前官兵望餉至迫等事。

粵西、湖南糧餉最急，查拾叁年部撥江南省協濟粵西拾伍萬兩，至今玖月，只解肆萬兩。廣東移調廣西兵餉伍萬兩，全無解。部撥臣軍前拾萬兩，至今玖月，只解貳萬陸千兩。原撥白糧改折銀伍萬捌千餘兩，全無解。今粵西兵餉方支至柒月，臣軍前支至玖月，已經中斷。查前督臣馬鳴佩行催激切，前司臣劉漢祚任內多解，惟朝覲後，署司臣馮如京任內遲解，欠缺甚多。今新司臣陳培禎初任，措解粵西及臣軍前餉銀各壹萬兩，又措解廣東移調粵西兵餉貳萬兩，必拾月終乃到長沙，廣西深有脫巾之慮，軍前官兵，餉缺難待。幸原撥兩淮鹽課銀及江西省餉銀，各依期速解。又户部找撥餉銀，兩淮、江西拾月、拾壹月内可到，乃得通融接濟。仰乞天語申飭江南督、撫臣，責成新司臣，將拾叁年欠解粤西并臣軍前餉銀，及欠解粤西拾貳年舊餉，於拾壹月拾貳月，盡數全解，救濟燃眉。伏候皇上勅部覆議遵行。謹題請旨。

江西協濟粤西及臣軍前官兵月米事題本

欽命經略湖廣、江西、廣西、雲南、貴州等處地方總督軍務兼理糧餉、太保兼太子太師、内翰林國史院大學士、兵部尚書兼都察院右副都御史臣洪承疇謹題，爲江西協濟粤西及臣軍前官兵月米，本年解運甚遲，仰乞皇上天語飭催，并酌議來年量行改折，以蚤濟衝邊兵食事。

竊照粤西官兵，遠處極邊，最爲孤危。臣軍前官兵，駐守湖南，至爲緊急，其窮苦實情，與需用糧餉緣由，臣於今拾叁年拾月初伍日具有粤西及軍前官兵望餉至迫等事一疏奏聞，計蒙睿鑒，臣不敢復陳。惟是月米一項，乃計口授食之需，較餉銀尤爲至急。而自江西以至湖南，長沙大湖，自湖南以至粤西，逆流灘淺，數千里險阻，較餉銀轉運更難。部臣將各兵月米，每年俱於江西近省漕米内撥派。蓋以漕米冬兑春開，久有成例，可以按時起解，得濟急用，其爲邊地籌畫，實費苦心。今拾叁年計撥江西拾貳年漕米協濟粤西共壹拾萬柒千叁百柒拾伍石，協濟臣軍前共肆萬肆千叁百石，又續撥協濟廣東移調廣西新兵共貳萬壹千陸百石，臣俱屢次嚴檄江西督糧道高顯光星速起解，又經前江西巡撫今陞任江南江西總督臣郎廷佐同行嚴催。乃江西地方素稱瘠薄，又屢次殘壞之餘，民人窮苦，糧多欠缺，而修造漕船，尤爲至難。道臣以京運漕規嚴切，將冬春見徵糧米，俱先儘兑於運船，以分幇北上，其撥解粤西及軍前糧米，必在肆伍内續催掛欠以抵充，是以餉米愈致遲緩。此粤西與軍前官兵，駐劄衝邊，何能枵腹等待？所幸粤西仍有上年糧米貯積衡州，前衡州督運分守桂平道今陞廣西按察使臣許文秀督催先造完扒桿船肆百隻，源源運發，得以支應。而今拾叁年，粤西日有增兵，所用月米，比拾貳年尤多，已壓欠至叁箇月。若止恃扒桿船轉運，則益至欠缺。臣於今年叁肆月間水發之時，即動支廣西餉銀，發該督運道於衡州、永州僱募民船，多方協運，乃僱運方止壹萬叁千石，而該道已稱衡州貯米無多，不待再僱。臣聞報，憂心如焚，乃查拾叁年江西協濟漕米至伍月、閏伍月，尚無起解信息，安能等候，即一面檄行衡州督運道停止僱船，一面移咨湖廣總督臣，撫、按臣，借發武昌省城倉米貳萬捌百餘石，又將益陽轉運寶慶糧米借發柒千石，俱用廣西餉銀僱船轉運至長沙，復自長沙另僱船轉發至衡州，以備扠桿船接解，稍免粵米中斷之虞，并免扠桿船水手坐糜工食之費。臣又慮湖廣省倉糧米費大，亦無多餘，後此何能再借？而臣軍前官兵新餉米已斷數月，猶賴有臣題明長沙屯田米及軍前借湊餉銀秋冬預買積貯米，故粵西及軍前月米，皆得於此內那借運給。

臣見江西如此措米之難，措船之難，已至十分窮迫，而拾叁年部撥米共計拾柒萬石有餘，至今春夏已過，全無船米運到，是部撥有月米之實，邊兵無月米之支，朝廷金錢、通省民力，大爲可惜。恐月復一月，年復一年，餉米必至大壞，窮邊兵士，萬難支持。當此窮則變、變則通之時，若不早計設法，量行改折，俾得就近採買，以濟運船之所不及，勢必兵民交困，窮邊餉米中斷，大可寒心。臣查拾年內臣奉命赴楚，經過九江，會前江西巡撫今總漕臣蔡士英面議，江西漕米，從來地瘠民窮，催徵最難，本省運船尤難，湖廣協濟漕船又缺。且經由鄱陽大江歷洞庭、湘江方至衡州，數千里險阻，動經數月，官旗盜賣，漂没掛欠，十有二三。湖南、粵西兵食又最緊急，若專靠運米運船，恐至將來誤事。此後有派撥協濟，未知可否照部定折漕舊規，每石壹兩伍錢，量改折叁分之壹，將銀兩解赴湖南，聽就近買米，庶幾可以通融接濟等因，臣彼時猶未敢遽議。及拾壹年春月親抵長沙，果見江河險阻，船運艱難，又江西、湖廣糧船缺少，地方荒殘，僱覓不出，拾壹年秋盡，尚無米運到。廣西官兵，時刻難待。臣不得已借動軍前兵餉銀兩，先於長沙、衡、永各處買米，僱船運發。乃知量行改折之議，有必不可已。又原任總漕臣沈文奎，先於拾年內將派撥臣軍前漕米，與臣會議，量改折銀兩，解赴湖南買米，已經前總漕臣具疏奉旨在案。臣即移咨前江西撫臣蔡士英，將拾壹年部撥江西協濟粵西漕米拾萬石內，議解運本色米陸萬石，改折色銀肆萬石，以免搜僱船隻之難、江湖遠涉之險，并免後來掛欠追比之累。且軍前借過買米銀兩，又可將折銀抵補，一轉移間，所全甚大，其該糧道應仍以本色報解，臣仍以本色報收，免至後來本折混淆，有費清算，通俟事定，彙疏題報。隨准前撫臣蔡士英回稱，所議量解折色，江楚官民，均獲蘇息，甚為稱便，已即行據江西督糧道查議，漕米每石折價壹兩伍錢，若俱取之於民，恐負善意。查運湖南解粵之米，每石例有耗米叁斗伍升，又每石過湖銀肆分貳厘，湊足正米共折價壹兩伍錢，則兩得其平，官民俱屬無礙，已批令該道，陸續措解，等因。是以拾壹年分，臣初到長沙，米價猶貴，得有此改折銀兩，於湖南地方，照民間平買，在軍前糧米，即自僱船轉運至常德、衡州。在粵西糧米，彼時拾壹年冬間机桿船方在起造，皆僱船運至衡、永以及桂林，官兵始不至匱乏。而灘險漂沒、盤運消折，皆總算入買米完數之內，並無開掛欠之數。至應解本色米陸萬石，江西督糧道詳委臨江府照磨周謙管押，於拾壹年柒月內具報開行，拾壹年拾月方至武昌、岳州，湖水已淺，重船難上，停閣至拾貳年貳叁月水長，乃至長沙，肆月內方到衡州。彼時臣正同滿漢大兵駐衡州，親督衡州道府及督運桂平道盤驗，米皆大半粗惡變色，甚為不堪，不比折銀買米乾潔，官兵樂支。然船米既已解到，不得不為查收，與買米並行搭放，以免官兵告苦。計陸萬石內收完，已有漂沒掛欠米共捌千陸百玖拾壹石叁斗捌升，至今拾叁年全無追解。

　　臣見江西運米，如此遲誤，若非從前預買糧米接濟，幾至不可收拾。其拾貳年分，部撥協濟江糧，臣又不得不咨商前江西巡撫今陞任江南江西總督臣郎廷佐，照例議折，將拾貳年協濟粵西米捌萬陸千柒百餘石內，議解本色米伍萬石，改解折色銀叁萬陸千柒百餘石，將協濟臣軍前米叁萬陸千石內，照粵西例，解本色米貳萬石，改解折色銀壹萬陸千石。撫臣郎廷佐念切江民解運苦累，粵西、湖南軍需孔亟，即催令督糧道將改折銀兩於拾貳年內全完，臣隨照例買米轉運，凡漂沒消折之數，皆在其內，盡行完給。其本色米，於拾貳年捌玖月內，方有陸續解到。如臣軍前江糧，臣為遠運之苦，俱就在長沙府查收，自設處水脚、僱船，轉運於常德、衡州官兵駐處，以令糧船速回。若協濟粵西糧米舊例，必解至衡州交督運道，乃可轉發，而糧船拾月間行至湘潭縣洙洲地方，即灘淺難進，臣若令運官僱船起撥，官旗既無銀僱覓，而糧船又立等回空。臣不得已，一面行令前衡州督運道許文秀，催杌桿船迎赴洙洲兌運，該道親臨江干，盡心竭力，設法料理；一面將米盤收江岸，暫行露囤，隨僱船續解，使江西糧船，得畚回空。而各官旗解運粵西及臣軍前拾貳年糧米，仍有漂沒掛欠共柒千伍百捌拾餘石，至今拾叁年，亦全未追解。

今拾叁年糧米，伍月、閏伍月間，尚未報起運月日，此則愈遲延而不可問，而衡州貯米將斷，借米又難常繼。今年陸柒月間，湖南倏旱倏潦，秋成未可預定，如量折銀兩，猶可就近採買，而全催本色，則歷年遠運，多不及時，不能濟事。臣又不得不移咨前江西撫臣郎廷佐，照例議折，將原撥拾叁年協濟粵西米壹拾萬柒千叁百柒拾伍石內，議解本色米柒萬石，改解折色銀叁萬柒千叁百柒拾伍石，另撥廣西新兵米貳萬壹千陸百石則全解本色，將協濟臣軍前米肆萬肆千叁百石內，議解本色米貳萬陸千石，改解折色銀壹萬捌千叁百石，其折價仍議照上年壹兩伍錢，俟秋收時再行另議。隨准有前撫臣回咨，行令督糧道備解在案。臣惟日望本色、折色，並行多解，用濟急需。且湖南秋收尚熟，玖月內米價較上年稍賤，計照民間時值及加算水腳在內，每米壹石，用銀壹兩叁錢，即足收買，正應乘時採辦。臣又將此實價數目，移咨江西前撫臣及行督糧道，將原議改折米數，照此壹兩叁錢數目，改解折色，用寬民力，仍併咨新撫臣張朝璘查照通行。今玖月、拾月內，有督糧道先解到粵西銀折米柒千肆百石，又貳次續解粵西銀折米柒千貳百玖拾餘石，又玖月內先解到軍前銀折米陸千石，續解軍前銀折米玖百貳拾餘石，俱到長沙。臣隨將解到銀兩，委官收買糧米，自僱船解至衡州，聽督運道轉運粵西，其餘改折銀兩，至今未見起解，已誤收買之時。轉盼歲暮開春，青黃不接，益慮米貴，難以買備，見在杌桿船隻，將何接運，衝邊窮兵，將何支給。臣猶望應解本色，或可全到。乃頭運蘄州衛運官李復奇領解粵西米壹萬捌千石，自陸月內報在江西開行，經前撫臣郎廷佐差標官隨船催押，臣又檄行沿江道府、州、縣及駐防將領，照汛地催儹，玖月中方到長沙。臣親驗米色，多半朽腐，官兵難以食用，又不便駁換，姑准收以同買米兼支。而湘潭以上，已水淺難行，臣又檄行見委衡州督運分巡桂林道劉通，帶領朳桿船赴湘潭撥運，此往返之間，運解愈遲。臣時下再議催運兼行，以急濟兵食，其江西玖月內，尚報有一批差黃州衛運官程士然管解臣軍前米壹萬貳千陸百石，一批差武昌衛運官張楚傑管解廣東移赴廣西兵丁米柒千貳百石，俱報捌月內自江西開行，至今拾月已終，方報到黃州地方。目前不惟衡州灘高，即洞庭湖水已涸，止可到岳州府停泊，恐不能過湖以至長沙。此糧米爲三軍續命之膏，乃如此遲緩欠缺，且借難再借，買無銀買，臣不勝徬徨靡寧，正不知計何所出。

查今拾叁年經管遲誤，係糧道高顯光、今接管糧道王炳昆，屢次報臣，極力嚴催，此拾壹月、拾貳月內，必有多解折色銀兩，可爲採買接濟。臣猶慮其急於新年北漕，復緩於本年見欠，則粵西及臣軍前兵食，必有不繼之虞，封疆戰守何賴？臣不敢不據實叩請睿鑒，仰乞天語，申飭江西新撫臣張朝璘，責成江西督糧道，將原撥協濟粵西拾叁年月米，除已解過本色米及折色米共叁萬貳千陸百玖拾餘石外，尚欠解本色米及折色米柒萬肆千陸百捌拾餘石；又將原撥江西協濟移調廣東新兵月米，除據報文起解本色米柒千貳百石未到外，尚欠解本色米壹萬肆千肆百石；又將原撥臣軍前月米，除已報起解本色米併實解到折色米共壹萬玖千伍百貳拾餘石外，尚久解本色米及折色米貳萬肆千柒百柒拾餘石，俱應星速湊備全完，其銀兩必於歲前拾壹月、拾貳月內全解到臣軍前，以便乘時買米接濟，并行轉運。如遲至明春，米貴難買，致誤兵食，督糧道臣必難辭責。其本色米，亦必於歲前全發全運，差委的當官員，沿途管押，速速前行，今冬必在岳州湖淺停泊，明年貳叁月春水漲發，乃可到長沙，以及衡州。如今冬米船不全到岳州，勢必遲至來年，即肆伍月亦不能到，此大爲誤事。容臣先行九江、黃州、武昌各道府將領，沿江挨查，果糧船尚未全到，即將江西督糧道先行特疏指參，請旨處分，庶窮兵不至有糧斷意外之虞。

然臣更有請者。江西荒殘日久，百姓窮苦至極，兼以漕船缺額甚多，非有米無船,即有船無米,互相推託延遲。若全望專解本色,有名無實,必不能濟。今拾叁年因湖南夏旱,酌議折色稍遲,遂致糧米中斷。若來年不再爲早計,江西省既欲完舊欠,又欲解新撥,其何以挽遲爲速,以副官兵一年之支。今户部已咨臣查拾肆年粤西官兵及臣軍前官兵應用糧餉,俟臣查有確數,即咨報户部,聽候撥派。一面咨會江西撫臣,轉行督糧道,於應撥米内,量將叁分之壹改解折色銀兩,就今冬明春徵運之時,即將本色、折色、並時派催蚤辦,得以依期蚤解。臣可將折銀通融買米運給,又等候本色解到接運,庶於江西、楚、粤兵民,俱有裨益。惟是臣前因兵食緊急,拾壹、拾貳各年改折銀兩,未經先疏題請,遂冒昧遽行,臣負罪實深。但粤西、湖南時地,與承平各省不同,不如此設法通變,糧米一有斷絕,臣即身受嚴譴,已於封疆無補。臣今惟有束身靜聽,伏候皇上處分。倘蒙俯念衝邊官兵,以食爲命,微臣從兵民地方起念,得邀皇恩,特賜赦宥,此非微臣所敢自必,伏乞勑下該部,速賜覆議。請旨裁定行下,臣等欽遵,庶荒邊窮兵,不呼庚癸,戰守皆有倚賴矣。

緣係江西協濟粤西及臣軍前官兵月米,本年解運甚遲,仰乞皇上天語飭催,并酌議來年量行改折,以蚤濟衝邊兵食事理,臣未敢擅便,爲此具本,專差舍人張守富齎捧謹題請旨。

順治拾叁年拾月貳拾陸日,經略湖廣、江西、廣西五省、太保兼太子太師、内翰林國史院大學士、兵部尚書兼都察院右副都御史臣洪承疇。

硃批:户部察議具奏。兵食要務,卿設法通融,原從封疆起見,不必引咎。

貼　　黄

欽命經略湖廣、江西、廣西、雲南、貴州等處地方總督軍務兼理糧餉、太保兼太子太師、内翰林國史院大學士、兵部尚書兼都察院右副都御史臣洪承疇謹題,爲江西協濟粤西及臣軍前官兵月米等事。

粤西及臣軍前官兵月米至急,拾叁年部撥江西漕米,至閏伍月仍無報解,粤西月米已斷。臣會湖廣督、撫臣借發武昌倉米濟運,臣軍前官兵於屯米及銀買米那支。臣見江西如此糧欠船缺,有名無實,查拾壹、拾貳年分,臣與江西前後撫臣酌量改折銀兩，解赴湖南，照民間平價收買，方得接濟，所解本色，尚多漂没掛欠。今拾叁年亦必量行改折，始可濟急。臣會行議妥急催，已解甚少，報解未到，至今拾月內，原撥粵西米尚欠解柒萬肆千陸百餘石，原撥廣西新兵米尚欠解壹萬肆千肆百石，原撥臣軍前米尚欠解貳萬肆千柒百餘石，此經營糧道高顯光遲誤，今接管糧道王炳昆，猶恐再遲。仰乞天語申飭江西新撫臣，責成督糧道將欠解本色、折色，必歲前全解。拾肆年部撥米亦得量折，冬春並徵蚤解，庶可通融接濟。臣拾壹、拾貳各年改折，未經先報，負罪實深，謹束身聽罪。倘得邀皇恩赦宥，非微臣所敢自必。伏乞勅下該部，速賜覆議遵行。謹題請旨。

辰州大兵糧米署道玩誤事密揭帖

欽命經略湖廣、江西、廣西、雲南、貴州等處地方總督軍務兼理糧餉、太傅兼太子太師、內翰林國史院大學士、兵部尚書兼都察院右副都御史洪承疇謹揭，為辰州大兵糧米，署道玩誤可異，新道抵任無期，臣謹據實上聞，併舉歷試真才，以佐緊急軍食事。

竊照湖廣總督糧一道，職司通省兵糧，原留漕南二米，數頗充裕，足以供應。今滿洲大兵駐劄辰州，處地險遠，前時不慮其無米可發，惟慮其無船可運。職是以先委軍前留用道、廳、縣等官，前赴常德府，協同分巡湖北道，既急僱船，再急造船，以速運糧料赴辰州接濟。職猶恐常德地方荒殘，難覓多船，又借調益陽運寶慶鰍船四幫，共貳百肆伍拾隻，每隻僅能載米拾肆伍石，以爲資助。其於轉輸之計，不敢不提挈綱領，會同湖廣督撫臣竭盡料理。豈意署督糧道事武昌府知府梁知先，全不以軍食爲念，數月以來，前後報文解糧米共貳萬壹千餘石，實到常德米止壹萬伍千餘石。常德道府與職軍前委催各官，俱時刻不停，糧米隨到隨即轉解辰州，其餘報解米數，未聞已抵何處，並無着落。前時大將軍臣阿爾進、固山額真臣卓羅等進取辰州，尚有得獲賊糧以資食用，今則費用已盡，不惟辰、常、沅州二鎮，經制官兵缺米，即滿洲大兵，亦食米不繼，懸釜待炊。常德造完辰河新船壹百隻，與鰍船僱船皆無米可運。職於本年正月內兩淮大將軍臣咨催迫切，即屢次嚴牌嚴批，急催糧道星速起解。無奈署糧道梁知先玩忽在先，頃刻何能辦理。職不得已於正月內將江西運官程士然解到協濟職軍前拾叁年分餉米肆千捌百石，僱船剝運常德，爲滿漢官兵通融支用。又將軍前銀買米及屯米各項借湊馳解。而協濟有限，大兵駐劄衝邊，計日待食，何能支持？其大兵馬匹豆穀，應在左布政黃志遵職司發運，亦皆遲緩缺少。職俱會督、撫臣另行嚴催查核外。今署道梁知先，既如此玩誤，豈容再行署事？及查新補督糧道馬登科，原自蓟州道陞轉，今經數月，並未見具報何時起行，何時到任，而湖廣糧道衙門包納侵冒，積弊最深，歷年多用空批空文投報塞責，糧米多不在倉。一誤於前糧道朱受祜，再誤於劉桓，皆經湖廣督、撫臣指參，奉旨處分。而積弊牢不可破，尤非初到生手所可清理。將欲待其釐弊催糧及查問地理轉運事宜，非數月半載，不能周知，目前遲誤已甚，將來用米更多，此正一誤不容再誤之時，職日夜徬徨，罔知所措，敢不將真實情形具疏入告。

因思從來有治人，無治法，計必有歷試真才，精練官員，補茲糧道員缺，乃可共襄大計。查得原任湖廣分巡下湖南道僉事趙廷臣，在長沙任事貳年有餘，當地方久殘之後，兵馬屯集，事事初創，本官清明強幹，百廢俱興，安兵撫民，劾有成勞，遠近共知，於拾叁年肆月內具報丁艱。職彼時未知本官係屬平西王旗下，隨照漢官例，具有衝地道臣丁憂事一疏，奉旨在案。本官即行交代回籍守制。惟因其經手錢糧，有未完銷，職於拾叁年拾貳月內調令親到長沙算明歸結，當據本官執有平西王催令伊子赴漢中考試印文，職方知本官係屬旗下官員，其應否仍前丁憂，必查照旗下事例。乃本官於錢糧完結之後，今拾肆年正月下旬告回。若查旗下事例已在應行起補之例，且拾叁年大計卓異，又在俸薦應陞之內，職即一面移咨湖廣候代督、撫臣留住武昌候旨。今若將本官陞以參議職銜，補管湖廣督糧道參政事，則湖南、湖北地理及轉運事宜，素所練熟，且清釐奸蠹，迅速輓輸，得以立辦。職爲封疆兵食，舉用真才，不敢不據實奏請。倘蒙皇上俯念楚省正在用兵，軍食萬分緊急，勅下該部覆議，趙廷臣果否堪以起補擬陞，馬登科應否赴部另用，并將玩誤署道知府梁知先量加議處，以儆怠玩。職仍移咨湖廣候代督、撫臣專行督催轉運，必期源源接濟，併會查司臣黄志遴馬匹豆穀，催儹足用，不致遲誤。庶征進兵馬，得資飽騰。統候請旨裁定行職，欽遵奉行。爲此，除密本具題外，理合具揭。須至揭帖者。

順治拾肆年貳月初陸日。

貼　黄

欽命經略湖廣、江西、廣西、雲南、貴州等處地方總督軍務兼理糧餉、太傅兼太子太師、内翰林國史院大學士、兵部尚書兼都察院右副都御史洪承疇謹揭，爲辰州大兵糧米等事。

湖廣督糧道職司兵食，原留漕南二米充裕，大兵駐辰州，不慮無米可發，惟慮無船可運。職先委官同常德道府僱船、造船，又借調鰍船速運，竭盡料理。不意署糧道武昌知府梁知先，不以兵食爲念，致滿漢官兵乏食，常德船隻無米可運。職屢次嚴催，奈玩忽在先，頃刻不能辦理。即左布政黄志遴發運豆穀，亦皆遲緩，職已會督、撫臣另行查催。其梁知先必難再令署事，新補糧道馬登科到任無期，衙門積弊甚深，生手難以清理，必有歷試真才，乃可共襄大計。查原任分巡下湖南道趙廷臣，精明強幹，効有成勞。前報丁艱，已照漢官例具疏回籍。今因有經手錢糧，職調到長沙清結，方知本官係平西王旗下，例得起補，又俸薦應陞，若將本官陞參議職銜，補管督糧道參政事，必能立辦。伏乞皇上勅部覆議，趙廷臣果否堪以起補擬陞，馬登科應否赴部另用，并將梁知先量加議處，統候請旨裁定遵行。謹揭。

前任錢糧無欠水災流抵
有據事揭帖<small>順治十四年十月初六日到。</small>

欽命經略湖廣、江西、廣西、雲南、貴州等處地方總督軍務兼理糧餉、太傅兼太子太師、内翰林國史院大學士、兵部尚書兼都察院右副都御史，今解任調理洪承疇謹揭，爲前任錢糧無欠，水災流抵有據，懇祈垂鑒移咨，以沛皇恩，以彰公道事。

順治拾肆年肆月拾貳日，據湖廣分巡下湖南道僉事陳正中呈，據湖廣長沙府知府今降級調用孔延禧呈詳，卑職閱邸報，吏部覆議、兵部疏參拾貳年分山東馬價銀兩内開，卑職未完柒分以上，部議應以原任東平州知州降貳級調用。卑職不勝驚惶。伏查被參緣由，因順治拾年分水災，部寺錢糧，奉旨蠲免，止該徵本年馬價銀貳拾貳兩壹錢貳分玖釐零。奈未經奉蠲之前，催解如火，已照額解銀伍百陸拾柒兩陸錢貳分零，於拾年叁月初陸日批差梁榮解赴太僕寺掣批訖。除應解外，長解銀伍百肆拾伍兩肆錢玖分零，原蒙部文垂念小民災傷，准與流抵下年。而拾壹年分除荒該徵馬價銀伍百叁拾叁兩叁錢伍分零，未經抵銷，又已催解，於拾壹年捌月拾壹日批差李汝印解赴太僕寺掣批訖。本年復罹水災，部寺錢糧，又奉議蠲，止該解馬價銀壹百貳拾肆兩玖錢捌釐零，已經全解，又多銀肆百零捌兩叁錢肆分零。蓋兩年奉蠲之旨，拾年在拾壹年肆月頒行，而拾壹年又在拾貳年伍月頒行。各項錢糧，年終考成，催解在先，奉蠲在後，民未沾惠，遵奉流抵下年，則太僕寺多收過本州兩年分共長解銀玖百伍拾叁兩捌錢叁分零。該卑職具文詳請山東撫院各上司，遵奉流抵部文，將拾年、拾壹年部寺各項長解錢糧兌抵拾貳年、拾叁年應解部寺未徵項款，業蒙藩司銷算明白，俱各掣批在卷。前項拾年、拾壹年長解馬價抵兌過拾貳年分未徵銀伍百貳拾柒兩捌錢伍分零，於拾貳年叁月貳拾柒日批差梁榮赴司掣批。又流抵拾叁年分未徵馬價銀肆百零捌兩叁錢肆分柒釐零，拾叁年伍月貳拾柒日批差梁榮赴司掣兌訖，在東平州有申詳掣批之卷，在藩司有准詳印發之册，業蒙山東撫院大書告示，曉諭窮民，各以拾年、拾壹年應蠲分數扣抵拾貳年、拾叁年應納錢糧，祝頌皇仁，實沾浩蕩。各部項下錢糧，年終奏銷，大計覆核，俱屬全完。馬價銀兩，長解囘寺，銷算藩司，奉文流抵，原屬多餘，全未有欠。今兵部所參實與前行有異，且與各部不侔。卑職揣不勝任，降罰所甘，但事關錢糧蠲免，奉有俞旨流抵，遵有部文銷算，執有批迴，捫心自叩，實係無辜。伏乞轉達經略院部，俯賜矜憐，移咨山東撫院，提取藩司銷算案卷，併東平州附卷批册，完欠立剖。爲此，將卑職前任東平州拾年起至拾叁年止，兵部項下馬價等銀，徵解抵兌，備造清册，呈乞轉達昭雪等因，到道，轉詳到職。

職查長沙知府孔延禧，因前任東平州欠解馬價銀兩被參，奉旨降貳級調用，方接邸報，尚未准有部咨。今據湖廣分巡下湖南道陳正中詳稱，本官前在山東東平州經徵拾年、拾壹年長解水災奉蠲銀玖百伍拾叁兩零，用以流抵拾貳年、拾叁年馬價銀兩，前後情節甚爲詳明。但錢糧關係考核，在部寺有已解批迴，在藩司有已完印册，本官自不敢捏造未完爲已完。今既蒙部參，奉旨降調，事在山東，湖南遠在隔省，不能懸揣。職即移咨山東督、撫臣，查前項馬價銀，果係未完柒分以上，本官降調，更有何詞。若果奉部文已准流抵，山東藩司已經報銷，此自有案卷可據。倘或藩司抵兌在先，一時未經報部，或已經報部而未及行文流抵明白，俱未可知。又本官果經申詳，曾蒙出示曉諭窮民，已沾皇恩，則其降調情由，必應昭雪。且本官履任長沙，備歷勤苦，不得不咨請裁核。倘本官委無前項未完情節，或聽轉行山東布政司詳確，聽會同逕行題請，或移覆據實代題，以聽部覆定奪等因。職先一面移咨直省總督臣山東撫臣查覆，仍一面移咨吏部、兵部候查明完欠確數，另行定奪。各去後。

捌月初壹日，准山東撫臣耿焞移送到具題揭帖，内開：看得原任東平州知州陞長沙府知府孔延禧，以前任欠解馬價銀兩被參，奉旨降貳級調用。本官見報，將長解流抵全完緣由，備呈湖南道，轉呈經略院部、偏沅撫院，俱咨職會查。職行據藩司詳查，得該州拾年馬價等項完解之後，奉蠲免水災之文，隨有長解銀陸百肆拾餘兩，彼時拾壹年馬價止未完壹百伍拾伍兩零，除流抵外，拾年仍餘銀肆百捌拾捌兩零，流抵拾貳年。及抵完之後，拾壹年又免水災解完銀數，又長肆百捌拾壹兩零，自應流抵拾貳年，而拾貳年已經拾年流抵全完，故又抵拾叁年正項。嗣准太僕寺手本，不准隔年流抵，仍作柒分未完題參。但長解屬有司急公，今本官被參降級，與實欠柒分者不同，造册呈詳，前來覆勘。本官馬價錢糧，奉提徵解在先，水災蠲免在後，抵完又蠲，而長解之銀，不得不隔年流算也。況早解實原屬急公，徵輸悉百姓正項，若早徵早解者隔年不蒙流抵，非惟經徵反受詿误,将来输将恐后者何以示鼓劝也。且长沙要地,得人不易。湖南道陈正中念本官才猷敏练,颇著能声,调剂满汉,堪称应手,以故呈详院部,移咨行查,诚为地方怜才起见,降级调用可惜也。除原册送部查核外,职谨会同督臣张玄锡合词具题,伏乞皇上勅下该部核覆施行等因,备揭到职。

职即行令该府,候旨遵行间,捌月贰拾玖日又准吏部咨开:查得长沙府知府孔延禧,因前任东平州知州,马价银两未完柒分以上,经兵部提参降贰级调用,本部已据原题具覆。今经略既称长沙供应大兵,将本官留住料理,本部不便据咨议覆,应咨回经略具题,併付选司等因,呈奉堂批公议讫照咨,併付选司。奉此,相应移咨查照等因,併咨到职。该职看得:长沙府知府孔延禧,因前任东平州知州欠解马价银两被参,奉旨降级调用。此原论钱粮之完欠,不论治行之能否。前据分巡下湖南道呈详,长沙供应繁剧,幹办需人,本官才猷可用,职不敢遽行具疏,惟将本官原报经徵拾年、拾壹年长解水灾奉蠲银两,流抵拾贰、拾叁年马价银两情节,先咨山东督、抚臣,就近确查,暂留本官长沙料理,移明吏部,俟山东督、抚臣查核完欠确数,移覆至日,再行据实另请定夺。今捌月内准山东抚臣耿焞移送揭帖,内开:本官马价钱粮提徵在先,水灾蠲免在後,长解之银不得不隔年流算。况早解原属急公,徵输悉百姓正项,若隔年不蒙流抵,非惟经徵反受註误,将来输将恐後者何以鼓励,等因。是本官欠解马价之数,实係流抵之银,案卷昭然,诚与实欠柒分者事有分别,情可矜原。兹正申明考成之时,部臣自有酌议,原不待微职旁赘。但复准吏部咨职具题,职即将本官前後情由,再加覆核无异,谨会同湖广总督臣今降级候代祖泽远、湖广抚臣张长庚、偏沅抚臣袁廓宇、湖南按臣周季琬合词会疏,伏乞皇上勅下该部覆议,请旨裁定行下,职等钦遵奉行。为此除具题外,理合具揭。须至揭帖者。

顺治拾肆年玖月初玖日。

贴　　黄

钦命经略湖广、江西、广西、云南、贵州等处地方总督军务兼理粮饷、太傅兼太子太师、内翰林国史院大学士、兵部尚书兼都察院右副都御史,今解任调理洪承疇謹揭，爲前任錢糧無欠，水災流抵有據等事。

長沙知府今降調孔延禧，因前任東平州知州欠解馬價銀被參，奉旨降調。此論錢糧完欠，不論治行能否。據分巡下湖南道呈，本官因山東水災，馬價流抵情節。職先咨山東督、撫臣確察，并移明吏部，暫留長沙府料理。今准山東撫臣具題揭帖，本官馬價錢糧提徵在先，水災蠲免在後，長解之銀不得不隔年流算。若隔年不蒙流抵，非惟經徵反受詿誤，將來輸將恐後者何以鼓勵。本官流抵之銀，案卷昭然，與實欠柒分者不同。茲申明考成之時，部臣自有酌議，原不待職旁贅。但復准吏部咨職具題，職將本官情由覆核無異，謹會降級候代督臣祖澤遠，撫臣張長庚、袁廓宇，按臣周季琬，疏乞皇上勅部覆議遵行。謹揭。

擇補湖南缺員廳官請勅覆議事揭帖順治十四年十月初六日到。

欽命經略湖廣、江西、廣西、雲南、貴州等處地方總督軍務兼理糧餉、太傅兼太子太師、內翰林國史院大學士、兵部尚書兼都察院右副都御史，今解任調理洪承疇謹揭，爲遵旨擇補湖南缺員廳官，仰祈勅部覆議事。

職准偏沅撫臣袁廓宇咨稱，湖廣衡州府同知范永茂，因前任漢陽縣知縣，催科過激，經部覆照原任以浮躁例降一級調用，奉有俞旨，本官即應離任。惟衡郡要地，戎捕重務，難以少曠。查湖南、四川、兩廣等處，有司各官，原奉有照例暫聽經略、督撫選擇具題之旨，相應移咨，速選官員會題等因到職。

職查衡州地處衝邊，同知職司戎捕，有弭盜安民之責，非同閑散無事之官。職以奉旨解任回京調理，今尚在地方，曷敢遽行諉卸。隨會督、撫、按臣遴選，查有投誠官廖文英，才品素著，招撫有功。順治拾壹年拾壹月內該職題爲彙報湖南道將起送投誠官員併安插解散事宜等事疏，內稱：廖文英崇禎年間原任南康府推官，雖授僞永曆巡撫僞銜，弗爲賊用。且其才品不凡，爲地方士民屬望。近奉恩詔內一款，有賊地官民人等，厭苦賊患，慕義來歸者，地方官即行優養，務令得所，來歸官員，奏聞酌用。欽此。今廖文英正來歸官員，倘蒙上裁酌用，既爲招撫榜樣，更足離散賊心。等因。續經吏部具覆，内開：投誠官廖文英，據稱才品不凡，奉有"作何録用，着議奏"之旨，相應仍勅下經略輔臣在於所屬地方，酌量題用。順治拾貳年陸月拾叁日奉旨依議，欽遵在案。惟因職屬地方一時未有相應員缺，又投誠文職官員，原有降用事例，因留本官効用軍前，隨委任湖南、兩粵交界八排猺山地方，安撫猺目人等，山深人衆，各就安插，取有歸順甘結在卷。值今衡州同知缺員，於本官應降職銜，似爲相合，且人地又屬相宜，合無即以廖文英補授衡州府同知員缺，庶衡地不致乏員，并可仰遵酌量題用前旨。職已取據本官履歷，咨送吏部查核。謹會同湖廣總督臣今降級候代神澤遠、湖廣撫臣張長庚、偏沅撫臣袁廓宇、湖南按臣周季琬，合詞具題，伏乞皇上勅下該部覆議。如果職等所言不謬，請旨裁定行下，職等欽遵奉行。爲此除具題外，理合具揭。須至揭帖者。

順治拾肆年玖月初玖日。

貼　　黄

欽命經略湖廣、江西、廣西、雲南、貴州等處地方總督軍務兼理糧餉、太傅兼太子太師、内翰林國史院大學士、兵部尚書兼都察院右副都御史，今解任調理洪承疇謹揭，爲遵旨擇補湖南缺員廳官等事。

職准偏沅撫臣咨，衡州府同知范永茂，前任漢陽知縣，降級調用，戎捕事務需人。職會查投誠官廖文英，才品素著，拾壹年内職具疏本官原任崇禎年間推官，雖授僞永曆巡撫，弗爲賊用，部覆於職所屬酌量題用，奉有俞旨，一時未有相應員缺，又投誠文官有降用事例，本官効用軍前，招撫猺目人等，取有歸順甘結在卷。合無將本官捕授衡州府同知員缺。職已取據履歷，咨部查核，謹會降級候代督臣祖澤遠，撫臣張長庚、袁廓宇，按臣周季琬，疏乞皇上勅部覆議遵行。謹揭。

特舉旗下積勞官員擬補極邊
要缺事揭帖順治十四年十二月初五日到。

欽命經略湖廣、江西、廣西、雲南、貴州等處地方總督軍務兼理糧餉、太傅兼太子太師、內翰林國史院大學士、兵部尚書兼都察院右副都御史，今解任調理洪承疇謹揭，爲特舉旗下積勞官員，擬補極邊要缺，仰祈上裁，勅部覆議事。

竊照職奉旨准解任回京調理，又經略員缺，相應不補，職已於本年拾月貳拾玖日具有微臣原奉俞旨，准帶隨征蝦員及八旗官甲等事一疏，將蝦員與八旗官員甲兵壯丁人等，或留或撤事宜，請旨勅部覆議，請自上裁。原疏內稱：今臣會查見缺先行酌撥，另疏奏請在案。今查有廣西分守左江道參議劉思敬一缺，職先於會題本官患病疏內開稱，時下廣西賊逆未靖，急需道臣料理，員缺必難久待，臣應會選堪用官員，另疏擬補，爲危邊料理等因。今劉思敬已經奉旨休致，員缺尚未補用有人。該道駐劄潯州，當粤西第一衝口，地係新復，兵係初設，責任最重。兹若等候遠推，恐至延遲規避。且人非衝邊閱歷，一切事務，難望其安心實行。如此地方要緊員缺，正可於軍前隨征旗下各官內，查有積勞最久、應拔用者，先爲擬補。俾原調官員畲有安頓，職因察鑲白旗下阿達哈哈番周師忠，自順治肆年，原以總兵領兵於湖南投誠，蒙平南大將軍恭順王委署總督雲貴，管偏沅巡撫事。後有會推巡撫線縉到任，乃交代回旗，見有原給印信令牌，已經職面驗可據。凡湖南、粤西賊情地理，本官皆所週知。職於拾年陸月內請旨調發隨征，拾壹年叁月內到湖南，專用以力任招撫。隨於拾壹年柒月內招有僞總兵胡躍龍等多人，經職具有宣布皇仁招撫官民來歸事一疏。順治拾壹年拾貳月貳拾伍日，奉旨："據奏，招撫多人，安插得所，深慰朕綏懷至意。有功文武各官周師忠等，即與分別議叙。胡躍龍作何錄用，著議奏。該部知道。"欽此。已經部覆周師忠招撫有功，應俟滿洲講功之日另議，奉有俞旨。續據本官又招有僞將軍李有實等，又經職具有湖北山寨渠魁率衆向化等事一疏，部覆周師忠設法招徠，應俟滿洲講功之日另議。順治拾貳年拾月拾肆日奉旨："依議。"欽遵在案。乃拾叁年捌月內，湖廣中路總兵許天寵奉調赴閩，寶慶邊地空虛，職又題明委令本官署中路鎮務，計歷半年有餘，料理得宜，兵民安堵。是本官隨征肆載，撫剿實著多功，必有酬庸，乃足示勸。況其老成練達，文義精通，武臣而能任文臣之事，如用之武職領兵，尚未足展其才猷，必授以衝邊文職，始足盡其設施。且本官先委署偏沅巡撫，委用已有事例，兼係旗下阿達哈哈番世職，銓選又有成規。合無將周師忠對品給以參政職銜，補管廣西分守左江道參議事。計此衝邊險苦之地，非清弱文臣所能整頓，本官以文事而兼武略，必能寧耐勞苦，實圖綏輯，以裨益巖疆。職謹會同兩廣總督臣王國光、廣西撫臣于時躍、廣西按臣田昇龍合詞具題，伏乞皇上勅下該部覆議，如果職等所舉不謬，請旨裁定行下，職等欽遵奉行。爲此，除具題外，理合具揭。須至揭帖者。

順治拾肆年拾壹月初捌日。

貼　黃

欽命經略湖廣、江西、廣西、雲南、貴州等處地方總督軍務兼理糧餉、太傅兼太子太師、內翰林國史院大學士、兵部尚書兼都察院右副都御史，今解任調理洪承疇謹揭，爲特舉旗下積勞官員等事。

職奉旨准解任調理，又經略員缺不補，先已具疏將八旗官員會查，有見缺酌拔。今廣西分守左江道劉思敬休致員缺，查有鑲白旗阿達哈哈番周師忠，原以總兵投誠，恭順王委署偏沅巡撫，令牌經職面驗。又招撫僞總兵胡躍龍、僞將軍李有實等，奉旨部覆，於講功之日另議。職委令本官署中路鎮半年，料理得宜，兵民安堵，撫剿多功，必有酬庸示勸。況其老成練達，文義精通，武臣能任文臣之事。合無將周師忠對品擬以參政職銜，補管廣西分守左江道參議員缺，必能寧耐勞苦，實圖綏輯，裨益巖疆。職謹會同兩廣總督臣王國光、廣西撫臣于時躍、按臣田昇龍，疏乞皇上勅部覆議施行。謹揭。

部撥各省協濟粵西及經略軍前十四年
兵餉銀兩事揭帖順治十四年十二月初五日到。

欽命經略湖廣、江西、廣西、雲南、貴州等處地方總督軍務兼理糧餉、太傅兼太子太師、內翰林國史院大學士、兵部尚書兼都察院右副都御史，今解任調理洪承疇謹揭，爲部撥各省協濟粵西及經略軍前拾肆年兵餉銀兩，臣謹報明已解、未解數目，仰祈勅部查核事。

竊照廣西見在官兵及經略軍前官兵，駐守衝邊，需用糧餉，最爲急迫，屢蒙皇恩軫念嚴疆，疊奉天語申飭江南督、撫臣，俱極力嚴催，江南布政司臣又設法催徵起解，已將江南省欠解粵西拾叁年未完餉銀，及蘇、松、常叁府欠解粵西拾壹年漕折銀，又江南欠解協濟經略軍前拾叁年餉銀，俱於今拾肆年夏、秋間盡數補解通完訖。惟順治拾肆年分原奉部撥各省協濟粵西拾肆年兵餉，職已經題明，會兩廣總督臣及湖廣總督臣各分催數目，奉有俞旨。今協濟粵西兵餉內，有江南省拾肆年正賦銀叁拾萬兩，內應職分催項下銀玖萬伍千肆百柒拾陸兩零，一於拾肆年捌月初八日據江南布政使陳培禎委桃源縣典史幸逢春解到銀肆萬兩，一於拾壹月初貳日委廣德州州同張政解到銀貳萬兩，尚欠解銀叁萬伍千肆百柒拾陸兩零。又原撥浙江省拾肆年各倉軍儲銀壹拾壹萬肆千陸百柒拾肆兩零，協濟粵西拾肆年兵餉，內應職分催項下銀陸萬捌千肆拾陸兩零，一於拾肆年捌月內據浙江布政司委烏程縣縣丞金門緇解到銀肆萬兩，一於拾月內該司有文報差官葉世德起解銀壹萬兩，今拾壹月初旬以內尚未解到，難作完數，仍欠解銀貳萬捌千肆拾陸兩零。續奉戶部找撥粵西兵餉，浙江省拾肆年南折充餉銀拾萬兩，內應職分催項下銀柒萬兩，俱全未起解。又找撥粵西兵餉，江西省書辦納吏銀伍萬捌千伍百肆拾叁兩，內應職分催項下銀壹萬叁千捌百兩，已據江西布政司委官方文相於拾月初捌日解完訖。計以上江南、浙江二省共欠解粵西應職分催項下餉銀共壹拾叁萬叁千伍百貳拾餘兩。又順治拾肆年原奉部撥協濟經略軍前拾肆年兵餉，有江南省拾肆年分正賦銀玖萬捌千玖百壹拾兩零，一於拾肆年捌月初八日據江南布政司委典史幸逢春解到銀叁萬兩，一於拾壹月初貳日委州同張政解到銀叁萬兩，尚欠解經略兵餉銀叁萬捌千玖百壹拾兩零。又原撥江南省拾叁年白糧改折銀，協濟經略餉銀玖萬肆拾玖兩零，於今拾肆年陸、柒、捌月內，陸續解到銀貳萬玖千陸百兩，尚欠解銀陸萬肆百肆拾玖兩零。又續奉戶部找撥經略軍前湖廣省追完肆、伍兩年漕欠銀壹萬壹千叁百柒拾肆兩，已據湖廣督糧道臣趙廷臣差官徐良弼於玖月拾捌日解完訖。又找撥山東省納過書辦納吏銀伍萬伍百伍兩零，拾月貳拾肆日准山東撫臣耿焞咨會，已極行布政司設法催解，即委長山縣典史馮奎管領該司報文，拾月初叁日自濟南府起行，由陸路前來，甚爲迅速，計今拾壹月中旬以內，即可解到。計以上止有江南省欠解經略軍前銀玖萬玖千叁百陸拾兩。

職將各省已解到銀，俱隨到隨發粵西及支給經略軍前各鎮各營兵餉，用勵戰守。其各省未完銀兩，職不敢以奉旨解任回京調理。又經略員缺不補，稍有怠忽，以致餉銀中斷，呼庚貽患，職先已具疏候旨起行，但一日未離地方，仍有一日兵馬錢糧責任。職差官及內丁前赴江南、浙江藩司守催起解，又屢次移咨兩廣總督臣、湖廣總督臣將各應分催餉銀，各亟催解濟，不致兩相觖誤，以至缺乏。今時已仲冬，轉盼即是年終，邊地窮兵，必需餉銀過歲，而各省欠解餉銀，爲數尚多，職不敢不將原撥協濟各省已完、未完數目，具疏題報，伏乞皇上勅下該部查核，轉行江南、浙江督、撫臣，嚴催藩司，星速解到，以資衝邊接濟施行。爲此，除具題外，理合具揭。須至揭帖者。

順治拾肆年拾壹月初捌日。

貼　　黃

欽命經略湖廣、江西、廣西、雲南、貴州等處地方總督軍務兼理糧餉、太傅兼太子太師、內翰林國史院大學士、兵部尚書兼都察院右副都御史，今解任調理洪承疇謹揭，爲部撥各省協濟粵西及經略軍前拾肆年兵餉等事。

官兵駐守衝邊，糧餉急迫，屢蒙皇恩申飭江南督、撫臣，極力嚴催布政司，設法徵解拾叁年餉銀，盡數補解，通完訖。惟順治拾肆年分，原奉部撥及找撥粵西兵餉，有各省正賦軍儲納吏等銀，今江南欠解銀叁萬伍千肆百餘兩，浙江欠解銀貳萬捌千餘兩。又浙江欠解銀柒萬兩。部撥經略兵餉有各省正賦、白折、納吏等銀，除已解外，止江南欠解銀玖萬玖千叁百餘兩。職將各省解到餉銀，隨到隨發，用勵戰守未完銀兩，職不敢以奉旨解任調理，又經略員缺不補，稍有怠忽，惟一日未離地方，仍有一日責任，已差官丁前赴江南、浙江催解。又屢咨兩廣督臣、湖廣督臣分催解濟，不致兩相觖誤。且邊地窮兵，需餉過歲，各省欠銀尚多，職將已完、未完數目，疏乞皇上勅部，轉行江南、浙江督、撫臣，嚴催各藩司速解，以資接濟施行。謹揭。

　　常德兵行要路需用渡馬船隻並將用過工料

　　錢糧請勅核消事揭帖順治十四年十二月初四日到。

　　欽命經略湖廣、江西、廣西、雲南、貴州等處地方總督軍務兼理糧餉、太傅兼太子太師、内翰林國史院大學士、兵部尚書兼都察院右副都御史，今解任調理洪承疇謹揭，爲常德兵行要路，需用渡馬船隻，臣已會商造成，謹將用過工料錢糧，叩請勅部覆議核銷事。

　　案照順治拾肆年正月貳拾貳日，職准寧南靖寇大將軍臣阿爾進咨開，本爵統兵至常德渡江，竟無船隻。及詢總鎮，云原無官船，乃營中自造數隻。因看荆州尚設大馬船貳拾隻，常德爲衝邊要地，反無預備船隻，萬一對岸賊至，空爲悵望，有何良策。合咨商酌，或行題請，或徑先造後奏，速爲裁度等因，到職。職因彼時正當大兵前進辰州，渡馬船隻，關係緊要，必難等候請旨，然後成造，恐致誤事。又慮常德道府各官，已經責成打造辰河運船，勢不能再管造渡馬船，兩致貽誤。職隨借動軍前兵餉銀兩，就近檄發分巡下湖南道僉事陳正中，在於長沙府速行辦料鳩工，代常德府造渡馬船壹拾隻，以濟急用。因常德辰河水勢急溜，與長沙河道不同，必比照長沙渡馬船再加寬大堅厚，乃便行用，期以速報竣工。去後。

　　彼時該道正在亟催成造間，適原駐辰州滿漢大兵已經奉旨班師，船隻雖可暫緩，但常德爲兵行要道，賊逆出沒無常，兵馬來往難定，此渡馬船隻，必不可少。隨又檄行該道，將船隻必催造完，併應用桅篷、鐵錨什物，各項通行備齊。今年柒、捌月正值新舊大兵換班渡馬，暫留幫用，玖月間職委令軍前剳守備王遵度等，同長沙道差官管押赴常德，交該知府梅茂春驗收。仍行令查照荆州、長沙渡馬船事例，每船用頭工、舵工各壹名，水手各拾名。計船壹拾隻，共用頭、舵、水手壹百貳拾名，即於常德近地多方招集。月支工食銀米，不便額外加增，亦照長沙例，於缺額營分内撥用。查見在常德辰常、沅州二鎮營俱有缺兵，即可將招完頭、舵、水手於二鎮營各分陸拾名，各管駕船伍隻，每月開明項款，造入冊領，同官兵俸餉一齊於湖廣布政司支給，今已據常德府報明收管在案。

職先令分巡下湖南道將造船用過工料錢糧銷算，今據呈稱，本道前蒙委造渡馬船壹拾隻，將軍前借發銀兩轉委長沙府同知蘇弘謨、通判袁良陞監造。據貳官冊報，每渡馬船壹隻，買備物料、僱覓夫匠及篷、桅、鐵錨、繩纜什物，各項共用銀貳百陸拾捌兩零玖分陸釐。計船壹拾隻，通共用銀貳千陸百捌拾兩玖錢陸分。本道逐細嚴查，將順治拾叁年叁月內前道呈報奏銷長沙先造渡馬船數比對，內每隻多用銀壹拾肆兩壹錢玖分零，隨駁發覆核。又據貳官回報，此次打造常德渡馬船式，原因辰河水急，不比長沙水平，必比照前式再加寬大堅厚，乃便行用，所以有多用銀兩。當解驗之時，本道已將長沙渡馬船比驗，委果寬大堅固。是該廳冊報價銀，並無浮冒，相應照數開造印信清冊，伏候察核。至於每年大修、小修，俱各有前題定事例，尤冀一併奏明，以便逐年修整等情，併冊具報前來。

該職看得，滇、黔賊逆未靖，情形時刻難定。楚省正在用兵，各處江湖阻隔，大兵行動，必需馬船渡江。是以大將軍臣上年統兵進辰州之時，目擊常德衝邊，無渡馬船隻，移職會行速造。職以彼時正當用兵，軍機關係，不敢等候請旨，以致稽遲；又慮常德道、府、廳、縣各官，正委造辰河運船，不能再造渡船，隨借動職軍前餉銀，發分巡下湖南道陳正中在長沙近處打造全完。柒、捌月間，長沙新舊換班大兵已幫助渡馬，今差官解赴常德應用，每船頭、舵、水手一照荊州、長沙渡馬船事例。職會湖廣督、撫臣責令常德道府招募領駕，即入於辰常、沅州二鎮營缺額兵數內頂食糧餉，一起彙冊奏銷，候戶、兵二部查核，以免額外增加。此後常德衝邊，如遇賊情警報，征兵來往，得以應時備用，不致臨事周章。茲據該道冊報，用過工料銀兩，職細加查算，此次常德渡馬船隻，比長沙前造馬船每隻多用銀壹拾肆兩壹錢零，原因船隻較前寬大，銀數稍多，細查皆係實用，未有浮冒。職已將分巡下湖南道印信清冊咨送工部查核，聽將借動職軍前兵餉銀貳千陸百捌拾兩玖錢零，或於湖廣布政司拾肆年分應徵工部項下銀內照數解還，以清借款，或另有撥發，惟候部臣確議。至於渡馬船隻，飄泊江干，風雨損壞，馬蹄殘踏，每年重加修艙，必不可少。職查長沙渡馬船隻，每年小修，約銀陸拾兩，叁年大修，約銀玖拾兩，俱於工部正項銀內動支，聽該布政司於每年終核報工部銷算，奉有俞旨在案。今常德渡馬船拾隻，亦必照前例修艙，用湖廣布政司錢糧，該常德道府於每年具詳督、撫臣領銀，會辰常、沅州兩鎮中軍遊擊公同修艙，彙報核銷，庶邊地急用船隻，得以經歷久遠。今湖廣舊督臣祖澤遠已將總督印務差官齎迎交代，新督臣李廕祖猶未報入楚境，職謹會同湖廣撫臣張長庚、偏沅撫臣袁廓宇、湖南按臣周季琬，合詞具題，伏乞皇上勅下該部覆議，請旨裁定行下，職等欽遵奉行。爲此，除具題外，理合具揭。須至揭帖者。

順治拾肆年拾壹月拾貳日。

貼　黃

欽命經略湖廣、江西、廣西、雲南、貴州等處地方總督軍務兼理糧餉、太傅兼太子太師、內翰林國史院大學士、兵部尚書兼都察院右副都御史，今解任調理洪承疇謹揭，爲常德兵行要路，需用渡馬船隻等事。

職先准大將軍臣阿爾進咨造常德渡馬船隻，彼時正當用兵，軍機關係，不敢等候請旨，以致稽遲。職會督、撫臣，隨借動軍前餉銀，發分巡下湖南道，在長沙近處打造渡馬船壹拾隻。應用頭、舵、水手照荆州、長沙渡馬船例，行令常德道府招募領駕，即入辰、沅二鎮缺兵數內頂食糧餉。據該道册報工料銀數，比長沙前造馬船稍多，因船隻寬大，皆係實用，未有浮冒，已將該道印信清册咨會工部查核，將借動軍前餉銀貳千陸百捌拾餘兩，或於湖廣應徵工部項下銀兩補還，或另有撥發，惟候部臣確議。至船隻每年修艙，必不可少，應照長沙馬船小修、大修事例，用湖廣布政司工部錢糧，該道府每年具詳督、撫臣彙報核銷。職會撫臣張長庚、袁廓宇，按臣周季琬，疏乞皇上勅部覆議遵行。謹揭。

貴州全省官員應有印信關防請勅部
鑄給事揭帖順治十五年七月二十四日到。

欽命經略湖廣、江西、廣西、雲南、貴州等處地方總督軍務兼理糧餉、太傅兼太子太師、內翰林國史院大學士、兵部尚書兼都察院右副都御史洪承疇謹揭，爲貴州全省官員應有印信關防，仰祈勅部查例鑄給，以便綏輯邊方事。

竊照地方軍民，以官員爲倚賴，官員以印信爲憑準，兩不可缺。如湖南新復之辰、沅、武岡、靖州一帶府、州、縣、衛所應用道、府、州、縣、守備等官，已經寧南靖寇大將軍宗室臣羅託同職及偏沅撫臣袁廓宇，會委官員，應用印信關防，應聽偏沅撫臣就近查照舊例，會疏請旨頒發。其初闢貴州巡撫，爲封疆大吏，通省表率，職已先疏題請會推，并移咨吏、禮二部，預奏鑄給關防。至三司各道、府、廳、州、縣、衛所大小衙門，因貴州變亂多年，多所更張，或以州改府，或以衛改縣，駐此移彼，雜糅舊章，兼以各府各衛，有軍民字樣及無軍民字樣之分，又有額設土官及流官之別，其明季典故冊籍，屢遭兵火，湮沒無存。職於本地投誠官民，細心諮訪，并參以大清朝制度，先會大將軍臣會委官員，赴任管事，以撫安軍民，綏輯苗蠻等衆。然必再將員缺職銜及駐劄地方等事例，通查該確，乃敢具疏，恭請上裁實授。惟是貴州遐荒，苗多民少，風俗水土，與腹裏地方，迥不相同。當此初闢之時，人心未定，凡差探軍情，收支錢糧，譏察詐僞，事無巨細，俱藉印信關防，以杜奸欺。又彈壓土司，馴服異族，尤必用之，以隆重事權，且肅將朝廷德威。是貴州通省司、道、府、廳、州、縣、衛所，以及大小各衙門印信關防，需用甚急，職不敢以等候委用官員一同疏請，致有稽誤。且恐殘壞之久，考訂無資，按之舊章，未能相合，復費部臣駁查，愈至延遲。職思貴州全省大小文武官制，某應用印信，某應用關防，吏、戶、禮、兵各部，尚有舊日《會典》全書冊籍，可以核實，若得察例鑄給，既免搜尋撫據之難，又有速到濟用之益，所裨邊方非小。職仍一面再行署司、道、府、廳、州、縣、衛所等官，各行本地方確查，以備將來比對參詳，謹先疏具題，伏乞皇上勅下該部覆議。如貴州官員應得印信關防，果有歷來舊例，即聽部臣分別開列請旨鑄給，俟完日，傳令職提塘遊擊高國勳轉交職齎奏的當官舍領赴貴州，以便職分給，欽遵行用。爲此，除具題外，理合具揭。須至揭帖者。

順治拾伍年伍月貳拾玖日。

貼　黃

欽命經略湖廣、江西、廣西、雲南、貴州等處地方總督軍務兼理糧餉、太傅兼太子太師、內翰林國史院大學士、兵部尚書兼都察院右副都御史洪承疇謹揭，爲貴州全省官員應有印信關防等事。

貴州三司各道、府、廳、州、縣、衛所大小衙門，因變亂多年，明季典籍湮沒無存，職細心諮訪，同大將軍臣先委官員任事，撫綏地方，必俟再查詳確具疏。惟初闢之時，人心未定，凡杜奸欺，服異族，必有印信關防，乃可以重事權。職思貴州全省官制，應用印信關防，吏、戶、禮、兵各部，尚有《會典》全書冊籍，可以核實，若得察例鑄給，既免荒邊搜尋難據，且可應時速到濟用。職仍令各署官於本地方確查，以備比對參詳。伏乞皇上勑部覆議，如果有歷來舊例，即聽分別開列請旨鑄給，完日，傳令職提塘官轉交官舍領赴貴州分給，欽遵行用。謹揭。

邊地用兵正殷鎮臣病危難以統率請勅部覆議事揭帖順治十五年七月二十四日到。

欽命經略湖廣、江西、廣西、雲南、貴州等處地方總督軍務兼理糧餉、太傅兼太子太師、內翰林國史院大學士、兵部尚書兼都察院右副都御史洪承疇謹揭，爲邊地用兵正殷，鎮臣患病危篤，難以統兵，仰祈上裁，勅部覆議事。

順治拾伍年伍月拾玖日，職據鎮守湖廣益陽總兵官劉進忠呈稱，本職以旗下官員，隨征湖南，感蒙皇上隆恩，推補今職，自矢捐糜。詎期水土不服，得患濕痰病症，醫治未痊，即奉本經略調領本標官兵，隨大兵進取。此正本職圖報之會，隨整頓兵馬，自益陽抱疾起行，至常德府會師，病勢復作，大將軍同固山各大人、本經略與總督湖廣部院，皆所親見。惟因領兵在途，不敢控辭規避，勉強前進。沿途涉歷艱險，陰雨水濕，愈爲尫羸，復於沅州面見本經略驗明給假，令職帶官兵駐鎮遠府，安撫地方，并行調理。遵于肆月拾柒日抵鎮遠，狼狽至極，仍勉力料理布置。豈期職病比前更加十分沉重，上則腮漏膿血，從耳中逆流；中則脾瀉，晝夜不止；下則腳氣注痛，動履維艱。三部並傷，形容枯槁，僅存皮骨，已三四日臥床不起。地無醫藥，難以再甦。伏思新開疆土，戰守正殷，即使精力完固，尚恐顧慮不周，況本職奄奄一息，有同風燭，一死固不足惜，其如封疆重任何。倘有貽誤，關係匪小。涕泣陳請，懇祈一面先委能員，管束兵馬，一面疏題解任調理。地方幸甚，本職幸甚。伏枕激切候示。等情到職。

該職看得，總兵統領兵馬，為一鎮表率，在承平地方，尚須精力有餘，始堪整練防禦，況貴州初經收服，苗蠻環伺，剿撫正急，又雲南尚未進取，方在秣厲以需，尤藉師武臣宣力。乃益陽總兵劉進忠，先染痰症，力疾領兵，隨同大兵前進。行至常德府，職與湖廣總督臣李蔭祖，面見劉進忠面有痰瘡，腳有漏孔，即擬會疏入告。惟為官兵已發在途，未便臨敵易將，再勉留任事，冀得調理漸痊。及師次沅州，職親加面驗，見進忠益覺尫羸，職即令隨之貴州之鎮遠府駐劄調理，將官兵分布於本地，招徠軍民，安設塘撥，用通軍務等項。今據鎮臣劉進忠詳審病勢，比前更重，已經臥床不起，奄奄一息，難以痊瘉，不能統兵從征，實出真情，有不待再驗取結，即當亟令解任回旗調理，另補才勇，以備戰守，庶營伍不致廢弛，進取乃有裨益。職謹會同湖廣總督臣李蔭祖、湖廣撫臣張長庚、偏沅撫臣袁廓宇，合詞具題，伏乞皇上勅下該部覆議，請旨裁定，行下職等，欽遵奉行。為此除具題外，理合具揭。須至揭帖者。

順治拾伍年伍月貳拾玖日。

貼　　黃

欽命經略湖廣、江西、廣西、雲南、貴州等處地方總督軍務兼理糧餉、太傅兼太子太師、內翰林國史院大學士、兵部尚書兼都察院右副都御史洪承疇謹揭，為邊地用兵正殷，鎮臣患病危篤等事。

職據湖廣益陽總兵劉進忠呈，先染痰症，力疾領兵，隨大兵前進。至常德府，職與督臣李蔭祖面見，惟官兵已發在途，未便臨敵易將，勉留任事，冀得漸痊。及至沅州，益覺尫羸，職令進駐貴州鎮遠府調理，分布官兵于本地安撫。今鎮臣詳稱病勢更重，臥床不起，不能統兵從征，即當亟令解任回旗調理，另補才勇，以備戰守。職會督臣李蔭祖，撫臣張長庚、袁廓宇，疏乞皇上勅部覆議遵行。謹揭。

慶賀元旦節事奏

欽命經略湖廣、江西、廣西、雲南、貴州等處地方總督軍務兼理糧餉、太傅兼太子太師、內翰林國史院大學士、兵部尚書兼都察院右副都御史洪承疇謹奏，爲慶賀事。

順治拾陸年正月初壹日，恭遇元旦，臣奉差在外，不獲同在廷諸臣躬親拜舞，謹望闕叩頭慶賀。伏願皇上戀膺嘉祉，永享太平。臣不勝踴躍歡忭之至，爲此差官賀萬年齎捧謹具奏聞，伏候勅旨。

自"爲"字起至"齎"字止計七十字，紙一張。

右謹奏聞。

順治拾伍年拾壹月初壹日，經略湖廣、江西、廣西五省、太傅兼太子太師、內翰林國史院大學士、兵部尚書兼都察院右副都御史洪承疇。

硃批：覽卿奏賀，知道了。該部知道。

貼　黃

欽命經略湖廣、江西、廣西、雲南、貴州等處地方總督軍務兼理糧餉、太傅兼太子太師、內翰林國史院大學士、兵部尚書兼都察院右副都御史臣洪承疇謹奏，爲慶賀事。

順治拾陸年正月初壹日，恭遇元旦，臣奉差在外，不獲同在廷諸臣躬親拜舞，謹望闕叩頭慶賀。伏願皇上戀膺嘉祉，永享太平。謹具奏聞。

謹照新銜任事揭帖　順治十六年正月二十一日到。

欽命經略湖廣、江西、雲南、貴州等處地方總督軍務兼理糧餉、太傅兼太子太師、武英殿大學士兼兵部尚書、都察院右副都御史洪承疇謹揭，爲微臣欽奉上諭，謹照新銜任事，伏請上裁，換給勅書印信，以便欽遵事。

順治拾伍年拾貳月初肆日，職准吏部咨，爲欽奉上諭事。順治拾伍年玖月貳拾柒日奉旨："巴哈納、金之俊仍以原銜爲中和殿大學士兼吏部尚書，額色黑、成克鞏仍以原銜爲保和殿大學士兼户部尚書，蔣赫德、劉正宗仍以原銜爲文華殿大學士兼禮部尚書，洪承疇、傅以漸、胡世安仍以原銜爲武英殿大學士兼兵部尚書，衛周祚仍以原銜爲文淵閣大學士兼刑部尚書，李霨爲東閣大學士兼工部尚書，車克、圖海不必兼大學士銜。"欽此，欽遵，備咨到職。

職仰見皇上勵精圖治，改授密勿諸臣職銜；官制聿新，永垂億萬世宏模。職謹遵旨，仍以原銜爲武英殿大學士兼兵部尚書新銜，欽遵任事。惟職忝厠内閣諸臣之末，謬膺經略之任，轄屬廣闊，今駐劄貴州初服之地，機務益繁，兼以苗蠻土司，種類不一，凡一切調度軍務，督理糧餉，彈壓兵民，綏輯百蠻，皆賴欽頒勑印示信，乃得遠近遵奉。今内三院大學士既改爲殿閣大學士，奉旨授職新銜，而職先領勑書印信，仍係内院銜名，則微職新改職銜，與先奉勅印原銜有異，職不敢不具疏奏請，伏乞皇上勑下該部覆議，請自上裁，俯將職應得勑書印信，勑下該衙門，查照改授新銜撰鑄頒發，微職欽遵行事。俟職另選委的當官員，赴京投領，到職軍前之日，職即將見在奉行勑印，具疏繳進，庶微職得以肅將天威，料理剿撫大計。惟職見今疏内，已遵旨改列新銜，但職未知"内閣"二字應否併列入職銜内，今既不敢書於"武英殿"之前，又未便書於"武英殿"之後，是以微職今新銜内，未敢列入，恐有違式，職謹一併請旨勑部覆議行職，欽遵奉行。職無任惶悚戰慄之至，爲此，除具奏外，理合具揭。須至揭帖者。

順治拾伍年拾貳月拾貳日。

貼　　黄

欽命經略湖廣、江西、廣西、雲南、貴州等處地方總督軍務兼理糧餉、太傅兼太子太師、武英殿大學士兼兵部尚書、都察院右副都御史洪承疇謹揭，爲微臣欽奉上諭，謹照新銜任事等事。

職准吏部咨，奉旨仍以原銜爲武英殿大學士兼兵部尚書職，欽遵任事。惟職謬膺經略，駐貴州初服之地，機務益繁，皆賴欽頒勑印示信。職先領勑書印信，仍係内院銜名，與新改職銜有異。伏乞皇上勑部覆議，照改授新銜撰鑄勑書印信，俟職尚官赴領。到日，將見在奉行勑印具疏恭繳。惟職今疏内遵列新銜，未知"内閣"貳字應否併入，謹一併請旨，勅部覆議遵行。謹揭。

貴州驛站全無錢糧應用夫馬十分緊急事
揭帖順治十六年正月二十一日到。

欽命經略湖廣、江西、廣西、雲南、貴州等處地方總督軍務兼理糧餉、太傅兼太子太師、武英殿大學士兼兵部尚書、都察院右副都御史洪承疇謹揭，爲貴州驛站全無，錢糧應用夫馬十分緊急，臣謹酌議通融設立事宜，以期及早整理，毋誤軍機事。

竊照驛遞之設，原爲置郵傳命，用達軍機，關係甚重，而所關於今日雲貴之軍機尤重。職自隨大兵收服貴州之後，即亟以整理驛遞爲先務。無如貴州第一荒窮，苗多民少，額徵錢糧，原數無多。當前朝時，軍民土司，每爲驛遞苦累，逃亡幾盡。及後逆衆盤踞多年，將供驛錢糧與一切額銀，俱改徵本色米穀，以供兵食，併舊時驛站規例，盡湮没無可稽考。其本地軍民，久經寇亂，家業蕩洗，值此地方初闢，人心皇懼，迄今半載，未能復業。而苗蠻類多，情性難調，尚多觀望不出。今職與貴州撫臣趙廷臣，雖多方設法招徠，鼓勵輸米濟兵，已屬千萬艱難，實不能於暫徵糧米之外，再開徵銀兩，以爲驛遞等項支用。計自貴州省城起，以北由龍里、新添、平越、清平、興隆、偏橋、鎮遠，以達清浪、平溪，計十站，至湖南交界之晃州驛止，約程六百餘里，凡府、廳、縣、衛各官，皆隻身任事，並無徵收銀兩，將用何錢糧，以僱夫買馬，設立驛遞，應付軍機，較之湖廣、河南各省，地多民多，馬匹又多，衆力幫攛，各處協濟，其事例大不相同。職萬不得已，隨將職軍前自備征行馬匹，先自挑出，全爲貴陽省城應付，并檄行沿途駐防經略提督、各鎮各將與湖廣經制各鎮各營，挑選營馬，挨程接換，先備貴州報捷，并預備欽差滿洲官員奉上諭密傳軍機及大將軍臣、征南將軍臣與信郡王臣大兵各項差使，併職差官不時齎奏等用。其餘別項差遣，俱不敢動。又遇有解餉擡鞘、擡損人夫，職每名每站酌給銀叁錢，俱另發官銀足數僱用，並不派累各官及軍民苗人。自伍月以至捌月，各項差使，絡繹不絕。滿洲官差舊例，每起皆用馬貳叁拾匹，至少亦拾伍陸匹，一路崇山峭嶺,險苦異常,軍事緊急,刻不容遲,馬匹馳騁,不能一步緩行,稍有壯馬,即越騎叁肆站,疲乏方止。馬匹非跑傷隨倒,即病弱待斃,甚至遺失無存。職之自備馬匹,既換而又換,既添買而又添買,此不待言;而各提督、各鎮各將凡官馬及自備馬,以應差倒斃將盡,所留一二,僅存皮骨,不惟征剿無資,且致訴苦無門。其有馬戰兵,皆爲跟馬夫役,奔馳道路。凡武官兵丁之苦,不能言述。

職於捌月内目擊,十分難支,萬不得已,即於湖廣解到貴州大兵餉銀内借備銀柒千兩,自貴州省城起算,至平溪衛,共路拾站,每站各發銀柒百兩,着落署貴州驛傳道黃惟锻、署新鎮道董奎武,督同各該府、廳、縣、衛各官,各購買馬貳拾伍匹,并整備鞍屉脚澁等項,以設立驛遞。仍每馬每日支給稻穀官倉升伍升,以資喂養,即於該府、縣、衛見徵秋糧米内折穀銷算。又每馬貳匹,酌設馬夫壹名,每驛設立馬夫壹拾貳名,每名每月給工食銀陸錢,無處設處,不得已,并於給發兵餉内動用,以資奔走。職意謂稍可應急,豈期各起差遣日多,用馬益多,一站貳拾伍匹之馬,尚買不能全,而壹次已用叁拾有餘之馬,但有疲乏,勢不得不用壯馬越站騎行。貴州產馬,皆小馬力弱,一經跑傷,便置無用。自捌玖月至拾壹月,不肆閱月,而各站買馬貳拾伍匹,多則剩馬捌玖匹,少則伍陸匹不等。此貴州何等時地,既不能比腹裏各省有民可幫,有馬可僱,有官可賠,而又差多於馬,騎數多於馬數,及至驛馬無用,又仍用營馬以爲應付。而各提督、各總兵將領,日日大聲疾呼,兵丁皆群號泣訴,情願將馬交官,以充步兵。如此景象,日復一日,必致營伍盡壞。職不得已,將各鎮各營倒斃馬匹,暫批免行賠椿,并批動本鎮本營朋合椿銀買馬充補缺額。然所買不償所倒,仍未足甦官兵苦累,終於驛站,不能設立,且致有誤軍機。

職與撫臣趙廷臣再四面商,當此艱難之時地,困苦之情形,實不能爲無米之炊。況今王師已抵關嶺,將進滇雲,往來差遣,更倍往時。而自貴州西南至雲南交界,尚有威清、平壩、普定、安莊、關嶺、頂站、安南、新興、普安、亦資孔等拾站,並需夫馬,更無法可以設立。計今從長計議,惟有將貴州南北大路共貳拾站,每站各設馬伍拾匹,乃足以往返更番應用。其馬匹必揀選骨大有力壯馬,每匹必

163

得價銀肆拾兩,計馬壹千匹,大約共價銀肆萬兩,始足買備。但此係兵部應用錢糧,必應於兵部項下動用。今貴州新經開拓,銀兩無徵,而設驛買馬,已在十分緊急。擬欲具疏請旨,聽候派撥,而貴州遠在天末,離京萬里,何能等待。職不得不叩懇皇恩,俯准職再於湖廣各省解到大兵餉銀內陸續借備肆萬兩,移送貴州撫臣,聽親自督同道、府、廳、州、縣、衛各官,上緊分行買備,速爲設驛,以通軍中之呼吸。惟是有馬而無料草喂養,無人夫跟管,是與無馬同。兹必於本地額征民賦屯糧內,每匹每日給發稻穀伍升、草拾貳斤,再於每驛設立馬夫貳拾伍名,并於兵餉銀內每名每月給發工食銀陸錢,於本地額徵米內每名每月給官倉斗叁斗,庶於喂養跟管有裨。若需用往來差官口糧、廩給、館夫供應,及馬匹鞍屉、脚澁、槽鍘等項,皆設驛之必不可少,并應於兵餉銀內通融動用,使各項齊備,乃可刻期應付不誤。其今次用過買馬各項銀數,與職前次用過買馬各項銀數,俱容職會撫臣另行查核奏報,或即於兵餉銀內開銷,或應兵部項下照數撥補,俱應聽部臣會議,非職等所敢擅擬。職今仍會撫臣行令貴州布政司同清軍驛傳道,設法清查前朝萬曆、崇禎年間,貴州驛遞規例,有何項額,徵本折錢糧,及曾有本省、鄰省協濟錢糧具報,職等覈查明白,具疏請旨,立爲定規,俾錢糧歸還各項不致久行通融,庶目前之急需有濟,而征兵之苦累獲甦。

但職尤有請者。天下直省驛遞繁苦,久經廟堂洞鑒,嚴禁騷擾越站,極爲詳切。今貴州驛遞設立,既爲最難,錢糧又係借用,開拓新疆,軍務更多,比之直省各處,實爲第一繁苦,尤廑宸衷憐念。倘若將此千難萬難設驛之馬匹,不加十分愛惜,不加十分節用,不過數月,復倒斃如前,仍累及駐汛鎮將官兵,職等大小官員之罪,益無所辭。職今叩懇皇上天恩,凡嗣後遇雲、貴重大軍機,應聽候欽遣滿漢官員前來宣諭,仍乞特命奉差使臣,酌量少帶甲兵,減省隨從員役,以稍省馬匹,稍節應付。凡各沿途官兵,必然謹慎防護,不敢疎忽。其另有密傳上旨,若兵部可以差官賫文奉行,即祈勅下兵部差官傳遞,不過用馬叁肆匹而止。此又皇恩大破常格,遍及沿途,而所裨益貴州、雲南新設驛站甚大。職仍同貴州撫臣嚴飭沿途各道、府、廳、縣、衛官,一齊買馬僱夫,必行挨站換馬,不許再有越站。如有前驛經管官員，將後驛馬匹越過壹站，必責令前驛該管官，如馬倒必要賠馬，即馬在必要重罰。併再有玩法，故違定例，職必將該管官拏問，先行軍法，然後會疏題叅究革。庶幾遐荒驛遞，得以成立，緊急軍機，不至遲誤。職謹會同貴州撫臣趙廷臣合詞具題，伏乞皇上勅下該部覆議，請旨裁定，行下職等，欽遵奉行。爲此，除具題外，理合具揭。須至揭帖者。

順治拾伍年拾貳月拾貳日。

貼　黃

欽命經略湖廣、江西、廣西、雲南、貴州等處地方總督軍務兼理糧餉、太傅兼太子太師、武英殿大學士兼兵部尚書、都察院右副都御史洪承疇謹揭，爲貴州驛站全無錢糧等事。

貴州驛遞久廢，無徵收銀兩。自拾伍年伍月至捌月，凡欽差密傳軍機併報捷各差，每起用馬貳叄拾匹，職不得已，將自備馬并用沿途各鎮各營馬應付。事急路險，越站傷斃將盡。職目擊難支，先借餉銀柒千兩，著該道府等官買馬設驛。乃差多於馬，肆閱月而馬太半無用。又用各鎮營馬匹，鎮將官兵疾呼訴苦。今大兵已抵關嶺，差遣倍多，職會議將貴州南北貳拾站，各設馬伍拾匹，必選壯馬，計得壹千匹，約價肆萬兩，叩懇皇恩，准職陸續借備大兵餉銀，移貴州撫臣，親督道府各官，速買馬設驛，并查本地民賦屯糧內給草穀喂養，及兵餉內給馬夫銀米等項。其先後擬買馬銀，職查核另報，聽部覆議。職仍會查本省驛遞錢糧，立爲定規。仍乞皇恩命奉差使臣，減省員役，以甦驛困。如經營官玩法違例，職會疏叅究，謹會撫臣趙廷臣疏乞皇上勅部覆議遵行。謹揭。

祁陽益陽二鎮東安一營招募兵丁支用部撥鹽課銀兩事揭帖順治十六年三月二十八日。

欽命經略湖廣、江西、廣西、雲南、貴州等處地方總督軍務兼理糧餉、太傅兼太子太師、武英殿大學士兼兵部尚書、都察院右副都御史洪承疇謹揭，爲祁陽、益陽二鎮，東安一營，招募兵丁，支用部撥鹽課銀兩，臣謹造册報銷，仰祈勅部查核事。

　　職先以湖南自永州以至常德，地廣兵單，賊情叵測，隨於順治拾貳年捌月內具疏題准，於祁陽縣設總兵壹員，領兵叁千名，與衡州、寶慶、永州各鎮官兵互相犄角。益陽縣設總兵壹員，領兵叁千名，分防三堂街、烟溪一帶要害。東安縣設叅將壹員，領兵壹千貳百名，專司城守。職會同督、撫臣于陝西、河南、江西、南贛以及岳州、衡州等處，選調鎮將各官，招募兵丁馬匹，兩年以來，營伍漸次成立，藩籬稍得完固，已經職節次題奉俞旨，欽遵在案。其各鎮各將官員兵丁馬匹，自各該省地方起發，以及沿途經過所支行糧、鹽菜、料草及備用車輛、脚力、船隻等類，業有各省督、撫臣具疏報銷。惟是順治拾貳年拾壹月內，職接准部咨，酌撥兩淮鹽課銀肆萬兩，以爲招募兵丁之需。拾叁年叁月內，該兩淮巡鹽臣將前項銀兩差官解赴職軍前交收，此部臣注念封疆大計，急行撥解，以濟軍需，俾職得應手料理。凡祁陽、益陽二鎮，東安一營，各官兵馬匹，于調集招募之時，所需俸餉、米折、料草、乾銀等項，就於鹽課銀內支取應用，皆職一一經手，職自應遵例，將用過數目，造冊報部。

　　該職查得，益陽鎮營官兵，自順治拾叁年正月分起，至陸月終止，連閏計柒個月，支給俸餉、米折、豆穀、草價，通共支過鹽課銀貳萬肆千玖百玖拾玖兩伍錢伍分零。祁陽鎮營官兵，自順治拾叁年伍月分起，至柒月終止，連閏計肆個月，除沿途支過鹽菜銀外，找給俸餉，通共支過鹽課銀伍千兩。東安營官兵，除叅將李孟夏帶有岳州營兵丁到汛外，因兵不足額，職又發鹽課銀兩，委令守備田見龍等于河南等處招募舊日兵丁，以足額數，每兵於月給餉銀外，應支食米叁斗，照部定例，折銀肆錢，自順治拾叁年叁月分起，至捌月終止，連閏計柒個月，支給廩餉米折并馬乾等項，通共支過鹽課銀壹萬兩肆錢肆分零。合計二鎮一營，通共部撥鹽課銀肆萬兩，俱已支完。此後二鎮一營官兵，接支餉銀及月支糧米，俱在湖廣布政司餉銀及湖廣督糧道南漕米內支給，該司、該道自有按年造冊奏銷。職查前部撥鹽課，原係順治拾叁年叁月內解到，部咨內有年終報部等語，惟因調募官兵，地里遠近不同，到汛遲速不一，如祁陽鎮臣陳德自陝西起行，路既遙遠，又因丁艱阻滯，至拾肆年拾貳月内始得抵汛管事。及職奉命進取貴州，布置汛防，料理剿撫，拮据兵食，實無寧刻。至今柒、捌月間，諸事稍有頭緒，方得查理前事。遂將二鎮一營調募官兵所支鹽課銀兩，逐一扣筭明白，備造清册，職細加磨對，總撒相符，職謹具疏題明。照例將清册咨送户、兵二部查核，伏乞皇上勅下該部覆核銷筭，請旨裁定行職，欽遵奉行。爲此，除具題外，理合具揭。須至揭帖者。

順治拾伍年拾貳月貳拾陸日。

貼　黃

欽命經略湖廣、江西、廣西、雲南、貴州等處地方總督軍務兼理糧餉、太傅兼太子太師、武英殿大學士兼兵部尚書、都察院右副都御史洪承疇謹揭，爲祁陽、益陽二鎮，東安一營，招募兵丁，支用部撥鹽課銀兩等事。

順治拾貳年拾壹月内，職准部咨，撥兩淮鹽課銀肆萬兩，爲招募祁陽、益陽、東安兵丁之需。兩淮巡鹽臣差官解到，各官兵調集招募所需俸餉、米折、料草、乾銀等項，皆于内支用。計益陽鎮官兵共支過銀貳萬肆千玖百玖拾餘兩，祁陽鎮官兵共支過銀伍千兩，東安營官兵共支過銀壹萬兩肆錢零，合計貳鎮壹營用過鹽課銀肆萬兩俱完。此後餉銀目米，俱在湖廣布政司督糧道□内支給。惟此項鹽課銀，部咨内開年終報部，因調募官兵，遠近不同，到汛遲速不一，職隨大兵到貴州，料理糧餉，剿撫，實無寧晷。今逐一扣筭造册，照例咨送□、兵二部查核。伏乞勅部□□□□□□。謹揭。

王師未經進取之先貴州逆賊四路衝突婺川湄潭縣官學官被賊暗襲事密揭帖

欽命經略湖廣、江西、廣西、雲南、貴州等處地方總督軍務兼理糧餉、太傅兼太子太師、武英殿大學士兼兵部尚書、都察院右副都御史洪承疇謹揭，爲王師未經進取之先，貴州逆賊四路衝突，婺川、湄潭縣官、學官被賊暗襲，謹報上聞事。

職於順治拾伍年玖月貳拾日自貴州省城赴楊羅迎王師會議，拾月初柒日回至平越府，接據貴州署分巡思仁道張颺、署思南府知府葉蕃塘報，僞寧國侯王友進、僞荆江侯王光興等老營，原在平越府所屬之湄潭縣地方屯聚，前自四川大兵追剿之後，竄入大寶山一帶，與思南各屬接壤，皆未有官兵可分撥駐鎮。各屬知縣，多暫住本府城。有思南府所屬之婺川縣署知縣馬又驊，見婺川離賊稍遠，親自前往催糧。玖月貳拾叁日，忽據署婺川知縣馬又驊家人左玉報稱，玖月拾捌日叁更時分，有賊數百，暗襲婺川縣城，將馬又驊拿去，小的逃出，急報該署道等。即一面急差內丁偵探，一面具文馳報。玖月貳拾玖日，據投誠酉陽宣慰司冉奇鑣具文報稱，逆賊王友進、王光興等追脅唐崖中路拾肆土兵直犯酉陽地境，本司集兵萬餘，自玖月初拾日起，至拾貳、拾陸、拾柒等日，連衝賊營，屢有斬獲，必期盡行殲滅，固衛思南。不料王友進又率伊弟僞宜城伯直衝祐溪大營，遂踞祐溪隘道，入本司界內，希即請兵應援，以固門戶等情，合就轉報。拾月初捌日，又據該署思南道府報稱，賊逆已過酉陽，前鋒哨至霞口，離所屬之印江縣止貳叁拾里，離思南府城止陸柒拾里，百姓俱已奔竄，事急燃眉，伏乞急撥大兵，以固巖疆，等情到職。

　　職以逆賊王友進、王光興等，皆首逆李定國夥黨，今敢結聚內地，攻據酉陽土司，逼犯思南府縣，實爲心腹大患。職即備啓信郡王裁察，乘王師見駐偏橋、興隆、清平及平越、新添歇馬，即急調駐偏橋經略左標提督李本深駐新添，前標總兵南一魁駐平越，後標總兵胡茂禎並調擬隨征雲南益陽總兵馬鷂子，各統本標官兵，分路前赴石阡府、思南府合剿。拾月拾肆日，職即自平越回至龍里，又據署貴州布政司黃中通報稱，拾月拾叁日夜叁更時分，有逆賊塘馬數百，直哨至省城近地貳叁拾里，當經大兵傳砲驚散。寧南靖寇大將軍隨發滿兵前赴追趕，賊即遠遁。同於拾肆日，又准平西大將軍、平西王臣吳三桂咨開，逆賊白文選札營馬場，恐遵義大兵攻取，倚恃山箐，靠險屯劄，糾合王友進、王光興、莫宗文、三譚郝、劉袁塔諸逆，候其同舉，即來遵義。其石阡所屬龍泉縣及平越府所屬湄潭縣一路，必需官兵堵截，希將綠旗鎮將官兵速發數鎮，前赴剿蕩，俾地方免受荼毒等因。職見逆賊四出分犯，情形叵測，即於拾月拾伍日回至貴州省城。本日接據前駐防青崖梅勒章京湖廣中路總兵李茹春報稱,探得逆賊李定國近分發僞龍驤營祁三昇等,領大衆已出普定衛,即安順府,直至平壩衛屯札。又分僞伯李如碧等,在雞場地方屯札。各有象隻,俱離青崖止壹百餘里,離貴州省城壹百貳叁拾里。各賊晝夜搶掠鄉寨,軍民苗人不能安生,盡皆逃避,米糧全不能來等情。職即同大將軍臣羅託等會商,遠偵確探,嚴備戰守,以待大創。又將先奉信郡王行調職經略右標提督張勇官兵,已到貴州,將隨征雲南即暫發赴青崖協防,并檄令發赴思南提督及總兵就思南、石阡近地確探龍泉、湄潭賊情,酌量分合剿蕩。拾月貳拾叁日,據署貴州分守新鎮道董奎武報稱,據署湄潭縣知縣廖光京報稱,拾月貳拾日天明時候,忽有馬步賊蜂擁入縣,城垣全無,亦無官兵,卑職父子率家丁分頭迎敵,卑職受傷逃走,卑職三子廖志龍同家丁海受等貳拾陸名口,俱被賊捉去,署教官曠仕熊逃出城外,亦被賊捉去。續查逆賊係僞興安王下僞坐營同僞永曆差官赴餘慶司,暗傳僞寧國侯已抵岩門生界,三路出犯遵義,先來恢復黃平、甕安、餘慶、湄潭、龍泉一帶,見今就於湄潭札營。卑職無奈,隻身逃住三渡關等情。又據署新添衛守備劉芳正報稱,逆賊羅大順同僞中軍陳萬善、蕭揚舜并李定國僞差官已復回賊巢喇啞,李定國封羅大順爲僞龍平伯,給僞銀印壹顆,於玖月貳拾捌日到僞任,又在聚集賊衆,欲來復犯新添,傳令地方,糧差不許納應。其新添城南邊都盧、唐冲等處,係羅大順僞哨頭王三選、羅繼宗、唐世富叁人,并李定國僞差官督率整頓賊兵,一聽調動,各等情到道,合就轉報。拾月貳拾壹日起,至拾壹月初玖拾日止,職又節據駐劄青崖提督張勇、梅勒章京李茹春,及貴陽府署開州知州徐昌、署敷勇衛守備楊啓貴等各報稱,逆賊李定國親領賊兵,已到關嶺屯札。僞將軍祁三昇、李如碧等叁拾餘營頭,俱齊集平壩地方。其開州敷勇各處,皆有逃賊苗蠻響應等情。

職即節次啓報信郡王,亟賜進兵,先剿門庭逆賊,以便直進滇雲。隨蒙信郡王定期於拾壹月初肆日自新添等處起營前進。拾壹月拾伍日,據提督李本深、總兵馬鷂子報稱,職等奉調統兵前往石阡、思南,以會剿王友進等賊。官兵起營,沿途山高嶺峻,羊腸鳥道,較蜀道倍難,兼以天雨泥濘,馬步莫前。拾月叁拾日,官兵抵石阡府城外札營,當有署思仁道張颺、署思南府推官李之俊,并投誠僞總兵郭名儒等前來接兵面會,各云探得逆賊因聞王師已到,我兵進剿,先退去印江地方,離縣城伍拾里,出沒無常,狹計叵測。本職等即於拾壹月初壹日,挑選精銳馬騎官兵,前赴思南境界哨探,一面督兵隨後繼進,候前標二鎮到日,商確機宜,或分或合,共期剿創等因。職以彼時信郡王大兵已於拾壹月初柒日抵貴州省城,不日前進,催令益陽總兵馬鷂子官兵速自思南轉回貴州,以隨大兵征行。其寧南靖寇大將軍大兵,又見在省城收拾,即回荆州,貴州聲勢頓減,在在需兵。思南賊衆,既聞兵到,退離印江,則相隔已遠,我兵不能久待,恐清平、平越、新添各處,無鎮兵防守,致有大路不通之虞。職即檄催總兵馬鷂子官兵先起速回,以便隨征進取。又調總兵南一魁、胡茂禎官兵,各隨後回平越、新添汛地,以固根本。惟有提督李本深親統本標官兵,暫駐思南、石阡,相機辦理,等因各在案。

　　職竊計貴州地方,自拾月以至拾壹月,逆賊處處蠢動,所在緊急,此皆巨逆李定國親抵關嶺,窺伺貴州,大兵屢經調赴廣西,又未遠出省城剿賊,而王師日久未至,故敢率領逆賊祁三昇等叁拾餘營頭,結聚於平壩等處,以逼近貴州之前。復聯合僞寧國侯王友進等,狂逞於思南、湄潭等處,以緊逼貴州之後。分調逆賊羅大順等結聚於喇啞盧、唐沖等處,以窺伺貴州之脇,將四路牽制我師。所幸大將軍臣羅託大兵前駐劄省城,獨當雲、貴一路巨寇,職又調提督張勇官兵,協同梅勒章京李茹春防青崖以爲犄角,俾平壩賊衆,不敢直犯内地。而思南府屬之婺川縣,與平越府屬之湄潭縣,城垣俱無,又無多兵,可以分派駐守,遂致署婺川縣知縣馬又驊被賊襲捉,署湄潭縣知縣廖光京以賊入縣逃走,署教官曠仕熊爲賊捉去。職乘王師歇馬之時,急調提督四鎮官兵,前赴思南會剿。而逆賊王友進、王光興等,隨聞風遠遁,乃得保固思南、印江等處。職惟爲征行緊急,兼以鎮遠、平越一帶,大路關係,不得不將各鎮官兵,仍行調回,則其地方遼闊,官兵寡薄,戰守不能支持情形,已顯然可見。今總兵馬鷂子官兵,於拾貳月初陸日到省城,職發趕隨大兵前進。繼蒙信郡王令諭留住貴州,聽職分派於普定衛即安順府駐劄,離省城壹百陸拾里。前標總兵南一魁官兵,拾貳月拾玖日抵省城,職與撫臣趙廷臣會商,發駐于貴陽之西南定番州,離省城壹百貳拾里。因向來未經歸服,可以彈壓拾貳土司。其後標總兵胡茂禎官兵,亦已報回平越。職皆嚴飭各鎮各將,多方防禦,固保地方。職仍會撫臣急行措置官兵,以計算分布。

惟是署婺川知縣馬又驊被賊拿去,署湄潭知縣廖光京失事逃走,皆應按法通究。無奈所處縣治,城垣俱無,離府隔遠,又無多兵分防,當此初闢之時地,實未可與久服地方同日而論。今馬又驊、曠仕熊俱經查無下落,必已傷亡。其廖光京,職調至省城面問,據稱賊起倉猝,不能預知。但平時撫安防禦何在,職不敢寬假,必應請旨革職,以示懲戒。倘蒙皇恩,姑免提問,則情法得以兩平。至婺川縣係署分巡思仁道張颺所管,湄潭縣係署分守新鎮道董奎武所屬,二邑失事,二道例應並論。惟俱不同城,兼以縣治無城無兵,顧慮難及,應否暫從寬宥,仰聽上裁,又非微職所敢自必。職謹會同貴州撫臣趙廷臣合詞密題,伏乞皇上勅下該部覆議,請旨裁定,行下職等,欽遵奉行。爲此,除密本具題外,理合具揭。須至揭帖者。

順治拾伍年拾貳月貳拾陸日。

貼　　黃

欽命經略湖廣、江西、廣西、雲南、貴州等處地方總督軍務兼理糧餉、太傅兼太子太師、武英殿大學士兼兵部尚書、都察院右副都御史洪承疇謹揭,爲王師未經進取之先,貴州逆賊四路衝突等事。

貴州自拾月至拾壹月,逆賊處處蠢動,皆巨逆李定國等四路牽制,而思南府屬婺川縣、平越府屬湄潭縣,無城無兵,致署知縣、教官皆被賊捉趕逃。職乘信郡王歇馬,急調提督四鎮官兵赴思南會剿,有逆賊王友進等聞風遠遁。職留左標提督官兵暫住思南,將益陽鎮兵照信郡王諭,移駐普定,前標總兵發駐定番州,後標總兵回駐平越,以便分防。其署婺川知縣馬又驊、署湄潭教官曠仕熊,查無下落,必已傷亡。署湄潭知縣廖光京平時失防,應革職示懲,倘蒙皇恩姑免提問,庶情法兩平。至該署道張颺、董奎武,屬邑失事,例應並論,惟俱不同城,縣治無城無兵，顧慮難及，應否寬宥，非微職所敢自必。職會撫臣趙廷臣疏乞皇上勅部覆議遵行。謹揭。

經略各標拾肆年錢糧先已奏銷應造實在
兵馬文册未及另造事揭帖順治十六年六月初三日到。

欽命經略湖廣、江西、廣西、雲南、貴州等處地方總督軍務兼理糧餉、太傅兼太子太師、武英殿大學士兼兵部尚書、都察院右副都御史洪承疇謹揭，為微臣經略各標拾肆年錢糧，先已奏銷，應造實在兵馬文册，未及另造，謹叩皇恩勅部覆議事。

職於順治拾陸年貳月拾陸日，自貴陽起行，親赴雲南料理安撫事宜。叁月初陸日行次雲南之曲靖府，接准兵部咨，為嚴查兵馬錢糧事。内開：准戶部咨開，各省鎮兵馬錢糧，每年終該督撫具題銷算。本部據其送到文册，查與經制相符者，准其開銷。如有不符，另行駁查確覆。但止以該督撫之册查核，惟恐其間兵馬數目或多舛錯，虛冒不能盡知，是以拾肆年伍月內，本部具題，以後銷算兵馬錢糧，俱應兵部查送實在兵馬數目文册，磨對明白，方准開銷在案。況錢糧俱應逐年清楚，或扣有截曠、缺額等項銀米，亦應撥作拾陸年兵餉支用。等因到部。查各處未到官兵馬匹奏銷册，前准戶部咨催，除馬册移付駕司呈堂咨催外，其有未到福建總督、福建巡撫、廣西巡撫、兩廣總督、五省經略、江西巡撫、江寧巡撫官兵册，相應再催，星速造送，如再久延，定行題參。仍嚴催未到馬册等因，咨會到職。

該職查得，凡奏銷兵馬錢糧，自應遵照戶部拾肆年新題事例，將實在兵馬數目，另造清册，移送兵部，聽候轉送戶部磨對開銷。惟是職在拾肆年陸月危病之後，調理數月，即於長沙將微職經略各標各營拾肆年兵馬錢糧文册，併職拾壹年起至拾肆年止，凡湖南屯田、江西折米，及職軍前鹽利、木利生息，接濟軍需，各項奏銷文册，職俱一時並行督造。至拾肆年拾貳月内，即奉有進征雲、貴之命。彼時各項造册甚多，皆未得完，職於拾伍年貳月内，即自長沙起行，隨大兵進取貴州。因文卷繁重，又兼造册供事員役行間難以隨帶，不得不留在長沙攢造。至拾伍年捌月內，方得調到貴州，職將奏銷文册逐項檢閱，已皆造成，而册中各標各營凡每月新收、每月開除各官兵，俱載有花名，馬匹俱載有月日數目，又各標營官兵及馬匹舊管實在册內，亦俱載有實數，不敢含糊。職固知實在官兵馬匹數目，必依新題事例另造清册，移送兵部，聽轉送户部磨對開銷，乃因彼時貴州新闢，各項未備，若欲再造文册，益致後時，遂將拾肆年奏銷各項文册，俱於拾伍年拾貳月內已拜疏具題在案。今准部咨移催，微職自知前册造未合式，適職又於今拾陸年叁月拾叁日親抵雲南省城，而經略各標提督、鎮將多分駐貴州各府地方，又有隨王師進征雲南，今必再遠向貴州各標各營查取造送，往返必得數月，職又從雲南彙造報部，應在捌玖月之間。且職奏銷文册，今拾陸年前叁月內計已到部，若必待另造册報部磨對開銷，恐至等候經年。職不得不叩懇皇上天恩，俯念微職遠征荒服，暫請寬免一次，仍祈勅部將職拾肆年奏銷各項文册內，原有開載經略各標各營舊管新收開除實在官兵花名、馬匹數目，聽部臣逐一磨對開銷，俟拾伍年職自應照部題定例，另造實在兵馬數目清册，一併奏銷，不敢再有遲誤。職謹具疏題請，伏乞皇上勅部覆議，請旨裁定行職，欽遵奉行。爲此，除具題外，理合具揭。須至揭帖者。

順治拾陸年閏叁月貳拾玖日。

貼　　黃

欽命經略湖廣、江西、廣西、雲南、貴州等處地方總督軍務兼理糧餉、太傅兼太子太師、武英殿大學士兼兵部尚書、都察院右副都御史洪承疇謹揭，爲微臣經略各標拾肆年錢糧，先已奏銷等事。

職准兵部咨催造送實在兵馬數目文册，轉送户部磨對開銷。惟職經略各標各營拾肆年兵馬錢糧文册，併職拾壹年起至拾肆年止，凡屯田、折米、鹽利、木利生息文册，俱已逐項造報，內每月官員兵丁馬匹，俱有舊管新收開除實在花名匹頭實數，於拾伍年拾貳月內具題造册報部。今准兵部咨移催另造清册，移送户部。職自知前册造未合式，適職親抵雲南，各標提督、鎮將多分駐貴州，又有隨征雲南，今若再查取造送，必至等待多時。職懇皇恩暫寬一次，仍祈勑部將職拾肆年各項文册內原開有管收除在官兵花名馬匹數目，俱可聽部臣磨對開銷，俟拾伍年兵馬錢糧，職自應照例另造清册，不敢遲誤。職謹疏乞皇上勑部覆議遵行。謹揭。

軍前調用官員久任著勞事揭帖順治十六年六月初三日到。

欽命經略湖廣、江西、廣西、雲南、貴州等處地方總督軍務兼理糧餉、太傅兼太子太師、武英殿大學士兼兵部尚書、都察院右副都御史洪承疇謹揭，爲軍前調用官員，久任著勞，今報丁憂，仰祈勑部覆議事。

順治拾陸年叁月初拾日，職據職軍前任用原任雲南道御史降壹級調外用王佐禀稱，順治拾陸年正月拾柒日，據佐家人張自龍自山西翼城縣原籍到長沙訃報，佐父王斌，於順治拾伍年拾壹月貳拾陸日亥時在原籍病故，取有本縣印信申文見在。伏念佐既無兄弟，又鮮姊妹，終天之恨，血淚交流，祈速批允，早得奔喪守制，死生啣結，等因。并山西平陽府翼城縣知縣左斗光印信申文，一併具禀到職。

該職看得，原任雲南道御史降壹級調外用王佐，自順治拾年陸月內職受命經略之初，題奉俞旨，調隨職軍前任用，迄今陸載。凡剿撫機務、兵民事宜，本官竭力劻勷，盡心計畫，勞績在在有據。拾伍年貳月內，職隨大兵進取貴州，凡長沙兵馬錢糧，無官督率，職留本官於長沙府料理，一年之內，轉運接濟，備極辛苦。此乃久應陞用之官，惟查御史從外降用，若在外効有勞績，例得內轉，此在吏部皆有成例可查，職爲人才難得，是以未將王佐以外缺奏請，業經職於拾伍年拾貳月內造報拾陸年大計文册，已將本官註以優考咨報吏部、都察院史科在案。今王佐忽報伊父王斌於拾伍年拾壹月貳拾陸日在籍病故，取有翼城縣印文前來，自應照例丁艱，職即批行回籍守制。但是外任官員，叁年即應陞補。今本官調用軍前，已經陸年，且閱歷清苦煩難，比之內地實缺，尤爲不同，如於服闋之時，仍照外調降級補用，則本官歷過功苦，俱屬空虛。計得部臣查本官陸年邊方勞績有例可循，或先疏請旨查例擬議陞轉，俟服滿到部，徑行銓補，庶本官前勞不泯，後効可期，而軍前隨征見任文武各官俱相鼓勸，願効力邊方矣。職爲用人起見，不敢不據實一併具題，伏乞皇上勅下該部覆議，請旨欽遵奉行。爲此，除具題外，理合具揭帖。須至揭帖者。

順治拾陸年閏叁月貳拾玖日。

貼　黃

欽命經略湖廣、江西、廣西、雲南、貴州等處地方總督軍務兼理糧餉、太傅兼太子太師、武英殿大學士兼兵部尚書、都察院右副都御史洪承疇謹揭，爲軍前調用官員，久任著勞等事。

職據軍前任用原任雲南道御史降壹級調外用王佐稟稱，佐父王斌，順治拾伍年拾壹月內在籍病故，有本縣印信申文，祈速批允，早得守制。職查本官調隨軍前任用，迄今陸載，剿撫機務，竭立劻勷，勞績有據，久應陞用。職造報拾陸年大計文册，已將本官註以優考。今忽報父故，自應照例守制。但服闋之時，若仍照外調降級補用，則本官歷過功苦，俱屬空虛。計得部臣查本官陸年邊方勞績，或先疏請旨查例擬議陞轉，俟服滿到部，徑行銓補，庶前勞不泯，後効可期。職爲用人起見，一併疏乞皇上勅部覆議遵行。謹揭。

逆賊窺犯内地事揭帖順治十六年六月初三日到。

欽命經略湖廣、江西、廣西、雲南、貴州等處地方總督軍務兼理糧餉、太傅兼太子太師、武英殿大學士兼兵部尚書、都察院右副都御史洪承疇謹揭，爲逆賊窺犯内地，黔、蜀官兵會合進剿，殲渠散黨，臣等謹將前後功次，彙疏報聞，仰祈上鑒勅部覆議事。

竊照上年冬月間，巨逆李定國等屯劄關嶺等處，圖犯貴州省城，密發僞總兵入平越、湄潭、遵義交界，合逃逆馮天裕等賊衆，擾亂内地。職檄行各標官兵，速行剿除。隨准平西王臣吳三桂咨稱，黔南逆賊，結聚湄潭、婺川，逼近遵義。雖有總兵馬化豹駐劄遵義，猶恐兵單，復留永寧總兵嚴自明同駐遵義，以俟合力剿禦等因。此平西王臣計深內顧，區畫周詳。順治拾伍年拾貳月初柒日，即據經略後標總兵胡茂禎塘報，據後標中軍叅將張攀龍塘報，拾伍年拾壹月貳拾壹日准平越知府密報，有偽貴陽總兵胡正禮，糾同偽辰沅總兵李永昌苗民，屯劄甲黨貢，賊勢猖狂，欲犯甕安縣城等情。卑職即于拾壹月貳拾捌日辰時，親領左右營千把總官兵，并大旗隨征各官，及左標坐塘把總等，分路連夜進發。拾壹月貳拾玖日辰時，直抵甲黨貢地方。賊兵千餘，蜂擁迎敵。職即令千總馬騰龍、李龍、慕希孔，兵丁張龍等壹百餘名，登山迎敵。把總韓邦棟、趙光月、王顯玉等領兵壹百名，遶賊左邊；千總李子玉，把總李名世、崔基、張士英等領兵壹百名，遶賊右邊；監營大旗杜世虎、王登雨，隨征舊遊擊南汝益、祁堯，隨征舊叅將任德昌，都守李萬明、高可岳、白生輝、張所榮、李聯芳、陳虎、徐養德、白奉詔、白騰蛟、劉元弼、權義變、盧大鵬、梁順奇、胡威、趙泰運、余養明、仲寅、曹衡、吳邦升，投誠官李有德，左標坐塘把總孫開泰，新鎮道千總鄧高等，四面埋伏。賊與我兵迎敵，將至午時，千總馬騰龍、李龍、慕希孔，同兵丁張龍、劉玉懷、張英、陳有德、盧才、劉開選、鄭筆、趙俊、王三才、張啓、樊彪等，奮勇殺入賊巢，活擒偽貴陽總兵胡正禮，奪獲原騎馬壹匹、弓箭、坐纛。我營官兵四山齊起，殺死逆賊數百，活擒賊兵拾名，奪獲李永昌馬壹匹，併長鎗、弓弩不計。查偽辰沅總兵李永昌中箭落馬而逃，卑職隨令把總趙光月、李名世、王顯玉等，帶交鎗手貳百名入箐搜剿，餘兵回劄牛場。隨查陣亡兵丁許明、彭學成、皮三等陸名，帶傷兵丁高明陽、陳奇、金滿斗等貳拾捌名。拾貳月初貳日，據把總趙光月等回報，入箐搜剿，殺賊貳拾餘名，擒獲偽興安王下偽都司王仁，因受傷難行，即于牛場梟斬示眾。卑職隨查見擒活賊拾名，內叁名皆身帶重傷，即在牛場梟斬訖。其餘賊兵張三、王第、劉大、潘大、阿二、王二、尚賈柒名，已送平越府收禁，候示發落。今將偽貴陽總兵胡正禮併親帶弓箭俱全，又得獲馬貳匹、坐纛壹桿、偽關防貳顆、偽黃榜諭劄共貳拾壹件、偽令旗壹面，差千總馬騰龍、李龍帶兵押解本經略軍前親驗。

同于拾貳月初柒日，又據分守新鎮道董奎武報同前事等情。職隨將偽總兵胡正禮及偽令旗、諭札等項，發貴州布政司黃中通查明貯庫。又審明口詞解職會貴州撫臣趙廷臣覆審。僞總兵胡正禮，原係密受李定國僞令，及僞總統祁三昇等，遣發赴平起、甕安、湄潭一帶，糾聚潰賊，鼓惑民苗，以圖揭竿，惟俟李定國等大股賊衆攻犯貴陽省城，胡正禮即糾同李永昌、馮天裕希圖攻踞平越、新添，以斷我大兵之後。職等會訊既確，不敢停留，即于拾貳月初拾日會委官員，將胡正禮于貴州軍前梟斬正法訖。其餘賊兵張三等，職批行該道會該總兵，就彼審明發落。

拾陸年貳月初捌日，又據駐劄思南府左標提督李本深塘報，正月拾玖日，據左標戎旗左右水師營將領高功月、劉九禮、王可臣、石玉貴等報稱，據中營中軍守備李福等報稱，卑職等蒙本提督發赴印江縣駐防，於正月拾陸日差官兵撒撥至霞口。據鄉民口稱，僞寧國侯王友進、僞荆江侯王光興等，會合拾叁家賊兵，要三路出犯，一路由印江，一路由沿河司，一路由大堡，先發僞丘同知到沿河司，會僞總兵逐户抽兵團練催糧。本職即會同思南道府廳縣，及投誠總兵郭名儒商確機宜。道府面云今日據府役陳曾先口報，沿河司地方，有僞丘同知在彼催糧，稱說正月貳拾日上任，同僞張總兵團練等語。月日與前報相同。本職隨密飭三路撥兵確探嚴防，即于正月貳拾日密發左右貳營中軍守備王蕢、卜世功，戎旗營領旗官馬彪等，帶領精健官兵貳百名，由水路兼程馳赴沿河司地方，暗襲僞張總兵、僞丘同知去後。續于正月貳拾陸日，據王蕢等回營禀稱，卑職等貳拾貳日肆更時分到沿河司將近拾里，因沿途灘高水險，將船打漏，遂停船上岸，暗行到司，即圍住僞張總兵衙門，奮力撲進。而僞總兵張治法手執鐵鐧，領僞兵百餘，左右衝突，被我兵射傷賊兵多半，砍死甚多，遂將僞總兵張治法併伊男張文彬，及僞把總、僞兵共貳拾伍員名，俱經活擒，得獲張治法原給周三聘僞把總劄付壹張、僞兵部勘合壹張、抄白僞永曆旨意壹道。又内丁李華拏獲僞丘同知親姪壹名丘成，帶有僞同知關防壹顆，陣獲環刀貳拾壹口、長鎗貳拾柒桿、馬肆匹，其餘弩弓、火箭、挨牌，當即焚訖。遂查問僞丘同知去向，據丘成供稱，正月貳拾壹日，僞丘同知帶領人役過江南岸崔家村，派兵催糧，被本村鄉民石國仲等擒縛，解行叁肆拾里，不意賊兵數百到江南岸，將鄉民趕散，刼奪僞丘同知去訖，難以追尋。

卑職等今由江北岸回汛。據此，該本職於正月貳拾柒日，會同思南道府廳縣等官，公審得偽總兵張治法口供，係掛偽招勇將軍印前軍都督，奉偽永曆勅旨，在沿河司招兵是實。其偽總兵親男張文彬，係偽副將。又拏獲丘成，果係偽丘同知親姪。併擒獲賊犯內謝君上、劉可登、何大朋等叄名，皆係真正偽把總賊兵，應請示正法。其餘周三聘等玖名，或係偽把總，或係偽兵，已發思南府再加審問明白，或應解軍前正法，或就思南釋放，聽候報明發落。其餘偽兵內有李自雲等壹拾叄名，研審原係沿河司鄉民，爲張治法出票强招，情有可原，皆剃髮釋放訖。有左標百總王登第兵丁許自明，俱被賊砍傷左手。同于貳月初捌日，又據分守思仁道張颺、思南知府葉蕃等塘報相同。

職正擬拾陸年貳月拾陸日自貴州起行，親赴雲南料理安撫事宜。貳月初玖日，准貴州撫臣趙廷臣咨稱，逆賊馮天裕結連偽總兵盧正友等，蹂躪思南、湄潭、遵義交界地方，必得黔、蜀兩省訂期合勦，乃可勦滅。今已一面移會遵義、永寧二鎮，併移駐思南經略左標提督及駐平越後標總兵，又行駐偏橋副將王可就，各發標營官兵，堵其奔突，截其去路，庶可一鼓成擒等因。職即併行提督及兩省各總兵等官，速行調度會勦。順治拾陸年叄月貳拾玖日，職駐雲南省城，據經略左標提督李本深塘報內稱，貳月貳拾伍日，本職調撥本標右營叅將王可臣、水師營副將石玉貴、監左營副將余友德等，帶領官兵，前去婺川縣偵探逆賊情形。叄月初捌日，據將官王可臣、石玉貴等塘報，內開：職等帶領各營官兵，於貳月貳拾捌日過馬道河，貳拾玖日偵探逆賊駐劄地方風落壩，離婺川縣伍拾餘里。貳月叄拾日黎明親統領旗都司張鳳翥，千把總田興、鄒文科、藺斤住、栗登奎等，隨征都守王世祿、張彤、崔申、張明安等官兵，前至風落壩撲賊。即有賊官帶領賊兵數百對敵，卑職等奮勇當陣，殺死逆賊百拾餘人，活擒偽副將壹員蕭聲玉，併偽劄付貳張，又拿獲運糧賊曾翹祿，逆賊敗入山箐。我兵陣死百總壹名白玉柱，帶傷兵丁陳三奇、張才、宋上奎。職等又追殺至地名三會塘，得獲賊馬壹匹。又追至婺川縣，生擒偽總兵李正洪壹員及男李應龍，又拿獲偽總兵張思聖之母壹口、妹子壹口、外甥女壹口，賊兵鄧田玉等偽牌劄伍張，交鎗盔甲甚多。職等值路險天黑，不能前進。于叁月初壹日領兵追襲，賊敗遁山箐。又接本提督憲票，准貴州撫院公移調回職等星夜赴三鍋莊，合剿馮天裕等賊，是以收兵駐劄婺川縣。又地名王家林住民周文應赴職口稟，有僞叅將魯學仲并家口在彼，職即差兵拏獲，解報等情。據此，除一面將張思聖之母梅氏、妹張氏，伊甥女壹口，即查空房安住，令彼寫書招張思聖出降；又一面將已獲僞總兵李正洪，僞副將蕭聲玉、魯學仲，僞兵鄧田玉、魯翹祿、李應龍發府監審，候批示發落等情。

又於閏叁月初玖日，據經略後標總兵胡茂禎報稱，前叁月初肆日，據後標中軍叅將張攀龍報稱，前叁月初壹日辰時，卑職分兵至袁家渡過河，即著領旗舊遊擊胡茂禧、千總馬騰龍、把總趙光月、隨征舊叅將任得昌先行撒塘。隨據胡茂禧等報稱，途遇撒塘賊兵數百，卑職等即領官兵追殺，斬賊數拾名，捉獲僞守備壹員王禮。據稱馮天裕聞官兵已到，即移札山箐等語，審問明白，不便隨營，當即梟斬訖。

同於閏叁月初玖日，又據經略左標提督李本深、後標總兵胡茂禎報稱，叁月貳拾肆日，據四川遵義鎮標中軍叅將陳福、右營遊擊暢融，及永寧鎮標中軍遊擊李化龍、經略左標右營叅將王可臣、後標中軍叅將張攀龍等報稱，職等統領四標官兵，約會于貳月貳拾柒日至湄潭縣合營會剿，同署湄潭知縣溫汝珍隨招撫客老屯僞副將薛萬珠、僞都司蔡魁，于貳月叁拾日隨統兵撲至泥洛壩山箐口，迎遇叛逆馮天裕等賊，立面對敵。職等督率官兵孫天真、盧景泰、陳憲章、馬天吉、張文昌、胡茂禧、任德昌、張文增等，奮勇當先，奪獲大旗叁面，器械不計，殺死僞副將劉江垓、畢忠孝，僞守備蒲乾芳，活捉僞副將柯成宗，活捉賊拾柒名，陣獲賊馬拾捌匹，婦女貳拾伍口，牛叁拾餘隻，止有馮天裕滾箐而逃。餘賊潰散山箐，官兵搜山至晚，收兵回營，至火線下營。查得中傷官兵把總趙登雲，兵丁吳武保、馬應虎，陣失馬四匹，中傷馬伍匹。前叁月初壹日，仍發官兵山箐搜剿，殺死僞叅將劉應試，捉獲僞副將雷雲，火器千總戴玉捉獲僞知縣楊紹魁併嫡妻壹口，活捉馮天裕下伴儅沈騰龍等拾餘名。供稱馮天裕帶領貳叁人鼠竄。前叁月初貳日，招獲投誠僞總兵江起鰲。初叁日，至吳上壩，招獲投誠土司僞總兵李漢。初

179

伍日,至餘慶司,招獲土司偽總兵毛鵬程。初陸日,至泥洛壩,招獲投誠偽伯楊光謙。初捌日,至三鍋莊,有叛逆盧正友、李茂林、安良弼等,聚衆結黨,屯札山箐木猴屯,職等督率四鎮官兵,兩路齊攻。山箐逆賊鎗弩矢石如雨,我兵魚貫而上,大獲全勝。兵丁李林貴、任敖、姬真奉、劉玉槐,千把官馬騰龍、石化珠、羊羔素、安汝桂,隨征副遊都守孫天真、王俸祿、胡茂禧、祁堯、陳憲章、盧景泰、張文昌、梁啓雲、張文增、殷盛、藺斤住、周泰、陳雄、李興等,接連擁上,賊兵大敗。殺死偽總兵李茂林、金月殿,又殺死偽副、叅、遊、都、守等官李君重、李世珍、覃倫、周顯明、包朝柱、李明信、李德、張明遠、李登聯,殺死賊兵無數,得獲賊馬肆匹,婦女、小厮壹百零玖名口,牛陸拾餘隻。陣亡爵祿等捌名,中傷兵丁王登雲等陸拾柒名,陣失馬叄匹。有逆賊安良弼、馮三老,乘隙逃遁。前叄月初玖日,議經略左標右營叅將王可臣、遵義鎮標遊擊暢融、經略後標領旗遊擊南汝益、千總馬騰龍等,追至席樂坪,又殺死偽副將雷坤宇,活捉偽總兵毛羽輝,得獲賊馬壹匹,得獲安良弼嫡妻兒女,口稱良弼當陣滾岩跌死。陣殺逆賊數百,查中傷我兵黨汝化等叄名。叄月拾叄日,招獲冉宗孝胞弟偽副將冉宗倫,帶領衆逆貳百餘名口,隨安頓湄潭縣訖。其冉宗孝帶賊拾陸名脫逃,職等隨發官兵各處緝捕,尚未回報。併先于叄月初捌日,議分後標叅將張攀龍,遵義、永寧二鎮標叅將遊擊陳福、李化龍、暢融等,領兵分攻木猴屯,殺賊貳叄百,得獲盧正友小馬壹匹,獲斬偽副將、守備多人,等情。

又于閏叄月初玖日,據左標提督李本深、後標總兵胡茂禎報稱,叄月貳拾伍日,據後標中軍叅將張攀龍、左標右營叅將王可臣、偏橋署中軍守備王友名塘報,據毛坪鄉民尤國仲報稱,馮天裕會合三鍋莊馮任國,綽號馮三老,并偽遊、都、守陳宗善等,復集各處賊兵,于合馬箐札營,邀趕各村寨堡百姓入營。據此,卑職等親領官兵于前叄月拾捌日申時起營,至貳拾日寅時抵賊營,即分三路四面圍定。賊見兵到,即分頭把守迎敵。卑職等撥後標中軍守備徐良、趙可秀,舊遊擊胡茂禧、祁堯、馬成剛、南汝益等,併後標千總李龍、馬騰龍,把總趙光月、安汝桂等,帶領交鎗弓箭手張英、趙秋、路茂等,從左攻打;左標右營中軍守備卜世功,把總藺斤住、韓有福,隨征官劉進孝、杜應舉、王通名、劉文先等,帶領交鎗弓箭手秦彪、李天雲等,從前攻打;偏橋署中軍守備王友名,千總黃國英,把總馮得祿、高美,領旗陳文選、張于閻、王大勇等,帶領兵丁寇流會、范名標等,攻打寨後。外撥本標千總李子玉,隨征官任德昌,監營大旗南汝君,隨征官權義變、梁順奇,左標隨征官楊奎、羅三、熊士科、馮應兆、熊正坤、唐大益、吳一清,偏橋把總王加遵,領旗王治國、王旨等,帶領兵丁,於賊寨週圍,堵截小路,以防賊走。因賊占扎高阜,弩箭矢石如雨,急難攻上。將至日午,卑職等各督官兵奮勇攻打。本標中軍守備趙可秀等,帶領兵丁杜成龍、張英、趙秋、劉玉槐、劉志顯等,不避矢石,冒險當先,交鎗打死賊兵數名。三路官兵,乘勢擁上。中軍趙可秀當先,箭中馮天裕左脇,馮逆持刀奪路而逃,被趙可秀刀砍落馬而死。賊兵大潰,千總馬騰龍、李龍,領旗胡茂禧,左標中軍卜世功、偏橋千總黃國英等,殺死馮三老,斬殺多賊。偏橋中軍王友名、後標把總安汝桂、千總李子玉、左標隨征官楊奎等,活捉偽守備楊方祥并賊兵張奉等拾叁名。審據口供,偽遊擊陳宗善、姜查,偽都守李茂應、陳啓奉、劉志龍等,就寨殺死。又供有偽都守趙夏、秦國寶、張啓元、張大容、曹光應、尚得記、雷起龍等,俱被伏路官兵梁順奇、楊奎、王加遵等一併殺死,并斬多賊。其偽守備楊方祥并賊兵張奉等,公同審明,陣前斬訖。又賊兵投岩而死者百餘,逃脱者無幾,各標營官兵奪獲器械盔甲無數,并獲馬騾捌匹頭。今將馮天裕、馮三老首級,併偽關防、偽黃榜劄諭,一併解報。其馬匹、盔甲、旗幟、片刀俱存營,所獲弩弓、長鎗已盡燒燬。仍有當陣傷亡官兵姓名,并中傷倒斃馬匹數目,查明再報。等情。據此除將首級、偽關防、偽黃榜劄諭一併移解貴州撫院親驗外,合具塘報等情。又同於閏叁月初玖日,據分守新鎮道董奎武、分守思仁道張颺各報相同。

閏叁月拾陸日,又據左標提督李本深、後標總兵胡茂禎報稱,叁月貳拾玖日,據後標中軍叅將張攀龍、左標右營叅將王可臣、偏橋署中軍守備王友名報,據鄉民王賢報稱,偽總兵冉宗孝、盧正友等,結聚賊兵柒捌百,在萬佛山扎木城屯兵。該卑職等即親領官兵于叁月貳拾肆日前往。貳拾伍日巳時至萬佛山下,深山大箐，木城高險，逆賊四面插旗。卑職等議後標右營中軍守備趙可秀，舊遊擊祁堯、胡茂禧、南汝益、馬成剛，舊糸將任德昌，左右營千總李龍、馬騰龍、李子玉，把總趙光月、安汝桂，隨征官梁順奇，監營大旗南汝君，帶領兵丁李自成、艾進才、齊養心等，從寨前攻打；卑職等即領本標中軍守備卜世功、把總藺斤住、隨征官周泰等，兵丁劉思位、張自俊等，於寨後攻打；偏橋中軍守備王友名，帶領千總黃國英，把總馮得祿、高美，領旗陳文選等，兵丁鄭聚金，於賊寨週圍攻擊。賊見我兵一到，把定木城，弩箭、砲石、擂木打下，我兵攻打難進。將至日午，後標中軍張攀龍親領舊遊擊胡茂禧、祁堯、南汝益，千總李龍、馬騰龍，兵丁李生雲、許德佑、牛國英、張已、齊養心、李自成等，奮勇攻擊，打退賊兵。冉宗孝持刀堵路，舊遊擊南汝益爭先，箭中冉宗孝咽喉而死，賊兵大潰。我兵三路俱進，僞副將丘正甫占立高阜發弩，被把總藺斤住衝上殺死。有我兵奮勇，殺賊殆盡，跳柵而死甚多。後標舊遊擊胡茂禧，舊糸將任德昌，千總李龍，把總安汝桂、趙光月，本標中軍卜世功，隨征官周泰、李文秀，偏橋中軍守備王友名，千總黃國英，兵丁趙守成等，擒獲僞糸將盧正朝并盧鳳鳴，僞副將金啓現，并獲賊兵李輝耀等貳拾壹名，又獲和尚壹名。公同迅審，據和尚口供，本身即是呂昌，先係僞餘慶伯下中營總兵，今與冉宗孝同事，爲副總兵。適纔陣前射死穿紅紬甲、戴鐵盔者，就是冉宗孝等情。其僞副總兵呂昌、僞糸將盧正朝并盧鳳鳴，僞副將金啓現，及賊兵李輝耀等拾肆名，即於陣前斬訖。各標官兵得獲僞關防壹顆、賊馬壹匹，器械不計其數。卑職等又撥後標舊遊擊祁堯、左標把總藺斤住、偏橋千總黃國英，帶領兵丁追捉盧正友去後。叁月貳拾陸日追至瓜子溪，盧逆聚殘卒有伍陸拾名，大旗壹桿，我兵齊力向前，將逆賊盡殺，取獲盧正友首級壹顆。今將盧正友、冉宗孝、呂昌首級，先行解報後標總兵親驗等情。據此，理合塘報。各到職。

該職看得，逆賊馮天裕，自上年緬城逋逃，即于湄潭、甕安一帶，號召殘寇，結聚爲害。遂有僞總兵胡正禮、張治法等，在上年冬月巨逆李定國屯衆關嶺之時，即授意潛入平越、思南之州縣，招納潰兵，聯結土苗，糾合馮天裕等，思斷大兵後路。更有僞總兵盧正友、冉宗孝等，嘯聚于婺川、餘慶，以致黔、蜀交界遵義地方,與思南、平越州縣,俱爲騷動。先是平西王臣吳三桂,以賊衆屯聚餘慶、湄潭,切近遵義,慮爲兩省之患,既有總兵馬化豹駐鎮遵義,復留永寧總兵嚴自明官兵同駐遵義府。已再次咨職商酌,必兩省官兵會加剿創,乃可以净根株。又貴州撫臣趙廷臣,亦因馮天裕、盧正友等賊爲患地方,遵平西王令,即移調遵義、永寧二鎮官兵渡河合剿。又咨職嚴檄分駐貴州各提督鎮將等官,一面先發官兵,就汛地有賊兵去處先行剿除,一面與遵義官兵訂期會剿。上年拾壹月内,即有經略後標中軍叅將張攀龍,領兵乘夜赴甲黨貢地方,一戰而生擒僞貴陽總兵胡正禮,斬殺多功,以消隱患。又經略左標提督李本深,于拾陸年正月内,密發左、右二營中軍守備王蒯、卜世功等,領兵暗襲沿河司地方,又將賊委催糧團練僞總兵張治法父子就擒,及餘黨多人,概行拿獲。職因今年貳月内有前進滇雲安撫之行,得有貴州撫臣趙廷臣移催川、貴兩省官兵運籌決策,而經略左標提督李本深先調發右營叅將王可臣、水師營副將石玉貴、兼左營副將余友德等,先撲剿風落壩逆賊百餘,陣擒僞副將蕭聲玉,復追殺至三會塘,又生擒僞總兵李正洪父子,併獲僞叅將魯學仲等多人。又經略後標總兵胡茂禎,調發中軍叅將張攀龍,從平越府起行,至袁家渡,亦遇賊兵,追斬僞官,捉獲賊馬,皆足以寒賊膽。又貴州撫標中軍副將王可就,調發守備王友名等官兵,從餘慶進發遵義。總兵馬化豹,調發該標叅將陳福、遊擊暢融,又永寧總兵嚴自明,調發該標遊擊李化龍,各領官兵,自遵義進發,俱于貳月貳拾柒日,會兵於湄潭縣齊進,沿途招撫僞伯楊光謙、僞總兵江起鰲,土司李漢、毛鵬程,僞副將都司薛萬珠、蔡魁。又大剿馮天裕等賊衆,生擒陣斬,俘馘頗多。各標官兵,又以首逆竄奔,矢必殄滅渠魁,復圍攻于合馬箐,而馮天裕授首。再轉戰於瓜子溪,而盧正友陣殲。其餘逆冉宗孝、李茂林等,皆斬殺殆盡。此皆仰仗皇上天威遠播,故兩省將士,戮力用命,既可震慴苗蠻狡謀,又得消除黔、蜀隱患。在平西王臣正提師進取滇南之時,猶復預留鎮兵,計深綢繆。而貴州撫臣趙廷臣,精心區畫,適中機宜。經略左標提督李本深、後標總兵胡茂禎、遵義鎮臣馬化豹、永寧鎮臣嚴自明,督發官兵,擒渠散黨,足見整備有方。併經略後標中軍叅將張攀龍,經略左標叅將王可臣,水師副將石玉貴、余友德，遵義鎮標中軍糸將陳福、遊擊暢融、永寧鎮標遊擊李化龍，經略左標中軍守備李福、王蔚、卜世功，經略後標中軍守備徐良、趙可秀，貴州撫標守備王友明，以及在事各標營領兵有功千把總、隨征舊副、糸、遊、都、守併領旗等官，皆衝冒鋒鏑，奮不顧身，或陣斬渠逆，或生擒僞鎮，或殲滅僞將，或招撫著勞，俱應請旨，聽候部臣議敘，以鼓勵遐方將士之心。陣亡及重輕傷官兵，職一面行查名數等次，併將有功官兵，先量加獎賞優卹，另行咨部查核。除先擒僞總兵胡正禮，職爲遐方賊衆觀望，不敢等候請旨，已于貴州軍前會撫臣審明正法訖。又先擒僞總兵張治法，職已批行左標提督李本深會思南道府等官審明，據報，張治法及伊子僞副將張文彬，僞丘同知親姪丘成，僞把總謝君上、劉可登，賊兵何大朋陸名，審皆渠魁逆黨，該提督李本深已經具報到職，職亦不敢等候請旨，即批行提督、道府等官，于叁月拾陸日梟斬正法。其餘僞把總、賊兵周三聘等玖名，審係迫脅入夥，已分別留營及釋放訖。至節次擒拏見在各僞總兵，僞副、糸、守備等官及賊兵，職俱移會貴州撫臣，聽移行提督及各總兵，會各該道府，俱就近細審情節，如果係當陣擒獲，即准徑行正法，若係迫脅隨從，及老弱幼小，即應釋放，以廣皇仁。其節次所獲婦女、牛隻，行令各該道府傳示本主認領，果係賊中家口及馬牛，即准給賞有功官兵。僞勅牌劄等項，聽撫臣查明銷燬，報部察核。職謹會貴州撫臣趙廷臣合詞具題，伏乞皇上勅下該部覆議，請旨行下職等，欽遵奉行。爲此，除具題外，理合具揭。須至揭帖者。

順治拾陸年閏叁月貳拾玖日。

貼　　黃

欽命經略湖廣、江西、廣西、雲南、貴州等處地方總督軍務兼理糧餉、太傅兼太子太師、武英殿大學士兼兵部尚書、都察院右副都御史洪承疇謹揭，爲逆賊窺犯内地，黔、蜀官兵，會合進剿等事。

逃逆馮天裕糾僞總兵胡正禮、盧正友等，號召殘寇，騷動黔、蜀交界地方。職先准平西王臣吳三桂咨商兩省會剿，貴州撫臣趙廷臣即移調四川二鎮官兵，併貴州各提督鎮將官兵，訂期會剿，隨生擒僞總兵胡正禮、張治法等，招撫僞伯楊光謙等，又大剿賊眾，陣殲渠魁馮天裕、盧正友等，餘逆斬殺殆盡，黔、蜀隱患得除。平西王臣計深綢繆，貴州撫臣區畫中機，兩省提督總兵以及在事有功官員兵丁，或擒斬，或招撫，應請旨議敘鼓勵。傷亡及有功官兵，職查明量賞優卹，咨部查核。生擒偽總兵等，除已正法外，其餘已會撫臣移提督、總兵，會道府細審，分別正法、釋放。所獲馬牛等項，分賞有功官兵。偽勅劄，聽撫臣銷燬報部。職謹會貴州撫臣趙廷臣，疏乞皇上勅部覆議遵行。謹揭。

會查雲貴督臣及雲南撫臣節制駐劄事密揭帖

欽命經略湖廣、江西、廣西、雲南、貴州等處地方總督軍務兼理糧餉、太傅兼太子太師、兵部尚書、都察院右副都御史、武英殿大學士洪承疇謹揭，為會查雲貴督臣及雲南撫臣節制駐劄事宜，謹疏上聞，仰祈勅部覆議事。

順治拾陸年陸月貳拾叁日，職准吏部咨開，文選清吏司案呈，奉本部送准兵部咨，准內閣典籍廳移問雲貴總督趙廷臣、雲南巡撫林天擎，察係新設，其駐劄地方節制事宜，俱未開載，不便撰稿等因到部。查趙廷臣係奉上諭特設，其駐劄地方，已經本部具覆，勅下經略會同該督酌議具奏在案。至雲南巡撫，本部亦無舊案可稽，相應移咨經略，將駐劄地方節制事宜，備悉咨明到部，以便轉揭內閣。其趙廷臣節制事宜，應併咨經略，與該督駐劄地方，一併查明具奏，等因。除督臣駐劄地方，職已另疏具題外，惟查雲貴總督，係奉上諭特設，事屬創始，雖明季原有貴州總督而又兼代巡撫事務，與今設之雲貴總督不同。其雲南巡撫衙門，久為逆賊裁革，冊籍散失無存，節制事宜，全無可考。職隨移咨雲貴總督臣，內開，雲貴總督自應節制雲南、貴州兩省，凡一切兵馬錢糧，文武官吏，與剿撫機宜，綏輯軍民、土司各項，俱在統轄節制，自不待言，如見今江南總督之節制江南、江西兩省，兩廣總督之節制廣東、廣西兩省，陝川總督之節制陝西、四川兩省，俱係以總督專制兩省，並無兼帶巡撫事務，此正與新設雲貴總督之事例相符，則其節制事宜，亦應照各省總督節制之例。惟有奉旨平西王駐鎮雲南，與各省不同,雲貴總督往來文移,相見禮節,有平西王先在陝西、四川,與陝川總督原奉勅書事例,未知果可倣行,此自應叅酌各省總督節制成例,請撰勅書。其雲貴接界之湖廣、四川、廣西各省,有兵事、錢糧各項相關,併應照例與各省督撫關會料理。是雲貴總督節制事宜,俱應照各省總督成例,以爲酌議。今擬照此具奏,惟未知妥當與否,且恐雲貴土司苗蠻猓猓衆多,中間仍有未盡事宜,今必再加仔細叅酌,并搜查有無明季雲貴總督舊日勅書稿案,可以就中比擬,一併抄録咨覆,以便查明,會同具奏等因,移咨總督臣查覆,併咨雲南撫臣查議雲南巡撫駐劄節制事宜。各去後。

拾月初貳日,隨准總督臣趙廷臣回咨,内稱:貴州舊日總督勅稿,遍覓無存。考諸舊吏,則云貴州昔日止設巡撫,迨至明末天啓貳年,水西反叛,動五省兵馬錢糧,始設川、湖、廣西、雲、貴五省總督,兼攝貴州巡撫事務,駐劄貴州,提調兵馬,催督糧餉,原未有專制雲、貴兩省之例。今若比照江南、陝川、兩廣各總督節制事例,其議誠妥,雖雲、貴有土司苗蠻猓猓之衆,亦惟於兩省巡撫之中叅酌行之,但各省總督遇有所屬警息,即當巡行調度,應否一併載入勅書,總期酌確具題等因,咨覆到職。

拾月貳拾貳日,又准雲南撫臣林天擎咨覆,内開:雲南久遭兵燹,巡撫一應節制統轄事宜,無案可稽。今惟詢之故老,合諸滇誌所記,并舊時巡撫所刻行稿,稍得大概。蓋自明朝成化拾貳年,始常置雲南巡撫,駐劄雲南府城,節制全省及邊外各彝。其後嘉靖肆拾叁年欲興交南之師,勅加贊理軍務。隆慶肆年,勅加兼轄川、貴建昌、畢節二道。萬曆拾貳年,勅加督川、貴兵餉,凡徵調兵馬,催取糧餉,移文川、貴各巡撫衙門會議,併司道亦聽節制,抗違叅處。萬曆叁拾柒年,因四川東川土府距蜀省貳千里,鞭不及腹,而與滇屬武定、尋甸諸郡僅隔一嶺,距雲南省城止貳百餘里,因彼地蠻長禄壽等兇悍好殺,流劫滇境,該雲南巡按鄧渼疏請滇撫應兼制東川,隨加勅兼制,如蠻彝相安,宜捐小過,如怙終不悛,許徑調兵剿除。又查萬曆年間舊巡撫行稿所刻勅書,開載有整飭兵備、總理糧餉、提督屯田、預備倉糧、撫安民彝、禁防盜賊、操練官軍、修理城池器械、勘襲土舍事情、查核官員賢否、諮訪軍民利弊等事,至通省所屬軍民,共貳拾府、壹直隸州、叁拾柒衞禦所,并控制邊外南甸、干崖、隴川三宣撫司,車里、木邦、八百大甸、老撾、孟養、緬甸六軍民宣慰司,凡有事故、應襲人員,例該雲南巡撫查明奏請。其潞江安撫司,耿馬、猛密、蠻莫各宣撫司,及孟定、孟艮二土府,威遠、灣甸、鎮康等州,芒市、孟璉、茶山、果麻、狃兀各長官司,皆得統轄。其地東界廣西泗城州,南界交阯,西界百彝,北界四川會川衞,東北界貴州普安衞,東南界貴州烏撒衞,西南界南海,西北界吐番,四面皆彝,幅幀遼闊。此節制管轄事宜,惟祈覆核具題,等因各到職。

該職看得,雲貴總督乃近奉上諭特設,原與前朝所設貴州總督而兼巡撫者不同,其節制事宜雖無舊案可稽,自應就雲、貴兩省巡撫所轄舊制,以定一總督兼制之略節,尤宜比照各省總督見行事例,叅酌而行。如兩省兵馬糧餉與統屬文武官吏,及各項應行事宜,皆其專責。其貴州之土司苗人,與雲南之猓猓蠻彝,皆當與兩省巡撫一例統屬。至於撫輯周防,處此新闢巖疆,尤爲要務。如遇所屬報有警息,自應不時巡行,以爲分布調度。又今兩省正在用兵,凡各處協濟餉銀,及本折糧米,催儹運解,接濟軍需,更爲緊急職掌。其湖廣、四川、廣西俱有接壤雲、貴之地,如兵事賊情與錢糧相關者,皆應與各該督撫移文策應。至於雲南一省,見有平西王奉旨駐鎮,其總督往來文移、相見禮節,雖有兩廣、陝西總督事例,然必請旨勅部,再加酌量以行。此則雲貴總督節制之大概也。其雲南巡撫駐劄雲南省城,此歷來舊制。惟節制事宜,幸訪有滇誌所紀,與舊巡撫之刻稿所載,撫臣林天擎回職咨內備錄甚明,其中即有歷朝之加勅兼轄不同,要皆蠻彝之變態不定,總在採擇萬曆年間舊例以爲規模,庶於時事可得脗合。若邊外土司、土府統轄撫綏,尤爲今日要務。其雲南交界之貴州、四川、廣西各省,凡有地方相關事務,亦應與各督撫一體關會。此雲南巡撫節制之大概也。若夫斟酌損益,以合時宜,則又在部臣之叅勘覆核,以俟閣臣請旨裁定。職謹會同雲貴總督臣趙廷臣、雲南撫臣林天擎合詞具題,伏乞皇上勅下該部覆議,請旨撰勅,頒發該督、撫臣欽遵奉行。爲此除密本具題外,理合具揭。須至揭帖者。

順治拾陸年拾壹月貳拾肆日。

貼　黃

欽命經略湖廣、江西、廣西、雲南、貴州等處地方總督軍務兼理糧餉、太傅兼太子太師、兵部尚書、都察院右副都御史、武英殿大學士洪承疇謹揭，爲會查雲貴督臣及雲南撫臣節制駐劄等事。

職准部咨，查雲貴總督、雲南巡撫駐劄節制事宜。職隨會查雲貴總督乃奉上諭特設，無舊案可稽，應就兩省巡撫舊制，併照各省總督事例酌。如兩省兵馬糧餉與統屬文武官吏、土司苗蠻，皆其專責。遇所屬有警，應巡行調度，凡各省協濟糧餉，更爲緊急，鄰省有兵事相關，應移文督撫策應。至平西王與總督文移禮節，雖有兩廣、陝川總督事例，必請旨勅部，再加酌議。其雲南巡撫歷來駐劄省城，節制事宜，有撫臣回職咨已明，總擇萬曆年間舊例以爲規模。若邊外土司統轄撫綏，尤爲要務，川、貴、廣西有相關事務，亦應一體關會。若斟酌損益，以合時宜，又在部臣糸勘覆核。職謹會督、撫臣趙廷臣、林天擎疏乞皇上勅部覆議遵行。謹揭。

吏部咨雲貴總督駐劄地方事密揭帖

欽命經略湖廣、江西、廣西、雲南、貴州等處地方總督軍務兼理糧餉、太傅兼太子太師、兵部尚書、都察院右副都御史、武英殿大學士洪承疇謹揭，爲欽奉上諭事。

順治拾陸年肆月拾伍日，職准吏部咨開，順治拾陸年正月貳拾壹日奉上諭："諭吏部，雲貴地方初闢，節制彈壓，亟需總督重臣。貴州巡撫趙廷臣，久歷巖疆，堪勝此任，著即陞雲貴總督。其貴州巡撫員缺，著以山西按察使卞三元陞補。應加職銜，爾部酌議具奏。特諭。"欽此。該臣等議得，趙廷臣原係都察院右僉都御史職銜，今應陞兵部右侍郎兼都察院右副都御史，總督雲貴等處地方軍務，兼理糧餉。卞三元應陞都察院右副都御史，巡撫貴州，兼督理湖北、川東等處地方，提督軍務。其總督駐劄地方，應請勅下經略輔臣洪承疇，會同該督酌議具奏。總督關防，應咨禮部鑄給，恭候命下，臣部照例請勅移咨，遵奉施行等因。順治拾陸年正月貳拾柒日奉旨："是。趙廷臣陞兵部右侍郎兼都察院右副都御史,總督雲貴等處地方軍務、兼理糧餉。卞三元陞都察院右副都御史、巡撫貴州,兼督理湖北川東等處地方提督軍務。各寫勑與他。"欽此,欽遵,備咨到職。

職查雲貴總督,係奉上命特設,駐劄地方,必應急爲酌議。今雲、貴交界,如安南、平彝,似可擬一處,以居中調度。但安南衛四面皆係土司,一城孤懸,中與道府隔遠,甚非總督重臣所可安駐。其平彝衛,又城池窄小,傾壞不堪,城內只有軍民拾數家,並無衙門房屋,難以駐兵。而雲南省城以東之曲靖府,雖城池完固,房舍俱全,可以整理,用成重鎮,然離雲南省城止有四站,離貴州省城共壹拾肆站,恐于湖廣各省催督兵餉,辰、沅各處轉運糧米,俱難照管。計惟貴州省城以西之安順府,即普定衛,四野寬闊,地多平川,水草俱便,即城垣先經賊毀,其城墻根基尚堅,城垛石塊俱在城下,若照安順修城舊例,派用土司苗民,與該府軍民協助,並動用正項錢糧,備辦物料,催覓工匠,量加修葺,即可擇設總督衙門,安插督標兵馬,以防禦扼要,兼有威清道、安順知府同城,便於調度。如謂安順離雲南隔遠,又可聽總督不時往來于安南、曲靖之間,以彈壓苗蠻,控制兩省,庶于糧餉大事,得有倚賴等因。職即移咨總督臣趙廷臣酌議,去後。續准回稱,總督駐劄地方,既經酌擬駐劄安順府,仍不時往來于安南、曲靖,此固稍偏貴州,然時下不得不就此安駐。倘或將來情形時勢又有不同,再當另爲酌議。合咨查照會疏等因,移覆前來。職隨於捌月貳拾捌日密題貴州應設官兵,新增錢糧難措等事疏內,即已擬將雲貴督標官兵,隨雲貴總督駐劄安順府等處防禦,見在候旨。今職回至貴州,復與督臣再加面議,以爲雲貴總督節制兩省,關係重大,時下議設經制,凡兩省兵馬錢糧、欽件重案、文武賢否、軍機、賊情、土司、苗衆,皆需料理。茲若專駐安順,則偏近貴州,如遇雲南迤西遠處機務,實爲鞭長難及;即擬專駐曲靖,則又偏近雲南,如遇貴州鎮遠及湖廣辰、沅兵餉糧運緩急,俱無所賴。此皆非適中地方,而又舍此安順、曲靖二處,再無別地可以駐劄。再四思維,計必倣照湖廣總督夏秋駐荊州,春冬駐武昌事例,以雲貴總督一年之內,半年駐劄安順，則可督催各省錢糧；半年駐劄曲靖，併可彈壓迤西邊徼。庶得南北兼顧，不致彼此各偏。其安順府應修城垣衙門，如全靠派撥本地軍民苗人，湯火遺黎，必難齊集，兼以貴州從來荒窮，並無額徵正項銀兩，可以動用，此必酌量于雲南額徵鹽課及錢息銀內查取資助，乃能修理有成等因，復經公議僉同在案。

今該職看得，雲貴總督責任兩省，必須駐劄適中，乃爲扼要。查雲貴交界之安南、平彝二衛，地方窄小，城池破壞，既非總督重臣可以駐劄。職先議于安順府城內擇設總督衙門，安置兵馬，仍往來于安南、曲靖之間，業與督臣趙廷臣移咨會明。今職回至貴州，再同督臣面商，以爲安順與貴州甚近，即不時往來，終與雲南隔遠。擬以一年之內，半年駐安順，半年駐曲靖，則督催兩省之兵餉，轉運辰、沅之糧米，調度貴州、雲南之戰守，消弭苗蠻、猓猓之反側，俱得聲息交通，呼吸相應。至安順府，既爲總督駐劄地方，城垣衙門，必應修造，所用人夫，自應查照舊例，派撥安順一帶土司苗民，以爲力役，而所需物料及工匠、銀米，貴州窮苦異常，必不能照腹裏各省于本地設處，亦並無正項銀兩可以動支，此必于雲南徵收鹽課錢息銀內，聽督臣估計工料，酌議數目，取發安順府，以專備修造城垣衙門之用，俟完日督臣將用過銀米各數目，徑行報部核銷。庶總督駐劄地方，可得奠定，於以節制彈壓有攸賴矣。職謹會雲貴總督臣趙廷臣合詞具題，伏乞皇上勅下該部覆議，請旨裁定，行下職等，欽遵奉行。爲此，除密本具題外，理合具揭。須至揭帖者。

順治拾陸年拾壹月貳拾肆日。

貼　　黃

欽命經略湖廣、江西、廣西、雲南、貴州等處地方總督軍務兼理糧餉、太傅兼太子太師、兵部尚書、都察院右副都御史、武英殿大學士洪承疇謹揭，爲欽奉上諭事。

職准部咨，雲貴總督駐劄地方，請勅職會督臣酌議。職移咨督臣，以雲貴交界之安南、平彝城池窄小，難以安駐，惟貴州安順府寬闊平川，可設總督衙門，駐督標兵馬，仍往來安南、曲靖，便於督催各省糧餉，已經督臣咨明，職先於貴州應設官兵疏内，議將督標官兵隨督臣駐安順一帶防禦。今職回貴州，再同督臣面商，以安順與貴州甚近，即不時往來，終與雲南隔遠，而曲靖城垣衙門俱全，可成重鎮。擬以壹年内半年駐安順，半年駐曲靖，催運糧餉，調度戰守，俱得相通，庶可控制兩省。其安順城垣、衙門，必應修造，應撥本地苗民以爲力役。惟貴州窮苦，不能備工匠銀米，應在雲南鹽課錢息銀内聽督臣估計酌取修造，完日造册報部核銷。庶督臣駐劄，得以奠定。職謹會督臣趙廷臣疏乞皇上勅部覆議施行。謹揭。

奉旨回駐楚省適中催趲集聚今在貴州暫時料理糧餉漸次起行事密揭帖

欽命經略湖廣、江西、廣西、雲南、貴州等處地方總督軍務兼理糧餉、太傅兼太子太師、兵部尚書、都察院右副都御史、武英殿大學士洪承疇謹揭，爲微臣欽奉俞旨，回駐楚省適中，催趲集聚，臣今在貴州暫時料理糧餉，漸次起行，謹先疏報聞事。

順治拾陸年拾壹月拾捌日，學士臣蘇納海馳到貴州省城，賫兵部密咨，内開：爲馳報土司叛逆情形，仰祈睿鑒事。該信郡王鐸尼等奏前事等因，順治拾陸年玖月初拾日奏，拾月初玖日奏旨："議政王大臣密速會議具奏。"欽此。該臣等會看得，安遠靖寇大將軍多羅信郡王鐸尼、平西大將軍平西王吳三桂等疏稱，沅江土知府那嵩、那燾父子主盟，勾連各土司歃血鑽刀，真真作叛，若不剿除，則地方震動。且李定國將子妻送往沅江府土官爲質，將金銀財物擡送沅江土官，叫沅江并普洱土官由臨安出兵，候大兵出邊進剿，就來搶雲南。又稱雲南人喫米糧，至玖月盡已完，今馬匹料草俱無，遠征防剿何賴，所關最大等因。滇省地方米糧維艱，多羅信郡王等應遵前旨撤回，俟王等抵京後，雲南大兵，仍應換班。各土司歃血鑽刀作叛，平西王都統卓羅等於玖月内領兵進剿，無庸另議。其米糧草料，作何運送，應請勅下户部作速議奏。至兵馬所需米糧，關係重大，經略駐劄雲省極邊，不便催運，應請勅下經略輔臣，帶領標下護身官兵，回楚省酌駐適中地方，從長籌畫，催趲集聚，運送滇南，不致有誤軍需。其雲南兵馬應用米糧草料，應請勅下該督撫，多方採買措給可也。順治拾陸年拾月初拾日題，本日奉旨："依議。"欽此。欽遵，密咨到職。

該職看得，滇雲大兵糧餉，及馬匹料草，關係誠爲重大。今拾陸年捌、玖月内，職因各省協濟餉銀解運中斷，深切憂惶，業已先轉回貴州省城，就近督催，俱經前後題報在案。今接部咨，經略駐劄雲省極邊，不便催運，應請勅職帶領標下護身官兵，回楚省酌駐適中地方，從長籌畫，催趲集聚，運送滇南，不致有誤軍需，奉有俞旨。職益加兢惕，隨即料理回楚省適中駐劄。又蒙學士臣蘇納海口傳上諭，將原發内帑銀叁拾萬兩内接濟三路大兵銀拾伍萬兩，全解平西王吳三桂查收，爲明年大兵各項應用。欽此。查接濟大兵銀兩已解到多日，職於未奉上諭之先，正當雲南大兵月餉缺乏及糧米草料十分緊急，職會督臣趙廷臣先動支前項銀叁萬陸千餘兩，於拾月貳拾貳等日，貳起差官解赴信郡王大兵，自拾陸年拾壹月初拾日起，至拾柒年正月初玖日止，兩箇月餉銀應用。再動支銀叁萬兩，於拾月貳拾柒日差官解赴平西王臣大兵月餉接濟。又動支銀貳萬兩，買備滿洲大兵糧米。又動支銀貳萬兩，買備滿洲大兵馬匹料草。俱於拾壹月初肆、伍等日差官解赴雲南撫臣林天擎查收，買辦接濟。計以上共先解過銀壹拾萬陸千餘兩，僅存剩銀肆萬叁千餘兩，見貯職貴陽軍前，職不敢再行動支，即凛遵上諭，將見存銀先解平西王臣查收。合前先解過平西王臣銀叁萬兩，共解銀柒萬叁千餘兩，外尚應補解銀柒萬陸千餘兩。今查湖廣已報有兩淮鹽課銀及山東協濟銀兩，自武昌起解前來，可陸續到貴州，職即於内照數兑出，抵解平西王完拾伍萬兩之數，以仰副上命。其賑濟銀兩，職先疏擬分派玖萬兩赴雲南，今分兩次交督臣趙廷臣查收，可親帶至雲南。又留貯貴州陸萬兩，交貴州撫臣卞三元查收。職會明督、撫臣，設法賑濟兩省真正窮民。又今拾陸年雲貴滿漢官兵糧餉，皆職經手支發，尚有拾月及拾壹、貳月分未經支給，而雲貴總督臣趙廷臣遵奉上諭，已于拾壹月貳拾日起行，親赴雲南，措辦糧米、料草及賑濟事務。又貴州新撫臣拾壹月拾柒日已到省城，正與職會商各項機宜，職將分駐雲貴各標各營漢兵，拾貳月以內及正月本折錢糧，職必行分派著落，急催轉運接濟。俱俟料理稍有頭緒，職即遵旨調帶職標護身官兵，前回楚省，酌駐適中地方，從長籌畫，催趲集聚，運送滇南，不敢有誤軍需。惟職左目昏瞶已甚，已經兩次具疏，叩懇皇恩鑒憐允放，見在候旨。職一日責任在身，不敢一日推託。今一面屢咨湖廣督、撫臣，偏沅撫臣，嚴催各省協餉，及湖廣督糧道折米銀兩，星速起運，用濟緊急，俟職起行，另疏題報。職謹先疏上聞，伏乞皇上勅下該部，查核施行。為此，除密本具題外，理合具揭。須至揭帖者。

順治拾陸年拾壹月貳拾肆日。

貼　　黃

欽命經略湖廣、江西、廣西、雲南、貴州等處地方總督軍務兼理糧餉、太傅兼太子太師、兵部尚書、都察院右副都御史、武英殿大學士洪承疇謹揭，為微臣欽奉俞旨，回駐楚省適中等事。

雲南大兵糧餉重大，職先回貴州督催，拾壹月拾捌日學士臣蘇納海齎兵部密咨，請勅職回楚省酌駐適中地方，催趲集聚。職即擬回楚省，又蒙學士臣口傳上諭，將原發內帑接濟三路大兵銀拾伍萬兩，全解平西王查收。職查先因兵餉糧料緊急，職已會督臣趙廷臣先行動解信郡王大兵月餉及買備糧米、料草，併解平西王臣兵餉，共先解銀壹拾萬陸千餘兩，僅存肆萬叁千餘兩，今即先解平西王臣。俟催協餉到黔，職即補解，以完拾伍萬。又雲貴各標各營漢兵，拾陸年糧餉，皆職經手，職必分派著落，併調回職標護身官兵，即回楚省適中，催趲集聚。今即咨督、撫臣嚴催濟急，俟起行日，另疏題報，伏乞皇上勅部查核施行。謹揭。

雲南監司官員先後委署歷有月日請勅
覆議事揭帖順治十七年二月初一日到。

欽命經略湖廣、江西、廣西、雲南、貴州等處地方總督軍務兼理糧餉、太傅兼太子太師、兵部尚書、都察院右副都御史、武英殿大學士洪承疇謹揭，為雲南監司官員，先後委署，歷有月日，臣謹臚列會請，仰祈勅部覆議事。

竊照雲南,天末遐方,軍民雜居,土司環繞,當地方初開,殘壞至極,全賴司、道各官,表率撫綏。職先於順治拾陸年肆月内准吏部咨,雲南省城司、道各官,臣部若循資俸陞補,恐未必人地相宜,應聽經略輔臣照例於附近省分察才力堪用者,調補雲南省城司、道具題,下部議覆等因。職查雲南通省,如迤東地方,信郡王於收服之時,俱委用有官,而迤西一帶,平西王臣亦已有委補。當職駐劄滇省,啓蒙信郡王諭,凡已委、未委各官,應聽經略稽覈,或分别更換,或查缺委補,職隨將已委官員,逐加稽覈,如有人地不宜、才品不稱,或罷輭無能,或行止不慎,應汰退更換,併尚有未委員缺,職若於湖廣、廣西附近省分察堪用官調補,則中間尚隔貴州一省,行調益遠,不能等待。職俱於信郡王、平西王軍前隨征各官,及職軍前效用官,併投誠官員内,從公考試,拔其通達文義、寧耐艱苦,熟知邊地情形,有武職而更調文官,有舊官而兼用新官,此皆爲遐方險遠,不得不就中取擇。若欲求鄉甲科目,則十無一二;欲等候部選,則經年難到。值此征兵雲集,地方初定,職何敢拘例等待,以致有誤。今雲南按察司已有職先疏調補之李本晟,到任最先,兵事民情,竭力料理。又新補管雲南左布政使蕭時彦,管右布政使彭而述,提學道副使李光座,職已屢次會催速赴任事。又平西王臣委用迤西各道官員,應聽王臣自行具題。其信郡王臣原委監司官員,及職更補委用道官,任事歷有月日,職謹將各官備開出身履歷與原委更換略節,臚列題請。

　　計開

　　雲南分守安普道叅議員缺,駐省城。有信郡王委用隨征内閣中書舍人彭兆聲,浙江仁和縣人,由廩生,署事已久,不避勞怨。今擬本官以叅議補管前缺。

　　雲南清軍驛傳道兼管鹽法事副使員缺,駐省城。有僞都督同知總理鹽稅史文,湖廣荆州衛人,由功貢,自迤西赴平西王投誠,會職委用,文義明通,鹽務熟練,署事半載有餘。今擬本官以副使補管前缺。

　　雲南屯田水利道副使員缺,駐省城。有曲靖僞知府蓋世禄,貴州畢節衛人,由選貢,投誠信郡王,仍委曲靖府管事。職於今拾陸年叁月内經過曲靖時,查得本官首率士民迎師投誠,職驗其才力,堪以陞用,隨啓蒙信郡王改委屯田水利道署事,已經捌月。今擬本官以副使補管前缺。

雲南分巡臨沅道副使員缺,駐澂江府。有雲南僞提學道徐心箴,貴州思南府人,由崇禎壬午秋舉人,投誠信郡王,委用署事,已及捌月。今擬本官以副使補管前缺。

雲南整飭臨安兵備道副使員缺,駐臨安府。職查有經略前標隨征外委副將杜希茂,陝西榆林衛人,由武進士,文義精通,熟練邊事,職啓蒙信郡王委署臨安兵備道,署事半載有餘。今擬本官以副使補管前缺。

雲南分巡金滄道僉事員缺,駐大理府。有征南將軍隨征中書舍人沈天錫,浙江仁和縣人,由生員,隨赴廣西,進取雲貴,備嘗艱苦,職啓蒙信郡王委署分巡金滄道署事,已經半載。今擬本官以僉事職銜補管前缺。

雲南分巡洱海道副使員缺,駐楚雄府。職查有投誠僞按察司周應遇,湖廣長沙府人,由選貢,年力正壯,職已先委試用。今擬本官以副使補管前缺。

雲南分巡安普道副使員缺,駐省城。有信郡王原委隨征中書舍人崔之四署事。本官拾陸年拾月貳拾壹日病故,已經雲南撫臣題報出缺。今會選有職軍前効用部覆副將程鎮邦,湖南黃岡縣人,由生員,先在湖南効用,又隨征雲貴,文義亦通,久耐勞苦。今擬本官以副使職銜補管前缺。

雲南整飭曲尋兵備道副使員缺,駐曲靖府。有信郡王原委隨征中書舍人程式庠署事。本官於拾陸年玖月拾伍日借名查勘土司,實係出避。

欽差滿洲大人,致被逃人土賊殺死跟役數名,劫去道印。隨有署羅平知州劉起鳳,窮追獲印。程式庠庸懦無能,已經雲南撫臣會疏題叅出缺。職今查有軍前傳號遊擊龍略,陝西榆林衛人,係鑲白旗拖沙喇哈番,饒有幹才,兼通文義,歷俸已經陸載,隨征甚効勞苦,職已會委署理曲尋兵備道事務。今擬本官以副使職銜補管前缺。

以上各官職,據其年力強壯,與閱歷久近,職會選委用,如實授之後,有操守貪廉,任事勤怠,職不敢定其始終,應候平西王臣察核,及雲貴督、撫臣不時查訪,一聽舉劾,以爲去留。至於各官員缺,因自滇雲賊踞多年,前朝舊章,幾經紊亂,歷來官制,幾經變更,典籍文案散失,吏書員役逃亡,職恐中有官員職銜與駐劄地方,多有訛錯,未合舊制,應聽候部臣確查舊典改正。此委署各官內,除彭兆聲、沈天錫係內閣中書舍人,龍略係旗下職官,部內俱有履歷,不待再行開造,其餘官員,出身履歷,職俱備細另造清冊,移送吏部稽核。職謹會同雲貴督臣趙廷臣、雲南撫臣林天擎,合詞具題,伏乞皇上勅下該部察核覆議,請旨裁定,行下職等,欽遵奉行。爲此,除具題外,理合具揭。須至揭帖者。

順治拾陸年拾貳月貳拾日。

貼　黃

欽命經略湖廣、江西、廣西、雲南、貴州等處地方總督軍務兼理糧餉、太傅兼太子太師、兵部尚書、都察院右副都御史、武英殿大學士洪承疇謹揭,爲雲南監司官員先後委署等事。

職先准部咨,雲南司、道各官,聽職於附近省分調補。職查迤東地方,信郡王臣已有委用,迤西一帶,平西王臣亦有委補。又蒙信郡王諭,各官聽職稽覈,有應更換,併未委員缺,若於附近省分調補,不能等待,職於信郡王、平西王隨征官及職軍前効用投誠等官,從公考拔。有武職而更調文官,有舊官而兼用新官。此爲地方險遠,不敢拘例。其平西王委用迤西各道,聽王臣具題。信郡王原委監司及職委用各道,任事歷有月日,職謹臚列題請。如蒙實授後,各官貪廉勤怠,俱候平西王臣及督、撫臣察核,至各官職銜,與駐劄地方,雲南典籍散失,恐有訛錯,應聽部臣確查舊典改正。惟各官履歷,另冊咨部稽核。職會雲貴督、撫臣趙廷臣、林天擎疏乞皇上勅部覆議遵行。謹揭。

雲南府廳各官委署歷有月日請勅
覆議事揭帖順治十七年二月初一日到。

欽命經略湖廣、江西、廣西、雲南、貴州等處地方總督軍務兼理糧餉、太傅兼太子太師、兵部尚書、都察院右副都御史、武英殿大學士洪承疇謹揭,爲雲南府、廳各官委署歷有月日,臣謹會疏題請,仰祈勅部覆議事。

竊照雲南幅幀遼闊，地方殘苦異常，今當收服之始，撫安軍民，綏懷土司，惟賴府、廳官員以爲州、縣表率。職於順治拾陸年肆月內先准吏部咨內開，雲南府、廳、州、縣正官，若待部選，恐萬里程途，一時不能即到，反致缺官，應聽經略輔臣於就近湖廣、江西、廣西各省有司內選擇題用，以補委署不足之缺。其首領、佐貳、教職、雜職等官，俱應聽雲南撫臣選補，具題實授，奉有俞旨。順治拾陸年拾月初捌日，職又准吏部咨，爲續報投誠賊官等事。該本部覆兵部題前事，奉旨依議行。欽此。該臣等議得，兵部覆安遠靖寇大將軍多羅信郡王鐸尼等續報投誠賊官等事一疏，內開：委署府、州、縣文職，事隸吏部，應聽吏部查議等語。查委署投誠僞文職各官疏內，未經詳列地方姓名，應請勅下經略輔臣洪承疇，詳開地方姓名，報部再議可也。等因。順治拾陸年柒月貳拾肆日，奉旨："依議。"欽此。欽遵，備咨到職。

職查雲南通省官員，當信郡王、平西王臣初入滇雲之時，地方需官甚急，又未有隨征堪用人才，不得不於投誠各官內暫行擇取委用，其品行賢否，原未能詳知。職駐劄雲南之時，即蒙信郡王諭，凡已委、未委各官，應聽經略稽核，或分別更換，或查缺委補。職隨將各委署府、廳官員細加確察，如任事稱職，職俱照舊留用；若才力短淺，或貪黷害民，如鶴慶府署知府蕭延昭等，已經撫臣林天擎會疏題糸。其應斥革，應更換，併有未委各缺，職擬于湖廣、江西、廣西各省有司內選擇調補。而雲南正在缺官，若待各省遠調，必致遲誤時日。職計應就於信郡王臣、平西王臣隨征各官，及職軍前隨征官與雲貴督標、雲南撫標効用各官，併投誠官員內，從公考試，拔其文義通達，品貌端方，擬爲官職差等。或有武職而更調文職，或有舊官而兼用新官。庶于新闢之地，得濟用人之急。茲雲南府、廳各缺，亦已委署多官，職今未敢概行具題，惟將試驗有效，堪以實授官員，先行會題。是以各府各廳有見在委署，尚未經入疏，必觀其將來治行之何如，以待再加分別。即今疏內官員，亦惟據其年力精壯，閱歷久近，會選具題。如實授之後，操守貪廉，任事勤惰，此不能必其始終，總候平西王臣察核，及雲貴督、撫臣詢訪，一聽舉劾，以定去留。職謹將應題府、廳各官，備開出身履歷及原委，更換略節，臚列題請。

　　計開

　　雲南府同知員缺，有信郡王原委投誠僞知州姚雲署事。本官才短庸劣，應更換。職查有原委署貴陽府同知石顯明，陝西榆林衛人，由武舉，年壯力強，文義亦通，職已會選委用。今擬本官補管前缺。

　　雲南府通判員缺，有信郡王原委投誠僞知縣陳起鵬署事。本官懦弱無能，應更換。職查有經略右標隨征都司張英才，北直永平府人，由監生，寧耐勞苦，已會選委用。今擬本官補管前缺。

　　雲南府推官員缺，有信郡王原委經略右標隨征官徐行署事。本官審斷不明，查糧不實，已經守、巡二道開註劣考，應革退。職查有投誠僞庶吉士吳楚才，江西永新縣人，由選貢，順治拾陸年叁月內赴職軍前投誠，面試文學精通，職已會選委用。今擬本官補管前缺。

　　曲靖府知府員缺，有南寧縣僞知縣馬天來，投誠信郡王，仍委南寧縣管事。職拾陸年叁月內經過曲靖，先將曲靖知府蓋世禄改委屯田水利道，其曲靖知府員缺，即將馬天來啓蒙信郡王改委署理府事，今已半載。本官路處衝煩，罷軟無爲，應更換。查有職軍前効用官李率祖，遼東鐵嶺衛人，原係正黃旗下恩廕監生，曾經部擬以知縣用，後因旗下生監官員，奉旨概行止選，職調本官赴湖南効用，又隨征雲貴，已經兩載，奔馳効力，因曲靖首衝，必需幹才，職會選破格拔用。今擬本官補管前缺。

　　曲靖府同知員缺，有信郡王原委投誠僞知縣楊嗣光，係雲南鶴慶府人，不便任本省官，應改用鄰省府佐及州縣缺。查有偏沅撫臣効用官，職調軍前隨征俞君宰，陝西寧夏人，由生員，已會選委用。今擬本官補管前缺。

　　曲靖府推官員缺，有曲靖僞推官王家植，投誠信郡王，委曲靖府推官管事。本官被民人劉國泰等具告，隱匿投誠人口，已發審追出，會明革退。查有僞兵部主事吳起鳳，湖廣襄陽縣人，由貢生，係同僞將軍林得勝投誠信郡王軍前，年力正壯，已會選委用。今擬本官補授前缺。

寻甸府知府员缺，有寻甸伪知府蒋鸣皋，投诚信郡王，委寻甸府管事。本官年老才弱，该道开注劣考，应退换。职查有湖广抚标裁缺旗鼓钟承祖，随抚臣林天擎赴滇効劳多年，兼通文义，该府切近东川，土司常肆跳梁，职知其才力，会选委用。今拟本官补管前缺。

寻甸府同知员缺，有信郡王原委投诚伪知县胡世英署事。查前朝万历、崇祯年间原无此缺，系是伪永历新设，应裁不补。其胡世英才力平常，应汰退。

寻甸府通判员缺，有信郡王原委投诚都事鲁禹谟，系云南人，不便任本省官，应调邻省用。职查有贵州原投诚伪游击张文化，四川巴县人，由武举，文义亦通，职会选委用。今拟本官补管前缺。

临安府知府员缺，有贵州伪条议范应旭，江西临川县人，由贡生，投诚信郡王，委用临安知府。饶有心计，料理兵食，已经数月。今拟本官仍补管前缺。

临安府通判员缺，有信郡王原委投诚伪通判戴天命，系云南人，冒开江南籍贯，不便任本省官，应汰回。职查有贵州原投诚廪生廖际亨，贵阳府新贵县人。本生先在贵州倡义，劝谕苗民，输纳秋粮，接济大兵，职会选委用。今拟本官补管前缺。

临安府推官员缺，有信郡王原委投诚伪中书许成，扰害地方，已经道府开报会查革退。职查云贵督标効用官王景星，湖广武陵县人，由廪生，职会选委用。今拟本官补管前缺。

澂江府知府员缺，有信郡王原委投诚伪知府侯国相，贪婪不法，扰害军民，司、道开注劣考，已会审革退。职查平西王咨职军前有投诚四川重庆府伪知府章尔珮，系贵州新贵县人，由崇祯壬午科举人，职先于会委贵州府厅等官一疏内，将本官题补贵州铜仁知府，部覆奉旨准用在案。原疏内开，因系贵州本省人，应候邻省知府缺改用。本官彼时患病未任，已将铜仁府员缺题用梁恋宸讫。职将章尔珮带赴云南，已会选委署澂江府知府事。今拟本官补管前缺。

澂江府通判员缺，有澂江伪通判高士魁投诚信郡王，仍委澂江管事。本官已报丁艰去任。职查有征南将军効用官池连进，贵州都匀府人，由监生，广西大兵進征，領路効勞，職會選委用。今擬本官補管前缺。

廣西府知府員缺，有廣西府僞知府包佳胤，投誠信郡王，仍委廣西府管事。本官操守不慎，與土司往來，形跡可疑，應革退。查有職軍前効用官蕭相漢，湖廣安陸府人，由生員，職會選委用。今擬本官補管前缺。

武定府同知員缺，信郡王原未委官，職查有雲南投誠僞副將孫爾韜，四川渠縣人，由監生，職委按察司面試，文義亦通，已會選委用。今擬本官補管前缺。

武定府推官員缺，信郡王原未委官，職查有僞中書舍人唐文煇，浙江仁和縣人，由恩貢，順治拾陸年叁月內赴職軍前投誠，職委按察司面試，文義平通，已會選委用。今擬本官補管前缺。

楚雄府同知員缺，有平西王原委官張開旭署事，本官已報病故。查有職隨征官王正琥，湖廣麻城縣人，由生員，已會選委用。今擬本官補管前缺。

楚雄府推官員缺，平西王原未委官，查有職軍前久効用官汪文思，江南祁門縣人，由貢生，歷勞已經數年，職會選委用。今擬本官補管前缺。

大理府同知員缺，有平西王原委官謝啟翰，籍係雲南，又跛右足，不便任本省府佐，應汰回。查有原任湖廣桂陽縣知縣孫繼佐，河南碻山縣人，由選貢，先因由單降革，今拾陸年貳月部覆奉旨還職在案。本官先任歷俸已深，今又隨赴雲貴，委以押發難民，至永昌府，即委署大理府同知事務。今擬本官補管前缺。

大理府推官員缺，有大理府僞推官魯名儒，投誠平西王，仍委管事。本官貪婪不法，先已拏審，曾經雲南撫臣疏糾出缺。職查平西王咨送有投誠路南州僞知州葉之馨，四川巴縣人，係僞永曆舉人，職會選委用。今擬本官補管前缺。

姚安府通判員缺，有平西王原委官曹會禎署事。本官老病，難以勝任，已經道府開報，應更換。查有雲南撫標効用官羅文奎，湖廣湘陰縣人，由功貢，職會選委用。今擬本官補管前缺。

鶴慶府知府員缺，有平西王原委官蕭延昭署事。本官貪酷異常，職先會行拏審，已經雲南撫臣疏糾出缺。查有僞兵部郎中李恕，廣東四會縣人，由選貢，順治拾陸年叁月内赴職軍前投誠,職面試,饒有文才,已會選委用。今擬本官補管前缺。

鶴慶府通判員缺,平西王原未委官,查有僞行人官純猷,湖廣黄岡縣人,由恩貢,順治拾陸年叁月内赴職軍前投誠,職委按察司面試,文義平通,已會選委用。今擬本官補管前缺。永昌府同知員缺,查有職軍前隨征部劄叅將徐啓祚,湖廣彝陵州人,由貢生,文義明通,職會選委用。今擬本官補管前缺。

景東府同知員缺,有征南將軍原委官常文輔署事。查本官係把總而委同知,用非其倫,應革退。職駐湖南時,有湖廣左路總兵送職軍前効用官謝光啓,江南滁州人,由生員,隨征雲貴,職會選委用。今擬本官補管前缺。

順寧府知府員缺,有平西王原委官米璁署事。據該道開報,本官血病危篤,應更換。查有職軍前隨征部劄遊擊牛文焕,河南河内縣人,由生員,文義亦通,職會選委用。今擬本官補管前缺。

以上各府、廳官員,原不比腹裏各官,只管民人,此雲南地處極邊,軍民土司,俱屬府、廳管轄。如知府則有某府軍民府字樣,同知則有某府撫彝同知字樣。今雲南自賊蹯以來,典籍文案散失,吏書員役逃亡,官員職銜,無從稽考。職未知其中某府應用軍民二字,某同知應用撫彝二字。今止概開某府知府、某府同知,恐多訛錯,未合舊制,應聽候部臣確查舊典改正。此委署各官,只孫繼佐一員,部内原有履歷,不待再行開造,其餘官員,出身履歷,職俱備造清册,移送吏部稽核。職謹會同雲貴督臣趙廷臣、雲南撫臣林天擎,合詞具題,伏乞皇上勅下該部察核覆議,請旨裁定,行下職等,欽遵奉行。爲此,除具題外,理合具揭。須至揭帖者。

順治拾陸年拾貳月貳拾日。

貼　　黃

欽命經略湖廣、江西、廣西、雲南、貴州等處地方總督軍務兼理糧餉、太傅兼太子太師、兵部尚書、都察院右副都御史、武英殿大學士洪承疇謹揭,爲雲南府、廳各官委署歷有月日等事。

職先准部咨，雲南府、廳州縣正官，聽職於附近各省有司內選用。又准部咨，委署投誠僞文職各官，應職詳開地方姓名報部。俱奉俞旨。職查信郡王、平西王臣進滇，需官甚急，暫用投誠各官，蒙信郡王諭，各官聽職稽覈，應更換及未委員缺，恐各省遠調遲誤，即於信郡王、平西王臣隨征官及職軍前隨征、督撫臣効用，併投誠等官，從公考拔，武職而更調文職，舊官而舊用新官，以爲地方濟急。各府、廳委署已多，職未敢概行入疏，惟將試驗有效，先臚列題請。如實授後，各官貪廉勤惰，總候平西王臣及督撫臣察核。惟雲南典籍散失，官銜恐多訛錯，應聽部臣查舊典改正。各官履歷另冊咨部。職謹會雲貴督、撫臣趙廷臣、林天擎疏乞皇上勅部覆議遵行。謹揭。

自黔起行日期并陳催解
過餉銀事揭帖順治十七年三月初一日到。

欽命經略湖廣、江西、廣西、雲南、貴州等處地方總督軍務兼理糧餉、太傅兼太子太師、兵部尚書、都察院右副都御史、武英殿大學士，今解任調理洪承疇謹揭，爲謹報微臣自黔起行日期，并陳催解過餉銀事宜，仰祈上鑒事。

順治拾柒年正月初肆日，職准吏部咨，蒙皇恩特准職解任調理。職隨具有微臣奉旨特准解任回京調理恭謝天恩事一疏，於正月初捌日拜發奏聞。職正在束裝回湖南，因年前信郡王凱旋，道經貴陽歇馬，職應會貴州撫臣卞三元措備料草半月起行，又爲欽奉上諭，將內帑接濟大兵銀拾伍萬兩，改解平西王臣收支，職於拾貳月及正月內前後差官照數全解平西王臣查收訖。又有欽發賑濟雲貴窮民銀拾伍萬兩，職已分發玖萬兩，全解雲貴督臣趙廷臣查收，分發陸萬兩，全交貴州撫臣卞三元查收。職仍會督、撫臣慎選官員，確查兩省真正窮民，必要及時賑濟，均沾實惠，以仰副皇上軫念遐方德意，俟散給完日，聽雲貴督、撫臣造冊奏銷。又雲貴險遠，滿漢官兵糧餉，時刻難緩。職查拾陸年舊餉欠解甚多，拾柒年新餉尚候派撥，恐致一時中斷，職在拾壹、拾貳月內，將舊餉急催，以期接濟。今正月內職解發駐雲南滿洲大兵月餉，已預備至拾柒年叁月初玖日以內，併發大兵買運米糧料草銀,已可支至正貳月。又解雲南駐防漢兵俸餉、料草銀及買米銀兩,俱足支正月以內。貴州駐防漢兵俸餉、料草,俱足支貳月以內。職皆轉解雲貴督、撫臣經手收支,聽其後來自行奏銷。職隨於正月貳拾日自貴州省城起行,沿途再迎催舊欠餉銀,陸續差解雲貴督、撫臣,以聽分派支用。

職於正月初肆日接准戶部咨,爲馳報土司叛逆情形等事。內開:雲南大兵拾柒年分需用俸餉、豆草,合先酌撥江西等省銀伍拾萬兩,解交湖廣督、撫,轉運大兵軍前應前,如有遲誤,聽經略輔臣并楚督即將經管各官指名題叅,以憑從重議處。奉有俞旨。又部咨內末後云,查經略已經奉旨解任,回京調理。又奉上諭,兵馬錢糧一切事務,俱暫著平西王總管,奏請施行。所有糧餉及轉運事宜,合移咨平西王會同湖廣督、撫作速設法料理等因。查十七年兵馬錢糧,職先經具疏請旨免職經手,專歸雲貴督、撫臣收支,見在候旨。今平西王臣遠駐滇雲,督臣又在雲南措辦大兵料草,此預撥拾柒年江西等省餉銀,恐一時未能速到。惟拾陸年各省協濟信郡王大兵餉銀,及職經略官兵餉銀,江南、浙江等處欠解尚多。又職任內拾陸年經手糧餉,有通融借支款項,未得清補。職今一面起行,惟差官各處迎催,以及早清補款項,與轉解雲貴督、撫臣,聽其自行分派。十七年接濟,職不敢再行經手,以免前後牽扯。自貳叁月以後,職已屢咨平西王臣及雲貴督、撫臣,將拾陸年欠解及今拾柒年新撥各餉銀,俱聽會同湖廣督、撫臣作速設法料理,以期無悞急需。職今前赴長沙,即繕造拾伍、拾陸兩年奏銷錢糧文册,另疏具報。謹將職黔省起行日期報聞,伏乞皇上垂鑒施行。爲此,除具題外,理合具揭。須至揭帖者。

順治拾柒年正月貳拾貳日。

貼　　黃

欽命經略湖廣、江西、廣西、雲南、貴州等處地方總督軍務兼理糧餉、太傅兼太子太師、兵部尚書、都察院右副都御史、武英殿大學士,今解任調理洪承疇謹揭,爲謹報微臣自黔起行日期等事。

職蒙皇恩特准解任調理,已具疏恭謝。正在起行,因信郡王歇馬貴陽,職會撫臣措辦糧草。又上發內帑，接濟大兵銀拾伍萬兩，職於拾貳月正月內全解平西王臣查收。賑濟銀拾伍萬兩，職分發雲貴督臣、貴州撫臣各查收，及時賑濟。又兵餉恐致中斷，職將拾陸年舊餉急催，今解雲南大兵月餉預備至叁月初玖日以內，併買米、料草銀可支至正貳月，雲南漢兵餉銀俱足支正月以內，貴州漢兵餉銀俱足支貳月以內，皆轉解雲貴督、撫臣經手收支。近准部咨，撥拾柒年江西等省銀伍拾萬兩，應平西王會督、撫作速設法料理，但恐未能速到。惟拾陸年協餉多欠，又有職通融借支款項未補，職今於正月貳拾日自貴州起行，差官迎催餉銀，可清補借款。及轉解雲貴督、撫臣接支，職不敢再經手，其貳、叁月以後，應聽王臣，督、撫臣設法料理，職到長沙繕造拾伍、拾陸兩年錢糧文册，另疏具報。伏乞皇上垂鑒施行。謹揭。

恭報信郡王臣貴陽歇馬起
行日期事揭帖順治十七年三月初一日到。

欽命經略湖廣、江西、廣西、雲南、貴州等處地方總督軍務兼理糧餉、太傅兼太子太師、兵部尚書、都察院右副都御史、武英殿大學士，今解任調理洪承疇謹揭，爲恭報信郡王臣貴陽歇馬起行日期，仰祈上鑒事。

竊照信郡王與各貝勒、貝子、公、蝦等奉旨凱旋回京，職蒙王令諭，在貴州省城歇馬拾日，後爲馬匹甚是瘦乏，不能前行，再諭加餵伍日。惟貴州地極荒窮，拾陸年旱災無收，且拾月內征南將軍大兵歇馬之後，米穀搜買已難，今再採辦，益爲費力。督臣趙廷臣在滇雲先咨會商職同撫臣卞三元，動發餉銀壹萬柒千有餘，買備草料，撫臣親率司、道等官分派委官於省城貳叁百里內外，多買稻穀、草束，併製備槽鍘、鍋桶等項，預行等候。信郡王臣隨於拾陸年拾貳月貳拾陸日到貴陽，駐餵馬匹拾伍日，又動支兩箇月餉銀陸千兩有餘。信郡王及貝勒、貝子等已於正月拾貳日自貴陽前行。此皆督臣趙廷臣屢次行催，撫臣卞三元極力備辦，處此窮荒之地，乃得供應無誤。職即擬起行回長沙暫駐，將拾伍、拾陸兩年錢糧文册繕理奏銷。職謹將王臣歇馬及起行日期，會同雲貴督臣趙廷臣、貴州撫臣卞三元恭疏報聞，伏乞皇上垂鑒施行。爲此，除具題外，理合具揭。須至揭帖者。

順治拾柒年正月貳拾貳日。

貼　黃

欽命經略湖廣、江西、廣西、雲南、貴州等處地方總督軍務兼理糧餉、太傅兼太子太師、兵部尚書、都察院右副都御史、武英殿大學士，今解任調理洪承疇謹揭，爲恭報信郡王臣貴陽歇馬等事。

職蒙信郡王令諭在貴陽餵馬，貴州荒窮，料草難買，職勸發餉銀，撫臣卞三元親率各官多買稻穀、草束等候。信郡王於拾貳月貳拾陸日到貴陽，駐餵馬匹拾伍日，又支兩月餉銀，已於正月拾貳日自貴陽前行。此皆督臣趙廷臣屢次行催，撫臣卞三元極力備辦。職即擬回長沙，將拾伍、拾陸兩年錢糧繕理奏銷。職謹會督臣趙廷臣、撫臣卞三元疏報，伏乞皇上垂鑒施行。謹揭。

雲貴先後投誠僞官員兵丁人口
支過銀米查明造冊事題本

欽命經略湖廣、江西、廣西、雲南、貴州等處地方總督軍務兼理糧餉、太傅兼太子太師、兵部尚書、都察院右副都御史、武英殿大學士，今解任調理洪承疇謹揭，爲雲貴先後投誠僞官員兵丁人口支過銀米，臣謹查明分起造冊，伏乞勅部察核事。

順治拾伍年肆月內，寧南靖寇大將軍宗室臣羅託征進貴州，臣隨大兵同行。有各起僞總兵等官率衆來歸，臣會行先安插貴州地方，查明投誠人數，酌給賊遺糧米，及徵收秋糧，併有發銀買米，量資接濟，以仰體皇仁撫綏至意。繼因人數太多，貴州初闢，糧米艱難，臣會商大將軍臣隨移咨偏沅撫臣袁廓宇，分發湖南地方，彼處有賊遺糧米頗多，可以就食，庶得贍養。又准大將軍臣咨開，今貴州先後投誠官員閻廷桂、王嘉賢、韓國柱、李景瑜、吳官、康國臣、高科、邵見、姚浩、徐龍等，俱率衆向化，首先投誠，當仰體皇上撫順弘仁，凡投誠官兵，加意撫養，以鼓將來等因,咨會商酌。臣再四思維,内有於糧米之外,量支廪餉,以示鼓舞。查臣先於順治拾伍年拾壹月初玖日,具有恭報貴州先後投誠僞官兵人口等事疏,内開:貴州窮荒,各府、州、縣、衛所,積貯糧米,原來甚少,各投誠僞官僞兵與家口人等又甚衆,至今年伍月內貴州食米俱已用盡。地方久殘,軍民苗蠻,畏兵逃避,買備十分艱難。臣與大將軍臣等會商,將各起投誠僞官兵丁人口,俱發赴湖南沅州、會同、麻陽、黔陽、天柱各縣,尚有舊日義王臣孫可望積糧處所就食。又疏開臣同大將軍臣等商酌前項先後投誠及續投僞官僞兵丁人口爲數甚多,今既仰體皇上綏懷德意,俱於湖南沅州、天柱、會同、黔陽等各縣及貴州外府安插處所,按名按口,日支舊貯,及新收糧米接濟。其僞侯、伯、將軍等妻妾幼子,安插在貴州省城,皆於新徵秋糧内支給月米,仍按月於大兵餉銀內量給銀數,以資其日用養贍等因。又疏開,惟義王臣舊部投誠僞總兵康國臣等壹起僞官僞兵,以義王臣蒙皇恩破格優異,俱願候命報効,不願解散,臣已將應存留在營官員兵丁及家口,仍舊安插會同縣地方。臣咨會偏沅撫臣,自順治拾伍年捌月、玖月酌量給以應支銀米,實心照管。其康國臣等願報効官員兵丁,亦自捌月、玖月俱酌給餉銀食米接濟。今拾月王師已到貴州境內,臣即行令康國臣等統領官兵至貴州。實查官員兵丁數目,共有捌百餘員名,内分官兵壹百有餘,爲王師引路,前進雲南,仍留柒百餘員名,在貴州協防平越一帶。今自拾月起查照經制俸餉事例,分別酌量支給銀米,即留爲防禦官兵,俟雲南大定之後,再請旨定奪。其安插在貴州一帶就糧僞官兵內,有投誠僞都司邵見,及投誠僞親軍指揮使趙弘德,各所領兵丁,願行食糧,臣歸併署益陽鎮軍前左、右營蝦馬鷂子管領。有益陽鎮標調補貴州撫標副將賀國賢隨帶官兵員缺,臣行文准補頂食糧餉隨征。其餘各營,惟存有僞總兵李世傑、吳官、閻廷桂、王嘉賢、韓國柱等,副將張應舉等,見在員數無多,并僞將軍劉僩妻子、僞將軍徐廷威妻子,及僞總兵趙武妻子,臣俱會偏沅撫臣,每月一體酌給銀米養贍,廣示皇仁,以開歸來之路,等因具題,奉有俞旨在案。

又臣於拾陸年貳月內前往雲南安撫,有先在信郡王臣軍前投誠僞將軍、總兵王玉隆、劉玉田等，蒙王臣令諭，除月米在雲南省城賊遺米內支給，其廩銀鹽菜，應聽經略自行酌量。臣見各偽將軍、總兵等官，傾心向化，因奔潰之餘，資斧消散，衣食無措，又值雲南荒殘，米薪最難，各帶家口，不能存活。臣不得不酌量給以廩銀鹽菜，免其困乏，使雲南遠近聞風觀感。查此貴州、雲南先後投誠各起偽官員兵丁人口，已經臣先後具疏題請，候部覆，奉旨之日，或在貴州安插，或在湖南、湖北安插。有應給俸廩，俱以部文到日，遵旨支給。臣酌量原支銀米，即行停止不支。

今臣准偏沅撫臣袁廓宇移送到支過銀米文冊，俱逐加覆核，分別查算。內壹起偽興安王馮雙禮下投誠偽總兵馮天裕、閆廷桂等偽官兵共玖百玖拾陸員名，婦女、餘丁、小子壹千壹百柒拾名口。投誠偽左營總兵王嘉賢等偽官兵共貳百捌拾肆員名，婦女、餘丁、小子叁百肆拾壹名口。投誠偽右營總兵韓國柱等偽官兵共貳百捌拾肆員名，婦女、餘丁、小子肆百壹拾柒名口。以上馮天裕、閆廷桂、王嘉賢、韓國柱等偽官兵人口，先安插平越府等處，臣查明實數，內除幼小及奴僕人口不准支米，惟計各偽官兵及各家口，自順治拾伍年伍月分支糧米起。內有王嘉賢等偽官兵止支伍月壹個月糧米，即撥入經略左標提督，今改貴州提督李本深營內効用補缺。其閆廷桂、韓國柱等偽官兵人口，於陸月內移營赴湖南天柱縣等處就糧安插。查偏沅撫臣冊開准臣咨會韓國柱等偽官兵人口，自拾伍年陸月拾玖日到天柱縣支米起，至捌月拾玖日止，支過兩個月糧米，將各偽官兵俱給票解散安插，止有韓國柱等本身及家口亦移赴常德府地方，情願自買食用，不支糧米。惟閆廷桂等偽官兵，除給票解散之外，存留無多。查閆廷桂等在興隆、平越中途首先投出，又准大將軍臣咨會，必得加意撫養，臣隨行酌量支給廩餉，通計閆廷桂等偽官兵，自拾伍年捌月起，至拾柒年捌月終止，除陸續解散外，共實支過廩餉銀壹千柒百玖拾貳兩肆錢。又通計閆廷桂、王嘉賢、韓國柱等偽官兵人口，自拾伍年伍月起，至拾柒年捌月終止，在貴州及湖南天柱、黔陽、長沙等處，共支過米叁千壹百柒拾石零。又壹起義王臣舊部投誠偽都督同知康國臣等偽官兵共陸百零叁員名，婦女、餘丁、小子壹千陸百壹拾柒名口，先安插貴州新添衛地方。臣查明實數内幼小及奴僕人口不准支米，惟僞官兵及各家口自順治拾伍年伍月支米起，於陸月内移營赴湖南會同縣就糧安插。又有續投誠義王臣舊部已故僞東昌侯張虎下僞副將趙來慶等僞官兵人口共壹百玖拾員名口，及康國臣續招到僞親軍指揮僉事王國貞、僞總兵鄭啓明等僞官兵人口共伍百壹拾柒員名口，俱同康國臣移赴會同縣就糧，隨經備咨偏沅撫臣，稽查實數，支發糧米後。於拾伍年捌月内，臣一面行令康國臣，挑選該營投誠官兵併於餘丁内挑選精壯充兵，聽候調赴貴州，隨王師引路，進征雲南；一面酌議隨征官兵，應支廩餉馬乾，併酌議住會同縣存營官兵，量支廩餉數目，即移咨偏沅撫臣，自拾伍年捌月起，按月（下缺）

　　藍色硃批　該部核議具奏。

洪經略奏對筆記

目　　録

御筆御授攝政王洪大經略奏對日鈔筆記……………………………… 213

經略洪承疇奏對筆記卷上 ……………………………………………… 215

經略洪承疇奏對筆記卷下 ……………………………………………… 238

御筆御授攝政王洪大經略奏對日鈔筆記

諭曰：此洪大經略奏對筆記也。日者接見經略，詢其有無著述，對曰："臣承疇備問內院，參贊機務，兢兢不遑，奚暇著述，僅存奏對手鈔筆記一卷，以備遺忘，得自檢點。"朕即命御前太監走取，以期先覩爲快。原本進呈，詳加披覽，所論溯本窮源，洞悉國家利病，若觸類引伸，推而廣之，治天下之要道，亦不外乎是矣。當即擇其尤爲切要者數百條，密飭內史，另錄一編，以授王，王其留意覽之。特諭。

經略洪承疇奏對筆記卷上

皇上問："古今相業純雜,從何處分曉?"對曰："在讀書入門時看分曉。"上曰："樹高千丈,葉落歸根。然其純雜處又何本而來?"對曰："相業自《大學》經學中來者純,自史學俗學中來者雜。"

皇上問："《虞書》深遠,何以見得?"對曰："在下字上看。如'光被四表,格於上下'兩句,可見不曰'光被四海'而曰'四表',海有際畔,表無際畔也。不曰'格於天地'而曰'上下',天地有限量,上下無限量也。這就是《虞書》深遠處。"上欣然曰："朕始知讀《虞書》矣。"對曰："讀其書,師其意,堯舜君民之事業可立而待矣。"

上問："昨讀《禹貢》一書篇中紀山川不記風俗,紀物產不紀人才,何故?"對曰："這又是《禹貢》深遠處。紀山川不紀風俗者,風俗由乎上之教也。紀物產不紀人才者,人才由乎下之化也。是以天子爲風俗人才主,主能讀書,社稷民生之福也。"

上問："以錢代銖,起於何時?"對曰："古算法二十四銖爲兩,漢軹家斧銘重十斤九銖,軹家甑銘重四斤廿銖是也。近代算家不便,乃十分其兩而有錢之名。此字本是借用錢幣之錢,非數家之正名,簿領用之可耳,今人以入文字,可笑。"

上曰："《唐書》武德四年鑄開通元寶錢,徑八分,重二銖四絫,積十錢重一兩,所謂二銖四絫,究竟分量幾何?"對曰："《唐書》所謂二銖四絫者,即今一錢之重也。以其繁而難曉,後人故以錢字代之。"

上問："目今之務,以何爲急著?"對曰："聖學爲急著。聖學不新,人才不出,氣運不轉。是以陸賈勸漢高帝讀書,有'馬上得之,豈能以馬上治之'之語,誠以聖學勤惰之所關,即天下國家人才氣運理亂之所繫也。"

上問：“錢法之變，其弊不一而足，卿且坐，詳爲籌畫，以最善者奏聞。”對曰：“臣嘗考《明太祖實録》，歲辛酉二月置寶源局於應天府，鑄大中通寶錢，與歷代之錢相兼行使。至嘉靖所鑄之錢，最爲精工。隆慶、萬曆加重半銖，而前代之錢通行不廢。臣幼時見市錢多南宋年號，後至盧龍、榆關，見多汴宋年號，真行草字兩體皆有，間有一二唐錢。自天啓、崇禎廣置錢局，括古錢以充廢銅，於是市人皆擯古錢不用，而新鑄之錢彌多彌惡。旋鑄寶源、寶泉二局，祇爲姦蠹之窟。況錢質愈薄，私鑄愈多，實非刑法之所能禁。臣嘗論古來之錢，凡兩大變，隋時盡銷古錢一大變，天啓以來又一大變也。昔時錢法之弊至於鵝眼、綖環之類，無代不有，即無代不能不殺私鑄，其勢使之然也。今則舊錢已盡，即使良工更鑄，而海内之廣，一時難遍，欲一市價而裕民，錢無私鑄、低銀價，以用開皇之法爲最善。”上曰：“善。卿試傳諭户部會議舉行。”上曰：“銅斤紬短何法濟之？”對曰：“乏銅之患自古已然，漢之前無論矣。自漢以後，不獨銅錢見微，即銅器亦絶少。惟魏明帝鑄銅人二號曰翁仲，又鑄黄龍、鳳凰各一。而武后鑄銅爲九州鼎，用銅五十六萬七百十二斤。自此之外，寂爾無聞，止有銅馬、銅駝、銅匭之屬。昭烈入蜀，僅鑄鐵錢。赤金之短，亦可想見。存於今者如真定之佛、蒲州之牛、滄州之獅，其餘黑金者居多。”上曰：“銅之短紬源委朕知之矣，然則何法以濟之？”對曰：“臣前至高麗，見其地多產銅銀。昔周世宗時，曾遣尚書水部員外郎韓彦卿以帛數千疋市銅於高麗以鑄錢。顯德六年，高麗王昭遣使貢黄銅五百斤。市銅外藩，前代已有，行之者以有餘補不足，莫如援照舉行，亦是通融之一道。”上曰：“善。已遣使赴高麗去矣。”

上曰：“昨有人詣闕面陳，某處可以鑿山取銅，即於某處置鑪兩所採銅鑄錢，卿意以爲何如？”對曰：“不可。”曰：“何以不可？”曰：“前車其後鑑也。前明洪武年間，有府軍前衛老校丁成言，河南陝州地有上絞下絞、上黄塘下黄塘者，舊產銀礦，前代皆嘗採取，歲收其課，今錮閉已久，採之可資國用。上謂侍臣曰：‘凡言利之人，皆戕民之人也。朕聞元時江西豐城民告官採金，其初歲額猶足，所辦經久，民力消耗，一州之人卒受其害。蓋物產有時而窮，歲額則終不可減，有司貪爲己功而不肯言，朝廷縱有恤民之心而不能去。'如此番所請，事同一例，可以爲戒，豈宜效之。"上曰："善。"由是言利之臣皆寢議不行矣。

上問："銅佛可毀乎？"曰："可。"曰："豈不獲罪於天？"曰："病民獲罪，利民不獲罪，前代已有行之者。昔世宗謂侍臣曰：'銅斤短絀，卿輩勿以毀佛爲疑。夫佛以善道化人，苟至於善，斯奉佛矣。彼銅像豈所謂佛耶？且吾聞佛在利人，雖頭目猶舍以布施，朕若身可以濟人，亦非所惜也。'仁心一體，是以知不獲罪。"上曰："銅器可禁乎？"曰："可。歷代有行之者，然今日行之，不免更爲罔民之事。"

上曰："昨廷臣有論宋代人才優於他人，明卻人才少。想今因太平年久，英華散了，所以不生人才。"對曰："亦是靖難時摧殘太甚，上帝怒而不生。秦始皇把幾箇讀書人坑了，直至國亡，無一人死者。只有一東陵侯，後來亦爲蕭相國諸公門客。就是新莽、隋煬皆有死節人，獨秦無之。"上曰："秦始皇焚書，是其憂深慮遠，念頭想錯了，以致得罪天地祖宗，使不血食。然焚書者始皇，使始皇焚書者李斯，李斯之罪亦不小。"對曰："焚書之罪，不獨李斯，即蕭何亦不得謂之無罪。"曰："蕭何之罪從何而來？"曰："何原是刀筆吏，當其從帝入關，止知使人封府庫、收圖籍，爲錢糧兵馬計，經書皆置不問。至項羽一炬，乃盡澌滅。秦人所禁禁其行於民耳，所謂王府則有者固在也，何豈得謂無罪？"

上曰："使今日著孔子爲君爲相，亦能如堯、舜、周公乎？"對曰："只怕比周公更渾然無迹。孔子乾淨無比，事事穩，又收得好。雖曰危邦不入，他却曾入；亂邦不居，他却曾居。所謂磨而不磷、涅而不緇，江漢以濯之，秋陽以暴之。"

上曰："近聞巖穴之士不喜作考試文章，立志上進，乃自欲終老著述，甘死貧賤，未免良工心苦。"對曰："考試文章本係牢籠，使高士爲之，自是不屑。然巖穴終老，亦非盡忘世之人，多是志願極大，見不能然，遂決意不臣人。武侯不立史官，他自看得功業不上眼，故不屑記。如不遇先主，自然高隱終身，孫、曹豈足掛眼？嚴子陵看得光武未能十分洽意，所以不肯出。即邵康節先生，亦是英霸之資。"

上曰："通天地人謂之儒，既稱爲儒，何以又分大小？"對曰："人有淺深，德有大小。大儒抱道自重，不肯輕於用世，如漢昭烈之顧隆中，其明證也。小儒記誦詞章，既不通經，焉能致用？與之謀國家大政，必至貽誤事機，力小而任重也。"

上曰："近日廷臣奏本多言宜搜羅各方賢俊，當即照卿所議，開博學宏詞科，羅致之，何以登進者半多年少？而卿意南征之舉，又請年少詞林而寵任之，朕看此舉未免有失。"對曰："成功必矣。"曰："何以見得？"曰："試官得人耳。"曰："試官與新進有何干繫？"曰："干繫甚大。"曰："卿試飲酒，細細談對。"曰："昔宋嘉祐間，進士爲文以詭異相高，號太學體。歐陽修患之，知貢舉時所取率以詞義近古爲貴比，以險怪知名者多不在列，怨議紛然。修出衆謗於馬者，然場屋之習，從是遂變，而是科號得人，程顥、朱光庭、曾鞏、蘇軾諸人出焉，此其明徵。今試官取如李光地、陸隴其輩，皆係特出之選，此番大兵南下，膚功克奏，即在知人而善任。士人之材性不一，用其所長，事無不舉；強其所短，勢必不逮。如光地爲學臣，隴其爲牧令，耿仲明、孔有德、尚可喜諸軍分遣委用之新進，皆係人品純正、謀略顯著者，以臣知成功可必，即在任其所長一著耳。至皇上深恐年少僨事，自係圖治精心。然古來如陸賈、陸贄、賈誼、韓信輩，皆以少年而任相，未見其失。"上曰："如此說來，朕之意見又失之偏矣。品學不純，老成奚益？品學若純，少年何害。"對曰："此言即是用人中道。然以韓信之功責之賈誼，亦未必見效。是以知人善任，自古爲難。"

上曰："與國家共安危之官屬何？"對曰："上在宰相，下在牧令。"上曰："宰相朕可擇之，而牧令如此之多，督、撫等官豈能一一察看得到？"對曰："察看牧令，何難之有？"上曰："卿試擇真僞可以立見者形容盡態以聞。"對曰："牧令才調之美惡，仍在用才上考其實跡，便知分曉。"上曰："卿快告朕，逐一直陳。"對曰："天下無可棄之才，祇在督撫調動合宜不合宜耳。有任差委奔走之事則長於辦理而催科撫字無一可取者，是才只堪爲人用而不能自爲用也。有長於吏治而疏於出納以致錢糧虧空者，是自恃其才而輕量天下事不謹之所以流弊也。兼有利口捷給，論事多中，而於職守事務，全無實濟者，是又才之用於偏而失其正，眩於外而歉於中者也。又有一等巧於鑽營，專工窺探上司之性情、嗜好，曲意迎合，甚而言動氣象，無不體貼效法，以求酷肖，遂致彼此投機，一遇登進，非此而誰？豈知圖得薦引，漸顯官階，則從前之官小而不敢稍露鋒芒者，至此得志，本色盡現，此又才之用於詐偽患尤烈者也。更有鋒利之官，嚴處過刻而不近人情；和平之吏，寬中之事又滋弊竇。凡此等人，皆有才能之員，每每有誤地方。督撫大吏，若不考其實驗而但録其才能，則輕浮躁率，挪移科歛之弊，即出其中。且儘採其聲華，粉飾沽譽，鑽營欺蔽之端，亦寓其内。人生心無二用，用心於上者必不顧下，以致物議沸騰，民懷怨望。明季流寇之禍，實蓄於此。"上曰："然則何以整頓？"曰："民之命繫於牧令，牧令之得失繫之督撫，督撫之成敗仍繫之皇上。是以孟子有言，一正君而國定矣。"上曰："近來宰臣、督撫、將帥皆朕與卿覈其品誼，察其人地，然後簡任，諒不致有失。但民情之向背，關係牧令，牧令之選舉，仍在督撫。督撫薦舉一官，縱不敢欺朕，其如督撫之不能不受人欺何？"對曰："臣愚以爲，督撫之設原爲慎簡僚屬，以培國家根本，此督撫之不可不詳察慎重也。至明季吏治之弊，一時操之過激，反恐有礙大局。請嗣後督撫大僚，凡於牧令報最上陳時，必令註明所長，不必諱其所短，驗過成效，確有實跡，以備簡用，必求人地相宜，方獲裨益。但人情遷改無常，即親子弟亦難保其始終如一，倘有不職，仍准該督撫隨時考覈，莫顧情面，庶幾冒濫者不敢鑽營，倖進徇情者不敢朦朧混瀆。至報最仍以十科取士法比照行，庶幾得人之效可收，而明季吏治之頹廢可以振起，即督撫亦難受其欺矣。"上曰："善。卿與吏部堂官條議舉行，永著爲令。"

上曰："近日臣工其用人理財之疏甚多，苦於未中肯綮。"對曰："今之用人，每恨無去處而不知其病根在來處，今之理財每恨無來處而不知其病根即在去處。天地之菁華，只有此數，若去處可節，則來處自裕矣。"上曰："卿言甚合朕意。凡明季一切無益之費，卿與戶部堂官妥議，請罷舉行，以裕來源。"

上曰："如何舉錯方不失宜？"對曰："任賢勿貳，去邪勿疑，二語盡之。所以能任賢去邪者,在主上能好惡無事他求也。"

上曰:"近聞牧令亦有盡心民事,轉至百姓受其累者,何也?"對曰:"由於無學問,無經濟使然。如庸醫之療病,欲人之生者是其心,速人之死者是其術。"

上曰:"朕試人之法倍難,宰撫必操何術方不受欺?"對曰:"敷奏以言,明試以功,立論最爲宏通,可以爲法。"上曰:"如此看來,《虞書》還是不可不熟讀。"對曰:"豈《虞書》而已哉！五經皆治天下之大寶也。"

上曰:"地畝廣遠,尺丈則一。何以近來地畝積弊相沿,竟有大小之分?"對曰:"以二百四十步爲一畝,自古以來未之改也。前明有奉旨開墾永不起科者,有因窪下鹹薄而無糧者,若一概量出作數,是以原額地少而丈尺之地反多,有司恐畝數增多,取駭於上,而貽害於民,乃以大畝該小畝,取合原數,是上行造報則用大畝以投黃册,下行徵派則用小畝以取均平。是以各縣大地有以小地一畝八分折一畝,遞增之至八畝以上折一畝。既因其地之高下而爲之差等,又皆合一縣之丈地設一縣之原額,以符一縣之糧科,而賦役由之以出。地畝大小之別,皆有司一時權宜之計爾。如河南八府而懷慶地獨小糧獨重,開封二十四州縣而杞縣地獨小糧獨重。蓋由元末未甚殘破,故獨重於他郡,以至今日。"上曰:"昨有人奏,遣使馳驛郡縣,按畝而圖,以除積弊,可舉行否?"對曰:"方今天下初定,日不暇給,度田之令,均丈之法,有所不及詳,而中原之地彌望荆榛,亦無從按畝而圖也。唐陸贄有言：創制之始,不務齊平。供應有煩簡之殊,牧令有能否之異。所在徭役輕重相懸,所遣使臣意見各異,計奏一定有加無除,此則致弊之端,古今一轍。而井地不均,賦稅不平,固三百年於茲矣。《東昌府志》言二州十五縣步尺參差,大小畝規畫不一,人得以意長短闊狹其間。而大名府謂田賦必均而後可久,除沙茅之地別籍外,請檄諸州縣長一而度之,以鈔準尺,以尺準步,以步準畝,以畝準賦,仿江南魚鱗册式而編次之。舊所籍不齊之額悉罷去,而括其見存者,均攤於諸州郡之間。一切糧稅、馬草、驛傳、均徭、里甲之類,率例視之以差,數百里之間,風土人煙同條共貫矣。則知均丈之議,前人已嘗著之,目下舉行,似非急務。俟中原廓清,生養休息,五六十年後,可舉行於天下也。"

上曰："近來開墾荒地起科好不起科好？"對曰："起科好。"上曰："明洪武中何以開墾者永不起科？"對曰："明初承元末大亂之後，山東、河南多是無人之地。洪武中詔有能開墾者即爲己業，永不起科，此不過一時權宜之計。至正統中，流民聚居，詔令占籍。景泰六年，户部尚書張鳳等奏山東、河南、北直隸並順天無額田地，甲方開墾耕種，乙即告其不納税糧。若不起科，爭競之途，終難杜塞。今後但告爭者宜依本部所奏，減輕起科則例，每畝科米三升三合，每糧一石、草二束，不惟永絶爭競之端，抑且少助倉廩之積。若但以招徠墾民，立法過寬，恐反以起後日之爭端。臣是以知限年起科好。"上曰："卿不記得當時户科給事中成章等劾鳳等不守祖制，不恤民怨否？"對曰："四海之内，莫非王土。自古無永不起科之地，是以景泰率依鳳等所議也。"

上曰："用兵之道，以何爲上？"對曰："練心爲上。心不能練，望其摧鋒陷陣，難矣。《武經七書》固不可廢，亦須神而明之，方見有用，否則虎韜豹略，皆爲具文。趙括不能讀父書，岳武穆不受戰圖，皆前車之鑑也。"上曰："用兵以何爲上？"對曰："名將爲上。兵法不精，不可以爲大將；理學不深，不可以爲名將。"上曰："朕看大將、名將，不如一福將。"對曰："若郭汾陽可謂唐朝福將，然以布衣而知禄山之奸，節度而弭藩鎮之變。使非兵法、理學兼精，亦不能始終成一福將也。"

上曰："用兵宜截短用長。何謂截短，何謂用長？"對曰："募本地之勇，除當境之寇，節征調之貲，充克敵之賞，是爲截短用長，是前番定南王孔有德南下臣示機宜，即此二十字也。"

上曰："用兵之道，有一字而可以終身行之者乎？"對曰："自古名將用兵，終身出不了孔門一慎字。"

上曰："鈔法行而刑部以及各郡縣獄訟滋多，何法整頓？"對曰："殺此興利之臣可以整頓。議者但言洪武間鈔法通行，崇禎末倪元璐掌户部，必欲援照舉行，其亦未察乎古今之變矣。廷臣目睹時艱，踵行不倦。臣嘗考《洪武實録》，二十七年八月，禁用銅鈔矣。三十年三月，禁用金銀矣。三十五年十二月，命俸米折支鈔者，每石增五貫爲十貫。我朝因之，後不過數年而其法已漸壞不行，於是有够惡之條，充賞之格，而卒亦不能行也。蓋昏爛倒換出入獄訟滋多，必至於此。乃以鈔之不利而並錢禁之，廢堅剛可久之質而行頓熟易敗之物，宜其弗順人情。孟子曰：'焉有仁人在位罔民而可爲也。'若鈔法者其不爲罔民之一事乎？"上曰："鈔屬罔民，自當罷之。但不知鈔關起於何時？"對曰："明初止有商稅，未嘗有船鈔。至宣德間始設鈔關。夫鈔關之設，本以收鈔而通鈔法也。鈔既停則關宜罷矣，乃猶以爲利國之一計，而因仍不革，豈非戴盈之所謂月攘一雞以待來年乎？"

上曰："惟孝子爲能饗親，能字中自有精解，卿試講之。"對曰："昔者文王之爲世子，朝於王季日三，雞初鳴而衣服至於寢門外，問內豎之御者，曰：'今日安否何如？'內豎曰：'安。'文王乃喜。及日中又至，亦如之。及暮又至，亦如之。其有不安節，則內豎以告文王，文王色憂，行不能正履，王季復膳，然後亦復初食。上必在視寒暖之節食，下問所膳，命膳宰曰末有原，應曰諾，然後退。又曰文王之祭也，事死如事生，思死者如不欲生。忌日必哀稱諱，如見親祀之忠也，如見親之所愛如欲色然，其文王與？《詩》曰：'明發不寐，有懷二人。'文王之詩也。夫惟文王生而事親如此之孝，故殁而祭如此之忠，而如親之或見也。苟其生無養志之誠，則其殁也自必無感通之理。故曰：惟孝子爲能饗親。能字還是從孝字裏面做出來的。是故庸德之行，莫先父母之順，而郊社之禮、禘嘗之義，緣之以起。明乎此，而天下國家可得而治矣。"

上曰："近來丁憂州縣大吏留算交代，不使奔喪，此仁政乎？"對曰："仁者不爲也。昔時有司丁父母憂，聞訃至奔喪不出半月，近議必令交代方許離任，至有欠庫未補，服闋猶不得歸者。是以錢糧爲重，倫紀爲輕，既乖宰物之方，復失使臣之禮。其弊之由，始於刻削太過。蓋昔者錢糧掌於縣丞，案牘掌於主簿，稅課掌於大使，爲令者稽其要而無所與。又皆俸足以贍其用，而不取之庫藏。故聞訃遄行，無所留滯，而亦不見有挪移侵欠之事。故萬曆以前，循吏爲多。自是之後，不聞報最者，緣州縣中錐刀之末上盡取之，而大吏之誅求尤苦不給，積習相沿，庫藏罄乏，報以虛文，至於近年，天下無完庫矣。即勒令交代，亦不過應之以虛文，徒滋不肖之徒，而無益於國計盈虛之數。皇上聖明天縱，既知養廉恥爲致孝之源，仍以州縣丁憂回籍奔喪爲是。"上曰："善。詔下各大吏一體照行，永著爲令。"

上問："公主翁主之分？"對曰："昔堯女有娥皇、女英，舜女有宵明、燭光。周武王女嫁於陳，並未有封號。至周中葉，天子嫁女於諸侯，天子至尊不自主婚，必使諸侯同姓者主之，始謂之公主，秦代因之。漢制，帝女爲公主，帝姊妹爲長公主，皇女皆封縣公主，諸王女皆封鄉亭翁主。此公主、翁主稱呼之由來也。"

上問："韶樂至何時始失傳？"對曰："其晉之東乎？漢高廟中尚有之，五代亂至二三百年，秦炬所不盡者至此始滅絶無遺。"

上曰："教化莫重於樂。唐虞之教胄子曰典樂，夏商曰樂正，周曰大司樂、大司成，今之樂何官？"對曰："今之祭酒即古之司成，成，樂之一終也。又有司業，業，懸鐘磬之板也。即如做戲，竟把一國子輩演成一箇樣子，後來要變亦不會變。其初勉強教習，及其成也，都是順其自然，導以固有而已。後來把第一義先漸滅盡，而以下賤倡優視樂工，欲天下化行俗美、人材輩出可乎？"

上曰："朕記得宋時頗用女戲，門人問朱子有事當用否，朱子曰：'時尚安得不用。'這是何説？"對曰："即聖賢亦不得違時，只是女更不如今之男矣。唐宋仕宦皆有官妓，名尤不馴。明尚沿其餘習，高麗人進賢，論官之品級，以妓陪之，至今相因，甚乖體制。"上曰："男女無別則廉恥道喪矣，教化將從何處説起？卿即與廷臣會議凡乖典禮者悉罷之，以美風化。"

上曰："昨聞明世冷謙、韓邦奇所定之樂，殊覺可笑。"對曰："將舞都依字音，五行有俯仰伸縮而無疾徐進退，信爲可笑。"

上問樂律，對曰："律者，樂之末節也。"上曰："諸書言古律分寸不定，因失中聲，而古樂無由復，何云末節？"對曰："假令樂得中聲，遂能鳳儀獸舞乎？古禮之不復，果以衣冠籩豆之制渺而無所考乎？"上曰："然則古之立律何也？"對曰："人得天地之中以生性，理得天地之中理，氣得天地之中氣，形得天地之中形，則聲亦得天地之中聲。聲之大者如雷霆，小者如蚊蟲，皆非中也。就人之聲，喑啞叱咤則過大，呷嚶啾唧又過小，亦非中也。惟平常之聲，高下抑揚，大不過宮，細不過羽，其中有十二部焉。故律呂十二，配人之中聲也。黃鐘、大呂、太簇、夾鐘、姑洗、仲呂、蕤賓、林鐘、夷則、南呂、無射、應鐘，皆鐘名。又以鐘之擊有輕重不等，則聲不足以爲定，不若竹之分寸一定，而人儘力用氣吹之爲較準。故制管爲律，以存聖人中和之聲，於是以十二律之聲寫入金、石、絲、竹、匏、土、革、木之內，則聲皆和而樂成矣。"上曰："作樂之制已得詳矣。宮、商、角、徵、羽既分清濁高下，如宮濁矣，何以旋宮又有極輕之聲爲宮者？"對曰："此是兩樣論頭。如應鐘爲宮其聲細，則他律爲商、角、徵、羽者更細於宮律。管本長於爲宮之律，管者，臣民不可以陵君，則以變，以半應之自合。若在言志之詩，論其氣象是宮是商，終不得變。大抵宮、商、角、徵、羽爲虛位。"

上曰："樂學失傳，論者謂聲音之道無從理論，而詭誕者又造爲秘傳怪異之術，轉相迷誤，制禮無所折衷，制樂又從何而考定？"對曰："不然。其實今人看戲，見忠臣孝子則感泣，見奸邪害正則髮指，是即樂之大本大源也。聖人有作而欲制禮，即今所行者折衷之可矣。欲制樂，即崑腔戲考定而行之可矣。"

上曰："樂有調有聲，何謂調，何謂聲？"對曰："調如今曲調之《清江引》、《新水令》是也，歌聲如歌《關雎》、《鹿鳴》之字句是也。如以宮調歌《關雎》，則'關'字必用宮，所謂起調也。至'逑'字必收到宮上，所謂畢曲也。二章'參'字、'側'字，三章'參'字、'之'字皆然，是之謂調。若每句之字宮、商、角、徵、羽、變宮、變徵七音任用，各隨其宜，如首'關'字用宮，未有次'關'仍用宮，而並頭勢必須用別音，蓋即一字隨人歌作七聲，總在高下長短上分別，非本字自爲一定之七音而不可變也。"

上曰："樂最要緊，禮即存乎其中。即如章服，各代異制，惟優人不禁。有虞氏之衣冠至周衰必蕩盡，無復舊制，而《韶》舞則全存之，至晉失傳，豈非遺憾?"對曰:"東晉雖舊制蕩盡,嘉靖改定禮樂,以爲大備,其實到此乃大崩壞。古舞斷不是古舞,大率即如今演劇,冕而舞《大武》者即武王、尚父則發揚蹈厲,各肖其形容行事,令人想見當日光景,故曰舞以象事,不肖其人,焉取哉?又恐人不曉歌者,却從旁贊其功德若何,行事若何,所謂一唱三歎也。優孟之似孫叔,人即以爲真,故當日樂工,皆非庸俗人也。"上曰:"近來中外將吏仍蹈積習,多以優伶爲性命。婦女有所好,財帛有所取,細揣情由,無怪其然。他人所樂,即如我輩之幾本書也。不爾政事之暇,如何度日?"對曰:"將吏在外,大半經濟有餘而人品不足者,使若輩婦女、財帛無所取,優伶無所愛,則漢高祖復出矣,反勞聖慮耳。刻下軍務省分,將吏各員,皇上只宜責其成功,不可苛其細事,庶爲簡當。至皇上爲社稷生民主,又豈可以將吏作榜樣?況古人暇時便有琴瑟歌舞,先王知導人身心,必有所寄,因其勢而利導之,以歸於正,正樣樣都得手,故有用,不是全靠讀書。如今禮樂久廢,只得守幾本書檢束身心,開廣知識,若移而之他,則放僻邪侈,不可言也。"上曰:"善。然則古時必有民間之樂,《韶武》豈士庶可用?《宵雅》肆三亦不可用於燕閒。使徒九廟明堂之間作《韶武》而天下即風移俗易,恐無此事。"對曰:"誠哉是言!若如今即將古書中忠孝廉節之事,製爲詞曲,去其聲容之無情理者,令人歌舞之,便足以移風易俗,感動人心。"上曰:"此舉垂之律典,豈不嫌粗?"對曰:"精義古聖賢皆是從粗中做出來的。禮樂始諸汙尊抔飲、蕢桴土鼓,後來便至禮儀三百、威儀三千,可明徵也。"

上曰:"孟子云:大國五年,小國七年,必爲政於天下。他原有戰勝攻克本事,爲何不用?"對曰:"這就是他學問大處。後人便疑孟子用兵未可據事,不知孟子手段竟可不用兵事事束縛之,以禮教人,便動不得,何必用兵?"上曰:"往年夷人朝貢兼海口通商,卿力阻其議,朕尚慮內憂未寧,外患迭起,恐成不了之局,不意竟安然無事,得毋此舉即是束縛以禮教,他便動不得?"對曰:"南夷之通商,不異西戎之馬市。夷人貪而無親,求而不厭,假令姑允通商海口,則數十年後又議通商中夏矣。假令姑允通商中夏,則數十年後又議通商朝市矣。及至夷人大舉以入,刑不能禁,勢不能制,其害更甚於馬市。馬市之所求者無非金玉財帛，而此輩邪道惑人，傳教四方，流毒中國，患不在小，是以臣推始終利弊，力阻此議。又恐此輩詭詐，反覆無常，稍失氣象，翻說中國無度量。臣是以學老子'將欲取之，必固予之'之術，調停其間，使伊無從妄想，干戈無自而起，而要求亦難變格而生矣。"上曰："他要來通商海口，卿反引他通商輋轂，這豈非暗合他的意思？他卻怕來，何故？"對曰："他非怕來，他算了歸除大不上算耳。"上曰："何以他大不上算？"對曰："就以通商一端而論，他將貨販至海口，而中國亦販貨至他國。我國金銀到他國，他國金銀又到我國，不過他之金銀到我國，而他國之外國金銀亦到我國，彼此往來交易，不要說他賠本不上算，就是不賠本亦不上算。夷人惟利是圖，而又以固本為務，通商於輋轂，他並不怕來，獨怕我國亦通商至他輋轂一著耳。若夷人失計姑允，不惟撫背扼吭，難生覬覦之心，亦恐海道頻通，致啟大國吞併之患。此番立議，名正言順，真是處處縛之以禮教，他動亦動不得，何必用兵？"上曰："卿實朕之孟子也。"賜帛百疋、金千鎰、奶餅十匣、蒲酒一罎有差。

　　上曰："官俸之薄起於何時？"對曰："官俸之薄起於宋，其所由薄則起於養兵。漢時兵在京師者不過南北軍，武帝止增七校而已，其餘南征北伐皆用民兵，無事則農，故少營務支用之費，而官俸得厚。唐之府衛雖已有兵民之分，而兵在屯田，未嘗坐而仰食，猶然農夫也。至宋削藩鎮兵權，乃悉以京室禁兵出防各路。兵額既多，而更番往來，費尤無數，故國帑虛耗，貧弱不振，而官俸遂減。且漢時兵民不分，故國勢富強。至宋藝祖，但就目前所見之弊，率意釐革，因藩鎮財富兵強，遂使設兵仗以收其銳卒，立轉運以收其利權，務使文官有民而無兵，武官有兵而無餉，以為如此，方不能為害。至各路應設守禦之處，皆從京都遣戍，更番往來，以致養兵之費，府庫為虛。不獨官俸緣以寡薄，即郊祀大典亦時以匱乏不舉。豈知官俸厚如天之雨澤，散而為利也。兵餉多如水之決隄，聚而為害也。若稍省養兵之費而散之百官，以養其廉恥，貪墨則盡法繩之，自然大小寅恭，不敢朘削小民，而閭閻日富，於是興禮樂、施教化以感之，三代之治，復見於今日也。"

上曰："近日諸軍命脈關於漕運，漕運咽喉係於河道。今南方未平，河道梗阻，兵民日食艱難，何術以濟之？"對曰："漕運梗阻，海運可通。"上曰："臣工並無籌及海運者，得毋畏風波之險與寇盜之多乎？"對曰："即臣亦何敢必其無恙，但看防禦之法何如耳。請以累朝之利陳之。海運之利始於元之十九年，招安海寇朱清、張瑄爲運官，春夏兩運，共運三百六十萬石，而京師大利，終元之世而海運焉。洪武年運七十萬石以餉遼右，遂封張、朱等爲航海運侯。至永樂初，運六十萬石以給京師。設果有害，前朝先不行之矣。自永樂十年，宋禮開會通河成而運始由河。然宋禮猶執三年海運一次之議，未嘗絕意於海也。至弘治年河運方新，而輔臣丘濬請行海運，恐後日河漕少塞，或此不至而彼來之，誠老成之先見也。登州海船裁於嘉靖三年，遮洋一總革於四十五年。至嘉靖末年，河漕屢塞，開濬累年，至隆慶四年，邳州淤塞一百八十里，京師大困，遂主海運之說。撫臣梁夢龍遂募海工，先以米麥船踏勘數番，得新行海道，並無疎虞，程圖俱在，如歷指掌，則海運之安危可知矣。且海之不如河者止二端，波濤之與寇盜。至河之不如海者十七端：河有淤塞之患，而海則片帆可達，一也；河有守凍之苦，而海一月可到，二也；河淤塞則京師有絕糧之厄，而海則春夏可兩運，三也；河有挨幫之累，而海則萬艘俱開，四也；河有竊米而貨者，海則米無從貨，五也；河有棄舟而逃者，海則逃無所往，六也；河則一夫大呼，萬艣皆停，海則一船有警，彼此可救，七也；河則一舟發火，百舟俱燼，海則散行，火不能災，八也；河則魚貫而行，一船觸則衆船俱觸，海則散行無觸，九也；河輓縴於赤日之中，海則臥舟可行，十也；河止藉行糧，未免竊米，海則餘貨可帶，寬然有餘，十一也；河則費多而財竭，海則費省而財裕，十二也；河則運久而京困，海則速達而國饒，十三也；河則運阻而邊呼庚癸，海則常足而軍心自安，十四也；河則海防日廢，海則海禁益嚴，十五也；河船五六年一造，海船可十五年一造，省價百萬，十六也；河多起剝，海則密邇通州，不煩陸輓，十七也。況今新行海道，更爲穩便。元人起自蘇州，以至直沽，共一萬三千里。今起自淮安，以至天津，止有三千三百里之近。元從大洋或風波之難避，今行傍海，有島嶼之可依，況所經之地皆山東衛所，挽泊有地,煙火相望,商人島人,往來不絕,豈商人可行而運船獨不可行耶?況我朝定鼎於燕,以居庸關爲城,以大海爲地,以九邊爲帶,則大勢宜於海也。北撫各邊,南資輸輓,以河爲根本,以海爲輔翼,誠萬世不拔之業,則定勢宜於海也。河道梗塞,西北告困,則今宜急事於海矣。"上曰:"善。命工部會議舉行。"對曰:"臣可使萬全無失者有廿五策焉。"上曰:"善。細書奏聞,以備採擇。"

一、募海工以教習水手。精擇慣行海而誠實者幾百人,察明給執,厚其口糧,分散各船,以作把舵攔頭,教習水手,各練精熟,則道若康莊矣。

二、選賢能以使任事。擇忠義膽略者,使押運,運至無缺,録功陞擢,則賢豪向風矣。

三、貴久任以責成功。糧官多一年一換,所以貪盜詐僞。不若運糧有功者陞其爵而久其任,庶實心奏績。

四、懸賞格以賈樂趨。必懸示賞格,如連一次無欠者作一功,二次無欠者作二功,完三功者拔擢運功,與軍功並行,則將材之賢者皆樂於趨事,不但運務有功,且將材可得。其餘水手以帶回貨賞之。

五、立防衛以禦不測。凡運船所經島嶼衛所之地,多設旗幟,巡船護送而行,連絡不絕。儻有風波寇盜,即鳴鑼放礮,盡發沿邊島內船以救之。

六、立標記以便挽泊。凡可挽泊之地,豫立大黃旗一面,夜設大燈一碗,或遠而難見,則立煙墪,舉煙爲號,守島兵鳴鑼以招之。如本處泊滿,放下旗燈,以便後船另泊。回船日亦如之。

七、立記號以便迴避。或礁石、或淺灘應避去處,此大緊要關頭,宜遠之,多立黑旗爲號,夜張二燈,即淺灘處守島兵吹咧咧以驅之。回船日亦如之。

八、早運期以趁順風。四月以前風多東南,順而且和,遲則逆而暴矣。必宜十二月兌完,正月出淮,三月到天津,庶運日少而費益省。

九、造糧船以利重載。海船與漕船大不相同,海船必宜尖頭闊腹而上無棚樓,方可破浪乘風,又宜高舷深艙而平安鎮板,方可重載而不近水。必擇廉能官專督之，使之取堅木造成，庶可十五年一造。

十、占風候以便趨避。必擇精於占風候者以偕行，風有不便之時，斷不可行。

十一、察潮汛以定行止。海中之潮不爽時刻，順之而行，萬無一失。

十二、廣延訪以開見識。凡有識天文、熟海道者，有奇謀大識、技勇絕倫、可禦海寇者，不妨重聘，招以偕行，即海邊耆老，亦宜問之，以知趨避。

十三、給海程以安衆心。凡糧船所經地方，如某處可以挽泊，或多或少；如某處必當迴避，或石或灘；如某島約幾百里，判示明白，遍給船工，使之曉然知喻。

十四、續發運以便泊船。必以五十隻爲一幫，逐幫開放，一者小島可以容泊，二者左右可以互援，三者陸續至無大舛。

十五、禁泛洋以防寇盜。凡商人、島人俱著在島嶼之內，以熟習引道。如有擅造海船遠泛大洋，私賣違禁貨物，船貨一半入官，一半賞捕獲之人，生事者坐罪。

十六、遠外貢以備敵性。凡遠人貢獻者，不妨迂其程途，使由大洋而來，不可使之習知運道，以防不測。

十七、葺門戶以杜窺伺。凡島嶼衛所營寨，必漸加修，以杜叵測，亦海運之要務也。

十八、擇旗甲以防偷盜。水手偷米脫逃，以致運官坐罪。必宜擇其旗甲之可托者充之，懸一定制，凡盜糧者連旗甲一併提追，則旗甲畏罪而不敢盜矣。

十九、賞早到以賈先行。糧船之稽延，挨幫之故也。宜懸一賞格，不必挨幫，先到者重賞，使之抽幫而進，在後者鼓舞而前，在前者惟恐落後，此亦鼓舞之妙法。

二十、回載鹽以收大利。天津之鹽每斤三文，淮安之鹽每斤五十文，莫若以空運船載鹽到淮，則每歲千萬之利歸於國矣。

二十一、帶回貨以結衆心。每回船一隻,許帶貨八十擔,以免其稅,不許帶違禁貨物,則人心悅矣。

二十二、備器械以嚴防禦。凡連船一隻,必給利器、火藥、鉛丸、火繩等物,以備不虞。

二十三、絕通番以防倭患。海運既行,安保通番者不輸情於敵乎?必宜懸示痛絕,如有擒獲者,即以所獲之物盡賞之。

二十四、分運道以省民力。如近河而無礙者,照舊河運,近海而省便者,則通海運,庶民力省而兩便。

二十五、廣商運以裕國儲。今糧米一千,到京不滿五百,包合六兩一石矣。尚有侵盜之虞、覆溺之患、盤剝之費,又去其大半,每石約費數金之外。湖廣、江西、南直等處米賤時不過幾錢一石,臣意不若頒一明示,著各省大商俱販米到京投納,以給鹽引,作每石三兩,在彼以倍價而樂輸,在朝廷可省萬萬錢糧,而糧必填滿京塞矣。咽喉得濟,命脈自榮。神京有磐石之安,各塞有金湯之固。此目下萬不可緩之急務也。

上曰:"善。依議舉行。"

上問切時要務。對曰:"興北方水利以省漕運之煩;除天下阨塞、要害留兵外,其餘城守半用民兵,即阨塞、要害處宜仿屯衛之制,以省養兵之費,而厚官俸以甦民困,是切時要務。制度全壞於宋,以《周禮》爲本,而參以漢、唐與明之法,其庶幾乎?"

上問安天下之策。對曰:"南不封王,北不罷親。"

上問時政之得失,對曰:"親親尊賢,樹德蘇困。去冗官,節浮費,此其得;間架、釐金、開礦、鬻爵,此其失。"上曰:"可禁止乎?"對曰:"自古天下之利一開而莫之禁。"上曰:"四件之失,何者爲尤?"對曰:"與國家繫存亡者,其鬻爵乎?鬻爵失之尤者也。"上曰:"方今軍糈支絀,鬻爵一端,較之間架等項,獲利尤速,明知無益於國家,火燒眉且顧眼下。嗣後非有軍務,不得權宜鬻爵,永著爲令,以杜將來。卿試以爲何如?"對曰:"此亦權變之一道也。"

上曰:"文人中陸宣公、韓文公何以儘有實用?"對曰:"知古卻又通今,所以儘有實用。臣嘗看衰世文字奏議,往往述説當今時務而不援古證今,其學已無根據,欲其致君澤民,難矣。看陸宣公奏議,正論必本經書,而處置都合機宜。韓文公論淮西黃家賊及復讐、褅袷等議,援引故實,皆確中事理,的係有本之學。"

上曰:"王荆公文字看得出他能壞天下否?"對曰:"看得出。他作文字見人與他意思相同者即便毀稿,此便是大病。"上曰:"人與我意見相同,正可以佐證,爲何削去?卿如見人意見有相同者,何以處之?"對曰:"臣嘗讀過《原道》一篇,謬分段落,自以爲獨,及見張長史亦如此分段,臣更喜所見之不謬也。"上曰:"善。這就是大公無我之心。"

上曰:"人要剷除惡人,何以使他心服?"對曰:"要剷除惡人,須自己果能無惡,纔能使他心服。如淫祠豈不宜毀?但自己道理足、心地光明,氣燄大於他就無得説,不爾他心便不服。"

上曰:"西漢開基,諸事草率,郊用五時,原廟、陵廟紛然無理,卻人民樂業。至匡、韋輩引經據典,盡廢不制之祀,毅然欲明先王之道,而盜賊蜂起,饑饉洊至,日就凋敝。復古爲災,這又何説?"對曰:"諸事不古,獨在事上復古,徒爲紛擾而已,何當於治?所以立身治國,皆要有本有末,澈底澄清,方能一線做成。"

上曰:"明代雖經太平,然諸事多未曾整理,最要者以何爲先?"對曰:"豐沛蕭碭,自古盜賊出沒之區。如直隸、山東,儘可開溝洫、修水利,治其土田,以省漕運,乃置之不理,安坐而待哺於東南,使江淮之間有竊發者中梗漕運,則青、冀、兗、豫、幽、并之地無以取給矣。"上曰:"此著卻是可慮,卿當計畫而行。"

上曰:"洪武開闢時,如道家、釋流到了他眼睛裏却是好人,何以崇禎時人才稍有,動即歎無人?"對曰:"人身分愈高,工夫愈深,愈見得天下好人；自己不濟，轉見得人都不如我，動歎天下無人。若洪武之道家、釋流又不可爲訓也。總之聖人隨材器使最妙，人各有一長，避其所短，用其所長，孰不思有以自見？在上者又惟恐其功業之不成，獎勵優容之，到後來多把朝廷家發旺得不可測度，連氣象都覺得隆盛。工虞水火，終身只辦得一事，後世都以爲聖人。原不是聖人之世，人都多一耳目口鼻，只是聖人器使得妙。西蜀人物能有幾箇？經孔明用來，便覺得足用，因其材也。不然，雖人才衆多，如宋仁宗、神宗用之，不盡其才，只如無有一般。神宗臨朝，而對程明道先生而歎天下無人，豈無人哉，不能用耳。"

上曰："武侯會做詩否？"對曰："武侯做詩只有一首，讀者多不得其意。武侯使人各盡其材，儀、延輩皆非端人，而用之終身，此實成大業之本。是詩諷刺俱在言外，其詩曰：'誰能爲此謀？國相齊晏子。'若曰是誰之謀，乃相國之尊，齊國之大，晏子之所爲也。相國之尊而不能用，齊國之大而不能容，勝於深文醜詆矣。且中間以士目三人，以讒言斥晏子，下語顯然矣。"

上曰："朕看陶詩，理學深純，德性堅定，雖杜、韓有不能到處。朕昨看《飲酒》末章，語氣似未說明。"對曰："語氣雖未說明，義蘊已包含在内。如'羲農去我久'，一起句即識見超出尋常。自秦漢來，黃老盛行，却說聖賢以禮樂詩書教得人姦僞叢生，此詩却說'汲汲魯中叟，彌縫使其純'。黃老之說，如言人神氣本足，却被後來飲食藥餌戕賊生命，不知陰陽之氣自幼而成而老，知識開後，人事錯雜，嗜慾紛起，亦理勢之自然，所以用飲食藥餌者，正欲保固其先天元氣也。鳳鳴雖不至，到底禮樂一新，自仲尼没而微言絕，七十子亡而大義乖，老莊之學，果非焚坑之禍，不知詩書所以明民，非愚民也，何罪而至此？漢之伏生、孔安國輩殷勤辛苦，存此六籍，如何至今又不以此爲事，終日馳驅於名利之場，不見有問津於此者？遂下一筆溜到飲酒上去，謂我若不快飲，亦尤面效之，豈不負此儒巾乎？其溜到酒者，彼何等時，靖節尚敢講學立教自標榜耶？'但恨多謬誤，君當恕罪人'，又謙得有意思。謂吾之行事，謬誤於詩書禮樂者，麴蘗之託而昏明之逃，非得已也。謝靈運、鮑明遠稍見才華，無一免者，可以觀矣。"

上曰："文章乃天地元氣，莫知其然而然。"對曰："即如唐初詩人，何嘗不師六朝？然陳子昂輩出，聲氣便不仝，覺得氣清而厚，元氣混沌，此豈人能爲之，眞是莫知其然而然。"

上曰："歷代國祚何以一長一短？"對曰："漢、唐雖雜霸，尚能假仁義而行，故國祚自三代以下最爲遠。秦、隋、南北朝、五代皆以不仁立國，故其祚如彼之促。斯可以爲萬世鑑矣。"

上曰："教太子宜遵何法？"對曰："賈誼疏中教太子最善。"

上問："詔諭宜倣何代？"對曰："漢詔多引咎責躬恤民之意，最爲近古。"

上問："大臣以何人爲法？"對曰："霍光、武侯，小心謹慎，沈靜詳審，可爲大臣法。"

上曰："漢文帝即位之後，除收孥相坐律，却貢獻，定賑窮養老之法，除誹謗妖言律，以至免租之類，皆仁政之大端也。三代以下，可算賢君。"對曰："漢文帝天資恭儉，又加學力，是以發號施令，取則古人，三代以下，誠爲賢矣。"

上曰："漢高祖之後，非得文景之養民，即繼之以武帝之多欲，則漢之存亡未可知也。"對曰："唐高祖之後非得太宗之富民，即繼之以高宗昏懦，則唐之存亡亦未可知也。"上曰："大抵漢、唐之所以延縣國祚者，率由此數君有以立其本耳。"對曰："自古聖君賢相，締造維艱，守成亦不易。四百年之漢，文帝培其本；三百年之唐，太宗養其根；三百餘之宋，太祖、太宗、真宗、仁宗浚其源。秦、晉、隋皆不一再傳而遂亡者，由無恭儉之君培養浚導其源於前，即繼以殘暴淫侈之主也。"

上曰："司馬公大忠，從何處看出？"對曰："勸仁宗建儲一事可謂大忠。"

上曰："南宋之君，大抵無剛明者，雖朱子之賢，不能用，群奸得志，終至僨事，豈非前車之鑑？"對曰："宋高宗中興之主，陳少陽、岳武穆皆死於讒佞，信用汪、黃、秦檜之奸邪，其不亡者幸而已。"上曰："秦檜所以得售其講和奸謀者，正以高宗自全苟安之心有以來也。嗚呼，可恨哉！"

上曰："漢高帝破秦滅楚，不五載而成帝業，何以如此之速？"對曰："漢高祖取天下,能用群策。如下陳留,用酈生之策;還車霸上、攻嶢關用樊噲、張良之策;從漢中出兵,用韓信之策;守滎陽、成皋,又用酈生之策;捐金間楚,用陳平之策;封韓信齊王,追項羽垓下,以地封韓信、彭越、英布,使自爲戰,又用良、平之策;及天下已定,徙都關中,用劉敬之策。悉收其策而用其長,此所以破秦滅楚,不五年而成帝業。"上曰:"卿前與御史黃熙允經略江南、福建等處,何以三年之間大功克奏,其速如此,想亦有良策?"對曰:"昔李牧守邊,每匈奴入寇,輒入保不戰,如此數歲,一旦出兵,大破匈奴,威振漠北。此正老子所謂'大國以下小國則取小國,小國以下大國則取大國',又曰'欲上民必以言下之,欲先民必以身後之'。孫子所謂'始如處女',敵人閉户後如脱兔,敵不敢拒。熙允用兵之術,亦大率類此,故皆得速奏膚功。"

上曰:"朕看魏晉以來歷代開基之主,多有毀人陵寢、焚其祖廟,以爲絶其命脈,破其風水,使吾子孫得以緜延國祚,豈非損人利己而忘天道循環之報乎?一代聖人創制皆出其手,何獨於此一條上反見不到?"對曰:"這又是聰明太過上病根,亦是聰明太過上積下的報應。如夏、商之後皆統承先王,修其禮物,作賓於王家,雖改姓易物,而宗廟之血食、子孫之封爵、園陵之祀享皆得與時王匹休而不泯,非其開創之主有大德大功,能如是乎?因是以觀,魏晉以來以及南北朝、五代之世,皆素無功德於天下,徒以狙詐兵力,絶人宗嗣,竊命一時,皆不數傳而子孫無容足之地,廟祀遂以絶饗,枯骨亦被回禄。天理循環,報施不爽,非聰明太過者自取之耶?"

上曰:"卿南不封王之説,甚合朕意。特恐將來宗支日繁,府第日闢,俸養日多,一旦外夷侵淩,中原擾攘,倉庫告匱,這便如何處置?"對曰:"主上此番遠慮,與八旗之兵食關繫一體,要皆在中興以後得人治理,自可無虞,非開闢之君所能豫籌。況法未有久而無弊者,在賢君相隨時興利、隨時除弊一著盡之耳。如周之封建,初則屏藩王室,翼戴天子,未嘗不善也。至於春秋則尾大不掉之勢,而周因以微。秦矯其失,罷侯置守,又以孤立無助而亡。漢又懲秦失,遂大封同姓,至景帝有七國之變。武帝下推恩施,令諸侯削弱,而王莽又得奮其奸。

魏仍漢末之失,宗室疏遠,而晉得以竊其國。晉鑑魏失,分封太廣,而骨肉自戕,外夷因之以亂華。由是觀之,法雖善,久必有弊,要在隨時以審其勢輕重以救之,勿使失於偏甚,則法之善者也。不然,馴積之久,至於偏甚而不可舉,正自有大可慮者生乎其間矣。"

上曰:"唐郭子儀處盧杞得志之時,何以不受讒刑之害?"對曰:"郭子儀竭忠誠以事君,故君心無所疑;以厚德不露圭角處人,故讒邪莫能害。"

上曰:"朕本性急,心又好動,何以制之?"對曰:"靜能制動,緩能制急。"

上曰:"何謂心得?"對曰:"讀書之久,見得書上之理與自身上之理一一契合,方是心得。"

上曰:"至大之惡,以何事為最?"對曰:"至大之惡,由於念之不公。"

上曰:"何謂誠?"對曰:"不敢有邪心,漸近於誠。"上曰:"格物致知之功,從何下手?"對曰:"或讀書,或理事,或論人物,必求其是處,便是格物致知之功。"上曰:"蓋是者天理也,非者人欲也。"對曰:"得其是則天理自見矣。"

上曰:"釋氏何所分別?"對曰:"聖人順天理而盡人倫,釋氏逆天理而滅人倫。"上曰:"身體髮膚受之父母,不敢毀傷,人之大孝也。夫婦配偶,所以承先啟後,人之大倫也。釋氏乃使人髡其髮、絕其配,不孝絕倫之罪大矣。"

上曰:"卿看朕可有人所不及處?"對曰:"至尊所不及者惟不嗜殺人。雖明季誤國奸黨,亦不曾誅族,尚有為近臣者。前年以大臣親族有以叛逆論者,他已自分連坐,乃寬之不問,下諭曰:豈有人做此等事而謀之宗族?何等聖明,不獨前代緹騎傳之北寺、東廠,刑罰嚴酷,即三代以前亦有相及之典故,《甘誓》、《湯誓》俱曰'予則孥戮汝'。如此盛德,真越絕千古矣。"

上曰:"永定河水漲發,固安等處都被淹沒,小民流離失所,日不聊生,朕甚憂之。縱使入海,得於吾民生養休息,享數十年安瀾之利。"對曰:"河水重濁,理無不淤。下流既淤,上流必決。以近事驗之,決河非不能力塞,故道非不能力復,但勢不能久耳。是以《禹貢》一篇無一堤障字樣,惟'九澤既陂',澤乃可用陂耳。蓋澤水淹漫,略用陂堰,使田有可取。若江河之流,難以隄束,所以孟子謂行所無事。若鯀湮洪水,便是用隄,隄實非順水之性,是以聖人不取。以臣愚見參之,江河無不決之流,何須與水爭地?但免其民之錢糧,使無催科之擾,則民賴水利,亦足以生。隄久必壞,終歸無益。河臣得以藉口,徒費國帑而已。"上曰:"大禹之功,萬世永賴,然不久亦輒廢遷。如今既與斯民同時,得幾年安享地利,令少者長,長者老,老者死,亦可矣。譬如年荒賑濟,明知三日糧不保其三日之外,但且救他三日,未有逆料其三日後之必死,並靳現在之糧而速之死者。"對曰:"如此說來,自以聖見為是。然以臣私憂過計,天災人事可補,河患非人力所能勉強而為。況今日中則昃,月盈則虧,造化彌縫,正賴今日。莫若積河工累年之有餘,補他八旗之不足。調元贊化,亦是補偏救弊之一道。況河決之患,無隄尚不至大害,一設隄防,其害實有不可言者。即如前李學臣去看河南時,靳總河引高堰一帶,看六壩曰:'此前明潘印川所留四十里天然減水壩也。'原是四十里行水,並不說害民。今只留六壩,科道卻參他害民,彼時臣尚不解其故。及後大城靜海,頻苦水患。先是二縣無隄,並未告災,至近歲隄成,民反大病。於是適臣經略南邦,道出淮上,因悟六壩之害,與此正同。蓋水平漫則淺而無力,用隄束之,一遇崩決,則力併而猛,其疾如箭,當之者無不靡潰,築隄斷非良策。況河水遷徙無常,東行則西路必退出,西行則東路必退出。退出之地皆極肥美,反得數倍收成。只勿與水爭地,轉多罣礙,何如隨其所行之地,蠲除其糧可也。"上曰:"鹽城范公隄因何而築?"對曰:"全是為海水侵田。海勢高於內地,汐時內水外出,潮時外水內入。出者甜水,入者鹹水。鹹水所過,田便無用,但受其害,不獲其利,是以築修隄障之。今下河人家半在水中,安之若素,田倒肥美,又有魚蝦之利。是靳總河議開下河七道洩水為無益,此見甚是。"

上曰:"京畿水利只繫通惠一河,通惠來源只繫玉泉一脈。山高尚有崩動之勢,泉豈無枯竭之時?"對曰:"臣亦早經料及,此時尚無憂,但二百年後當勞聖慮耳。"上曰:"此泉二百年後始枯竭乎?"對曰:"臣曾看過玉泉,其泉有三孔,孔分上中下。三元上元微、中元旺、下元竭,是以京畿風水惟中元最佳。但源泉混混,疾流而下,水無停蓄之處,是以前明雖得風水,無人治理,其財仍然不聚。

若能於玉泉山挖河一道,停蓄其源,順流而下,可無憾矣。"上曰:"風水可信乎?"對曰:"風水豈可不信?《詩》曰:'相其陰陽,觀其流泉。'古人尚且如此,一命、二運、三風水、四積陰功、五讀書,即俚言亦聖諦也。"上曰:"元氣洩,倉庫竭。"對曰:"倉庫竭,患之小者也。水竭火旺,自然之理,恐他時變遭火患,大有播遷之虞。"上曰:"聖人治天下,氣運尚可挽回,何況火患。但挽回之術,又當何在?"對曰:"臣前遍覽畿輔形勢,查泉源之來派,緣自地中流出,是以不得頭緒。於是辨其分量之輕重,嘗其水味之甜淡,與泉相等,惟清濁稍差,相係一脈,此處或竭,彼處必盈。屆時得留心河渠之臣,相機籌畫,使引白河水由密雲、懷柔入昌平達通惠,則財源可裕而水利可得矣。"上曰:"尚有隱憂乎?"對曰:"天道二百年一小變,三百年一大變。天道幽遠,非臣所能豫知也。"

經略洪承疇奏對筆記卷下

上曰："鹽臣調停鹽法，設巡捕之格，課以私鹽之獲，每季若干，爲一定之額，此法可行否？"對曰："行鹽地方有遠近之不同。遠於官而近於私則民不得不買私鹽，既買私鹽則興販之徒衆，於是乎盜賊多而刑獄滋矣。《宋史》言江西之虔州，地連廣南，而福建之汀州亦與虔接。虔法弗佳，汀故不產鹽，二州民多盜販廣南鹽以射利。每歲秋冬田事纔畢，恒數十百爲群，持甲兵旗鼓，往來虔、汀、漳、湖、循梅、惠、廣八州之地，所至劫人穀帛，掠人婦女，與巡捕吏卒鬥格，或至殺傷，則起爲盜，依阻險要，捕不能得，或赦其罪招之。元末之張士誠以鹽徒而盜據吳會。其小小興販，雖太平之世，歷代未嘗絕也。江蘇常州爲兩浙行鹽之地，而民間多販淮鹽，自通州渡江，其色青黑，視官鹽爲善。及臣之大同一帶，見所食皆蕃鹽，堅緻精好，此地利之便，非國法之所能禁也。明知其不能禁而設爲巡捕之格，課以私鹽之獲，每季若干，爲一定之額，此掩耳盜鈴之政也。"

上曰："唐劉晏整頓捐輸，用士紳不用胥吏，法最善，即爲轉運使專用権鹽法充軍國之用亦善，卿可知他整頓鹽法是何作用？"對曰："時自許、汝、鄭、鄧之西皆食河東池鹽，度支主之；汴、滑、唐、蔡之東皆食海鹽，晏主之。晏以爲鹽吏多則州縣擾，故但於出鹽之地置鹽官，收鹽戶所煑之鹽轉鬻於商人，任其所之，其餘州縣不復置官。其江嶺間去鹽鄉遠者，轉官鹽於彼貯之。或商絕鹽貴，則減價鬻之，謂之常平鹽，官獲其利而民不乏鹽。江淮鹽利始不過四十萬緡，及晏行之季年，乃遞增至六百萬緡。由是國用充足，而民不困敝。今日鹽利之不可興，正以鹽利之不得人也，觀劉晏之作用可知矣。"

上曰："行鹽之法可有國與民兩利者？"對曰："鹽之產於場，猶五穀之生於地。宜就場定額，一税之後，不問其所之。天下皆私鹽，其實天下皆官鹽，則國與民兩利。"

上曰："近來驛傳何以馬倒官逃？"對曰："臣嘗考後唐《輿服志》，驛馬三十里一置，唐制亦然，白居易詩'從陝至東京，山低路漸平；風江四百里，車馬十三程'是也。"上曰："或一日而馳十驛者，詩有之乎？"對曰："岑參詩'一驛過一驛，二騎如星流。平明發咸陽，暮及隴山頭'、韓愈詩'銜命山東撫亂師，日馳三百自嫌遲'是也。又如天寶間，禄山反范陽，時上在華清宫，聞於行在，六日而達。至德間，廣平王收西京，時上在鳳翔，捷書至行在，一日而達。唐制敕書日行五百里，捷書又過之，則又不止於十驛也。要之古人按三十里一置驛，故行速而馬不敝；後人以節費之説，歷次裁併，至有七八十里而一驛者。如漁陽驛，昔仍舊貫，今以夏店、公樂二驛併於三河，則一驛七十里，已不堪其敝矣，况多於七十里者乎？馬倒官逃，職此之由。"

上曰："今北方諸蒙古王公，與朕皆手足親誼，可謂天下一家。然百年無不散之筵席，北面屏藩，是否仍照前明舉行？"對曰："現時斷然行不得。"上曰："何故？"對曰："行之恐生疑心，反於事無濟。"上曰："究竟北方干戈得能永終相罷否？"對曰："北方可保三百年無背叛之患。但北方生齒日繁，多安於遊惰，將來干戈特恐在貧字上起。"上曰："人當極貧，雖孝子不能顧其父母。此著甚是可慮，然則何術以濟之？"對曰："整頓游牧地方，尚是緩著。方今邊郡之民，如宣大、古北、榆關一帶，既不知耕，又不知織，雖有材力而安游惰，非開場聚賭，即揭竿為盜，勢所必至，理有固然。屯田之政不可不講，而紡織之利亦不可不舉。臣嘗覩王宏著議，以為延安一府，布帛之價貴於西安數倍，既不獲紡織之利，而又歲有買布之費，生計日蹙，國税日逋，非盡其民之惰，以無教之者耳。今當按州縣發紡績之具一副，令有司依式造成，散給里下，募外郡能織者為師，即以民之勤惰工拙為有司之殿最，一二年間，民享其利，將自為之而不煩程督矣。計延安一府四萬五千餘户，户不下三女子，固已十三萬餘人，其為利益豈不甚多？按《鹽鐵論》曰：'邊氓無桑麻之利，仰中國絲絮而後衣之。夏不釋服，冬不離窟。父子夫婦，内藏於穴室土圜之中。'崔寔《政論》曰：'僕前為五原太守，土俗不知紡績，冬積草伏卧其中，若見吏以草纏身，令人酸鼻。吾乃賣儲峙得二十餘萬，詣雁門、廣武迎織師，使巧手作機，乃紡以教民織。'是則古人有行之者矣。《漢志》有云：冬民既入，婦人同巷相從，夜績女工，一月得四十五日。'八月載績，爲公子裳'，豳之舊俗也。率而行之，推而遠之，不獨干戈可息，貧患可紓，而富強之效、敦龐之化，豈難致哉！"

上曰："近因軍餉支絀，撫臣奏請行豫借法，始於何代？"對曰："唐代宗廣德二年稅天下地畝青苗錢，以給百官俸。所謂青苗錢者，以國用急，不及待秋，方苗青而徵之，故號青苗錢。主其任者爲青苗使，遂爲後代豫借之始。"上曰："此青苗非王安石之青苗乎？"對曰："此與宋王安石所行青苗錢文法不同。彼則當青苗未接之時，貸錢於貧民而取其息本，謂之常平錢，民間呼作青苗錢耳。"

上曰："豫借之政，是否病民？"對曰："陸宣公言蠶事方興，已輸縑稅；農功未艾，遽歛穀租。上司之繩責既嚴，下吏之威暴愈促。有者急賣而耕其半直，無者求假而費其倍酬。憲宗元和六年，制以新陳未接，營辦尤艱，凡有給用，委觀察使以供軍錢方員借便，不得量百姓。故韓文公有《游城南》詩云：'白布長衫紫布巾，差科未動是閒身。麥苗含穟桑生葚，共向田頭樂社神。'是四月之間尚未動差科也。至後唐莊宗時，以軍食不足，敕河南尹豫借夏秋稅。其時外內離叛，未及一月，主亡國破。明宗即位，頗知愛民，見於《文獻通考》所載長興四年起徵條疏，其節候早者，五月十五日起徵，八月一日納足，遞而下之，其尤晚者六月十五日起徵，九月納足。周世宗顯德間，上謂侍臣曰：'近朝徵歛穀帛，多不俟收穫紡績之畢。'乃詔三司，自今夏稅以六月、秋稅以十月起徵。是莊宗雖有三月豫借之令，而實未嘗行也。乃後代國勢艱危，動即春初出榜開徵，其病民甚矣，況豫借隔年乎？"

上曰："朕聞外洋新出一種鴉片，云是罌粟花之精液凝結擣鍊而成，其氣薰，其性歛，能提神止泄辟瘴。其於人也，柔而善入，狎而易溺，久則廢時失事，相依爲命，甚者氣弱中乾，面灰齒黑。何以明知其害而不之絶也？"對曰："天生種類，不害其國，定害於他國，非人力之所能絶也。"上曰："罌粟花究係何物，出自何方？"對曰："罌粟花即前明李時珍《本草綱目》上所云阿芙蓉是也。前代罕聞，近方有種者。至鴉片之類有三，一曰公班，皮色黑，亦曰烏土，出明雅喇；一曰白皮，出孟買；一曰紅皮，出曼達喇薩，皆英吉利屬國。"上曰："此害若遺至中國，將來伊於胡底。不若閉關絕市，拔本塞源爲妙。"對曰："西洋諸國通市舶者千有餘年，住澳門者亦一百餘年，其食鴉片者止英吉利耳。今將絕英吉利乎？抑盡諸國而絕之乎？盡絕則無以服其心，專絕則無以善其後。即使諸夷盡去，而瀕海數十萬衆一旦失業，無以爲生，小則聚而爲奸，大則引以起釁，東南之患，自此始矣。就令無患，而蛟門以外，擇島爲廬，天津、江浙、閩廣之船皆得而至之，又烏得而絕之哉？"上曰："俟國家休養生息有年，四海殷富，金貝充塞。然而天地之數，散之甚易，聚之甚難。以中原易盡之藏，填海外無窮之壑，日增日益，不知其極，所謂無纖末之利有世世絕大之害者也，朕甚憂之。"對曰："從來風氣之先，必有一人開之。我朝肇基關東，皆吸關東葉，以避煙瘴。至中原傳染日久，習爲故常，這就是吸鴉片煙的兆頭。然則爲今之計，亦惟明燭先幾，兩利相衡則取其重，兩害相較則取其輕。弛禁者勢也，行法者權也。酌天下之勢以爲權，其事亦孔亟矣。否則數十百年後，中國之耗又復億萬，所謂上中策均不可得而行，制治未亂，保邦未危，則何不計之於早也。"上曰："因流弊之所極，反其道以用之，亦是通權之一法。但耗中原之地方，奪天下之農功，則内種益難。"對曰："夫三熟之田，二稻一麥，稻之利八，麥之利二。按鴉片三月成苞，收漿之後，乃種早稻，所妨者麥耳，其利實數倍於麥，其益於農者大矣。楚人失之，楚人得之，不猶愈於夷人乎哉？"上曰："卿何以知鴉片收成之期候？"對曰："臣幼時在塾讀書，即知外洋有一種鴉片，最引人。因購得阿芙蓉一種，以盆養之，體驗物性，深思其弊。"上曰："卿真留心時務哉！"對曰："凡今之計，惟宜著令，凡内地人與夷船交易，但許以貨易貨，毋許以銀置買夷貨。其易貨之法，皆外貴我貨而内賤彼貨，如嚴禁羽呢不許作爲禮服，時辰錶止許僕從佩帶，則其勢將日賤。彼貨既賤，則内地賈人但以貨易之而有餘利，無須以銀置買。凡夷船泊海，令其先行投税官驗來貨若干，給票存貯，代易代買，如天津、登萊、上海、甯波、廈門、臺灣諸洋面出沒去處，勒兵以待之。水師糧餉本倍陸營，無事即使之練習戰守，嚴挐交易鴉片，誠爲兩便。且夷人所以專利者，奇貨可居耳。夷人無所利，數十年之後，亦不禁而自絕。若不能絕則內地之種日多，夷人之利日減，迨至無利，而來者鮮矣。不特此也，內地所種，水土和平，爲害較輕，絕引漸易。昔淡巴菰來自呂宋，食者欲眩，而內地之產則否，非明徵乎？明以示寬大之典，陰以用轉移之術，此救弊之大權，舍此而外，臣恐聖人復起，亦別無上策。"

上曰："近年各經略於山東、河南、湖廣招撫降衆不下十餘萬，擬令實邊，以安生業，此舉是否可行？"對曰："臣考《金史·許安仁傳》，章宗時朝議以流寇實邊，安仁言，昔漢時有募民實邊之議，蓋度地營邑，制爲田宅，使至者有所歸，作者有所用，於是輕去故鄉而易於遷徙。如使被刑之徒，寒饑困苦，無聊之心，靡所顧藉，即與古之募民入塞不同，非所宜行。安仁之策如是，請主上酌之。"

上曰："五星之聚，主何吉凶？"對曰："史言周將興，五星聚房。齊桓將霸，五星聚箕。漢元年，五星聚東井。唐天寶間，五星聚尾箕。元太祖二十一年，五星聚見於西南。明嘉靖時，五星聚營室。天啓四年，五星聚張，占曰：'五星若何，是謂易行。有德愛慶，改立王者，奄有四方，子孫蕃昌。無德受殃，離其家國，滅其宗廟，百姓離去，初淹四方。'考之前史所載，惟天寶不吉，蓋玄宗之政荒矣。或云漢從歲，宋從塡，唐從熒惑云。"

上曰："何以四星之聚，占者不以爲吉？"對曰："以臣考之，然亦有不同者。如慕容超之滅，四星聚奎婁；姚泓之滅，四星聚東井。後晉天福五年，術士孫智永以四星聚斗分野有災，勸南唐主巡東都。宋靖康元年，太白、熒惑、歲塡合於張。嘉熙元年，太白、歲辰合於斗，詔避殿減膳，以圖消弭。此則天官家所謂四星若合，其國兵喪並起，君子無名，小人當流，此又泥於一家之占者矣。"

上曰："三代以上，人人皆知天文。如'七月流火'，農夫之辭也；'三星在戶'，婦人之語也；'月離於畢'，戍卒之作也；'龍尾伏晨'，兒童之謠也。近來文人學士有問之而茫然不知者矣。"對曰："若曆法則古人不及今人之密，亦各有所傳授也。"

上曰："前明守邊將士每至秋月草枯，出關縱火，謂之燒荒，有何益處？"對曰："正統年閒，錦衣衛指揮僉事王英言，禦鹵莫善於燒荒。蓋鹵之所恃者馬，馬之所恃者草。近年燒荒遠者不過百里，近者五六十里。鹵馬來侵，半日可至。乞敕邊將遇秋深率兵，約日同出數百里外，縱火焚燒，使鹵馬無水草可恃。如此則在我雖一時之勞，而一冬坐臥可安矣。翰林院編修徐貞亦請每年九月盡飭坐營將官巡邊，分爲三路，一出宣府，抵赤城、獨石；一出大同，抵萬全；一出山海，抵遼東。各出塞三五百里燒荒瞭哨，如遇邊寇出沒，即相機剿殺。此先期燒荒舊制，誠守邊之良策也。"

上曰："軍行一遲一速，何者得濟？"對曰："昔魏明帝遣司馬懿征遼東，其時自雒陽出軍，不過三千餘里，而帝問往還幾日，對曰：'往百日，攻百日，還百日，以六十日爲休息，如此一年足矣。'此猶是古人師行慎重，日驛三十里之遺意。至夏侯淵爲將，急性暴流，雖不顧後，常出敵之不意，軍中爲之語曰：'典軍校尉夏侯淵，三日五百，六日一千。'此可用之於二三百里之近，不然，百里而趨利者蹶上將，況疾行者無謀，兵疲者怯戰，固兵家所忌也。"

上曰："奇門可恃乎？"對曰："可神而不可恃也。"

上曰："天下何以安？"對曰："主聖臣直天下安。"

上曰："天下何以危？"對曰："本小末大勢必危。"

上曰："先時重伍子胥，後重朱虛侯，今乃重關壯繆。何以死人香火亦有由盛而衰者，即有由衰而盛者？"對曰："只因其人當日死時有一段鬱結處，人人爲之鬱結。以人之鬱結，合之神之鬱結，自然兩相感通。至於鬱結之久，非祭賽祠廟鼓樂祝祈之盛，不足以宣洩其氣，故致香火之盛。迨鬱結之氣漸平，則香火亦漸減。理自如此，皆人心爲之。"

上曰："人生貌相，亦關氣運，何以自古以來開創之人才多短小，守成之人才多富偉，中興之人才多寒瘦，末世之人才多恢麗？"對曰："非短小則元氣不混，非富偉則元氣不舒，非寒瘦則元氣不清，非恢麗則元氣不盡。"

上曰："感天似比感人較易。"對曰："自然是如此。天者吾之父母也，人者吾之同類相與也。"

上曰："天地無心而成化。果能無心否？"對曰："以爲無心，連人亦可謂之無心；以爲有心，連天地亦謂之有心。人在天地間，不過偶然氣聚，能蓄多少靈光，尚然有知覺，何況天地？即父慈子孝，君仁臣忠，兄友弟恭，夫倡婦隨，亦是感應自然之理，不得謂之有心，然謂之無心可乎？山川之陰氣，生而爲雲，天以陽氣壓下降遂成雨，亦升降自然之理，然便有雲師、風伯、雷公、電母運行於其中，既過便都不知歸於何所。天地總是一氣塞滿，有氣便有象，有象便有神。"

上曰："世間如何纔能熱鬧？"對曰："世間要熱鬧，須耐得幾年冷淡。人儉樸了方能富厚。但教民儉，又須兼勤。南方勤而不儉，北方儉而不勤。教之勤儉矣，又自官府躬尚儉樸，與民休息，自然民氣日復。若只要外面熱鬧，就使百項俱舉，到處興修，究所自來，皆此蚩蚩者之膏血，安能使家給人足？"

上曰："教人而人服從，實濟從何得來？"對曰："卻有兩路，一是示以心德，一是誘以功利。七十子之服從，示以心德也。漢之經學、唐宋之詩賦、明之制藝，誘以功利也。聖人在位，躬行心得，以施教化，又官不及私眤，爵罔及惡德，人材安得不盛？"

上曰："教養人才，這是最要緊的事，何法鼓舞興起？"對曰："嚴飭各省學臣興廉舉孝，禮貌巖穴布衣之士，並於文武童生中有能背誦《四書》全部小註及三經、五經，並有膂力武藝者，皆試之，文理精通，便爲拔取。此是勸誘之法，久之自然皆歸實學，六藝之風，庶幾可復。"

上曰："時文之壞，由何而起？"對曰："由於不肯看書。書理茫然，而思以詞采勝，則必求新奇靈變，以悅主司耳目，遂至離經叛道而不可止矣。"

上曰："文字不可怪，所以舊來立法，科場文謂之清通中式。'清通'二字最好，本色文字却句句有實理實事。"對曰："這樣文字頗不容易，必須多讀書，又用過水磨工夫方能到，非空疏淺薄者所能得其彷彿也。"

上曰："前明官制因革得宜否？"對曰："前朝官制蓋取法乎周官而損益之。如六部之長即周之六卿也，六部之屬即周之三百六十屬也。但屬則多寡之異，而職有分合之殊。他如都察院因御史臺而爲之,通政司因銀臺司而爲之,大理寺因廷尉而爲之。分兵柄於五府,因樞密之遺;寄言責於六科,因諫院之舊。其太常、太僕、光禄之類,莫不有置,此又兼總乎漢、唐之制也。至於内設六卿以總制天下,外設布政司以分理郡邑;内設都察院以肅朝廷之紀綱,外設按察使以爲四方之耳目。兵部、帥府相維於内而將相無偏重之勢,布政、都司相維於外而藩鎮無專恣之患。論者稱因革之得宜焉。"

上曰:"明朝文選則主於吏部,武選則主於兵部,又令在外官員有政績者許巡按等官奏舉,立法未嘗不善,但用循資格,仍沿後魏崔亮、唐裴光庭之舊資格之説,其弊乎?"對曰:"古今銓敘之法亦屢更矣。漢制,郡縣守相之高第者然後爲二千石,二千石之有治者然後爲九卿,九卿之稱職者然後爲御史大夫,故其時賢能迭見,而功業聿昭。及後魏崔亮爲吏部侍郎,以官頗少,應調者多,因而奏爲資格,不問賢愚,專以停解日月爲斷,其意以爲任人則易以私,任法則易以公,人不易得,不如一準諸法爲可據也。賢者當陟反以其資淺而抑之,不肖者當黜反以其年深而升之,於時庸謬稱善而才俊士無不怨歎。"

上曰:"專任知識則嫌於挾私,難服衆心;止循資格則官非其人,何以致治?"對曰:"夫資格之用,不可盡用,亦不可盡廢。用資格者所以待天下有常之士,不用資格者所以待天下非常之材。此亦不廢資格而亦不拘於資格之良法也。恐尚有遺憾,宜於常選之外,再令在位諸臣,每歲一行甄別,兵農禮樂即以各人所優者議補。人舉所知,以衆人之耳目爲耳目;分曹辦事,以衆人之功能爲功能。且甄別之人與常選之人,必相砥礪,以争於善地。此雖有私,尚不害其爲公。激揚人材,轉移風俗,端不越此。不然,豈僅資格難期致治,即舉非其人與用違其器,雖堯、舜在上無益也。"

上曰:"明制考課之法,如何黜陟?"對曰:"明制内外諸司各自考其官屬,然後達於吏部,定其殿最,聞於朝廷,以行黜陟。"

上曰:"京官如何考察?"對曰:"以五年爲期,分四等,年老有病者致仕,貪者、爲民不謹者冠帶閒住,浮躁淺露才力不及者降一級調外任。"

上曰："朝覲如何考察？"對曰："明初外官每年一朝。洪武二十三年始定三年一朝之制，朝後本部會同都察院考察，奏請定奪，稱職者陞，平常者復其職，不稱職者降，貪污者送法司罪之，闒茸者免爲民。成化間，吏部尚書李裕建言，朝廷考察天下官員，乞創立才力不及一例照品級調簡僻衙門，從之。"

上曰："軍政如何考察？"對曰："萬曆二十三年，兵科給事中張棟等奏議各直省考選軍政，參差不一，乞一如文臣事例，凡遇五年考選軍政，無論地方煩簡、路途遠近，先時考定，於該考年分十月內具疏，十一月初一日赴通政司類報具奏，本部查明類復。"

上曰："考課之法，唐、虞、三代未之能廢也，內外之吏，豈其一人坐照於深宮而能盡其臧否者耶？"對曰："誠於計察未行之先，朝廷清心寡欲，擇人惟於宰相是主。宰相賢則功過皆明，宰相不肖則功過皆潰，勞於擇相而逸於得人。是察內吏必先擇相，而察外吏亦必先郡守。大法小廉，累代以來，誠莫切於此也。"

上曰："前明內閣專典機密，自何代始？"對曰："明太祖即吳王位，仍元制，建中書省右相國、左相國、平章政事。戊申年，因元制尚右，改中書省右左相國爲左右丞相各一人、參知政事二人。庚申，胡惟庸伏誅，遂罷丞相。後雖開內閣於東角門名文淵閣，命吏部及翰林院文學行誼才識之士入直贊襄，諭以委任腹心至意。內閣專典機密自永樂始。"

上曰："明掛印將軍鎮守雲南、兩廣、湖廣、遼東、宣府、大同、延綏、寧夏、甘肅、蘇州，何以淮安鎮守即漕運總兵？"對曰："以畿內不得掛印稱將軍，有大征討遣總兵官掛將軍印行事，事竣納印。"

上曰："前明兵制如衛、如所，何許多名目？"對曰："明制在內設錦衣等十二衛，以衛宮禁。設留守等四十八衛，以衛京城。上十二衛爲親軍指揮使司番上宿衛，無所隸屬。而京城之衛分隸五軍都督府，遇有征討，則調發之。洪武元年，定衛所官軍將帥將兵之法，自京師達於郡縣，皆立衛所，大率以五千六百人爲一衛，一千一百二十人爲一千戶所，一百一十二人爲一百戶所。每百戶所設總旗二名、小旗十名,通以指揮、千百户等官領之,有事征伐,則詔總兵官佩將印領之,既旋則上所佩印於朝,官軍各回本衙,兵官不敢擅調。凡天下要害之地有係一郡者設所,係連郡者設衛,其尤重者設鎮守官主之。總鎮一方者爲鎮守,獨鎮一方者爲分守,各守一城一堡者爲守備,與主將同守一城者爲協守。又備倭、提督調、巡視等官,稱掛印,專制者爲總兵,次爲副總兵、爲參將、爲遊擊。"

上曰:"前明每年所入賦稅共有若干?"對曰:"明初田賦總數,十三布政司並直隸府、州、縣共田八百四十九萬六千五百二十三頃有零,夏稅米麥四百七十一萬二千九百石、錢鈔三萬九千八百錠、絹二十八萬八千四百八十七疋,秋糧米二千四百七十三萬四百五十石、錢鈔五千七百三十錠、絹五疋。"

上曰:"洪武二十三年何議減蘇、松、嘉、湖四府稅額?"對曰:"先是,張士誠竊據其地,而蘇州尤稱富庶。明祖怒其附寇,乃取諸豪族租簿加稅,故蘇賦特重,蓋以懲一時云。至是始命户部議額。"

上曰:"前明各省土貢都是何物?"對曰:"明太祖定諸州所貢之額,如太常之牲幣、欽天監之曆紙、太醫之藥材、光祿寺之厨料、寶鈔司之桑穰,與凡皮角翎鰾茶菓之屬,皆有資於國用者,外此奇珍玩好一切無取,可以爲法。"

上曰:"明初會計之權司於何人?"對曰:"即在本部。自有北京户部而本部必諮而度焉。每歲本部會其歲用以上於大司徒,詔於天子,而後行徵收。蓋自永樂以後,率以爲常,而歲有盈縮,不必盡同。"

上曰:"内庫何以竟有許多名目?"對曰:"按明初於皇城内設内承運庫,以收緞疋、金銀、纓玉、象牙等。内府天財庫收錢鈔等,供用庫收白熟糯粳米等,廣積庫收紵絲、綾羅、硫黄、焰硝等。又有甲字、乙字、丙字、丁字、戊字、承運、贓罰、廣惠、廣盈等庫,收雜項等物。庫名不一,均謂之内庫。"

上曰:"前明户口何如清查?"對曰:"凡各處户口,每歲取勘,明白分豁,舊管新收,開除實在總數,縣報州,州報府,府報布政司,司總呈達部稽考。仍每十年,州縣攢造黄册,編排里甲,分豁上中下等人户,以點差役,若有逃移,必勾取復業。"

上曰："明初即有鄉坊、保甲、團練之制，至王守仁撫贛南時，乃令居城郭者十家爲甲，在鄉村者自爲保，於是立十家牌，使每甲自糾甲內之人，不得容留盜賊。平日講信修睦，寇至務相救援，立法甚善。今直隸、山東、河南正當盜賊充斥，各大吏何不仿照舉行？"對曰："臣觀《周禮》之精意，又驗累代之得失，大抵非徒無益，適滋其擾。"

上曰："不立社倉，團丁無所藉食。社倉不裕，遽行團保，賞罰之出入亦不敷收放，旋興旋罷，無補實濟。卿言自係知本之倫，但近來各縣義倉有名無實，久屬具文，前已寬恩，不追既往，若再議社倉，恐一時未易猝辦。"對曰："若必興團保，則社倉半年可實。"上曰："卿有道乎？"對曰："某處欲興團保，則令其處縣令從權，不得援以爲例，令民於秋稅時每畝捐穀三升，則社倉可實，團保可逐漸舉行矣。"上曰："每畝三升足乎？"對曰："有餘。"上曰："何以有餘？"對曰："縣治之小不等，即以方百里而論，古稱方一里爲田三頃七十畝，方百里三萬七十頃，又除山川、城邑、村舍、墳墓、道路、園林及砂磧、斥鹵不耕之地，大率一邑不滿萬頃。姑以萬頃計，畝益三升，即歲得六萬斛，足萬人一年口糧。幸而畝贏一斗，即三萬人口糧矣。況深耕易耨，每畝多出三升，至容且易。若公私有儲，豈但團保可整，社倉可實，雖遇饑年，復何憂哉？"

上曰："明初屯田之政，可稱美意，何以後來軍士反無田可耕？"對曰："洪武初命諸衛分軍於龍江等處，後設各衛所，創置屯田，以都司統攝。每軍種田五十畝爲一分，間亦有多寡不等者。邊方軍士則三分城守，七分屯耕，內地則二分城守，八分屯耕。又有一九、四六、中半等例，隨地而異。每軍一分正糧十五石，收貯屯倉，聽本軍支用。餘糧十二石，給本衛官運俸糧。永樂、正統、嘉靖間，稍稍更改，其後日久弊生，軍屯舊額不爲勳臣貴戚之家占作莊田，則爲鎮守統制之官侵爲己業，是以軍士反無田可耕矣。"上曰："何不派員澈底清查？"對曰："隆慶、萬曆中亦命嚴督清理，而侵漁乾沒者卒如故，亦積重難返矣。"

上曰："近來老成人多有兄弟同居，易生嫌隙，式好之道，莫如分爨者，豈君子之言與？"對曰："周之盛時，宗族之法行，故得以此禮繫民而民不散。及秦用商君之法,富民有子則分居,貧民有子則出贅,由是其流及今,雖王公大人亦莫有敬宗之道。浸淫後世,習以爲常。間有糾合宗族一再傳而不散者,則人異之,以爲義門,豈非名生於不足與？要之,分爨之言僅可以濟骨肉衰世之變,不得爲王者有心宗族之訓。"

上曰:"張公藝九世同居,高宗問之,書'忍'字百餘以進,其意美矣。"對曰:"未盡善。居家御衆,當令紀綱法度截然有章,乃可行之。若使姑婦勃豀、奴僕放縱,而爲家長者僅含默隱忍而已,此不可一朝居,况九世乎？"上曰:"然則九世同居,可有道乎？"對曰:"無他道也,惟不聽婦人言耳。"上曰:"善。此極論也,雖百世可也。"

上曰:"吏部掣籤之法,始於何人？"對曰:"明太宰孫丕揚患中人請託,難於從違,大選外官,始立掣籤之一法。"

上曰:"天道二百年一小變,三百年一大變。其興也有機,其衰也有由。將來之弊,可以前知否？"對曰:"前事者後事之師。昔公叔問子產書曰:國將亡必多制,夫法繁則巧猾之徒皆以法爲市,而雖有賢者,不能自用。此國事之所以日非也。"上曰:"由是觀之,善乎杜元凱之解《左氏》也,曰:'法行則人從法,法敗則法從人。'然則法禁之多,乃所以爲趣亡之具。如前明上下相遁,至於不振,得毋亦弊於法？"對曰:"天下安危之所繫,內而朝政,外而吏治。從來仕宦法網之密,無有如前代之甚者。上自宰輔,下自驛遞、倉巡,莫不以虛文相酬應。而京官猶可,外吏則愈甚矣。大抵官不留意政事,一切付之胥曹,而胥曹之所奉行者不過已往之舊牘、歷年之成規,不敢分毫踰越,而上之人既以是責下,則下之人亦不得不以故事虛文應之,一有不應,則上之胥曹又乘隙而繩以法矣。故郡縣之吏,宵旦竭蹶,惟日不足,而吏治卒以不振,以致奸僞萌起者,職此之由也。"

上曰:"朕看諸葛孔明開誠心、布公道,而上下之交,人無閒言。以蕞爾之蜀,猶得小康。至魏曹、吳權,任法術以御其臣,而篡逆相仍,略無寧歲。法制愈嚴則人心愈險,天下之事固非法之所能防也。然徒法不足以爲政,而無法亦不能自行。法之弊也，究竟何來？"對曰："其始由於前人立法之初，不能詳究事勢，豫爲變通之地。其繼後人承其已弊，拘於舊章，不能更革，而復立一法以救之。於是法愈繁而弊愈多，心愈奸而世愈薄，天下之事，日至於叢脞。其極也，眊而不行，上下相蒙，以爲無失祖制而已。以法弊國，有明之世，可不鑑哉？"上曰："立法以救世，不獨有明衰世之弊，歷代亦然。如宋因唐、五代之極弊，收斂藩鎮之權，盡歸於上，一兵之籍、一財之源、一地之守，皆人主自爲之，欲專大利而無受其害，遂廢人而用法。於是内外上下，一事之小、一罪之微，皆先有法以待之。極一世之人志慮之所周浹，忽得一智，自以爲甚奇，而法固已備之也，是法之密也。然而人之才獲盡，人之志不獲伸，昏然低首，一聽於法度，而事功日墜，風俗日壞，人心愈薄，貧民愈無告，奸人愈得志。此上下之同患，古今之大病，尤不可不豫爲計畫者也。"對曰："必欲除此大患弊，惟有晉荀勖之論'省官不如省事，省事不如清心'之一法可以挽回得過來。蕭、曹相漢，載其清静，民以寧一，所謂清心也；抑浮説、簡文案、略細苛、宥小失，有好變常以徼利者，必行其誅，所謂省事也。此探本之言，爲治者識此，可勿紛紛於法制之説矣。"上曰："國奢則示之以儉，國儉則示之以禮，禮窮則濟之以法，法勝則救之以簡。雖聖人復起，不易此議。省事之説，亦當早爲主持。"對曰："不能。"

上曰："苟利於國，知無不爲。何以不能？"對曰："方今兵革未息，天下多事，文書日繁，獄訟亦多，而爲之上者主於一切省事，則天下之事必將叢脞而不勝。不勝之極，必復增官。是又立法以救法，而事更不可爲矣。候兵少息，天下少事，整頓紀綱，以止禍亂，正在此時。"

上曰："善人何以不踐迹？"對曰："服堯之服，誦堯之言，行堯之行，所謂踐迹也。先王之教，若《説命》所謂'學于古訓乃有獲'，《康誥》所謂'紹聞衣德言'，以至於《詩》、《書》、《易》、《春秋》六藝之文，三百三千之則，有一非踐迹者乎？善人者忠信而未學禮，篤實而未日新，雖其天姿之美，亦能暗與道合，而卒以不學，無自以入聖人之室矣。治天下者亦然。故曰：'周監於二代，郁郁乎文哉。'不然，則以漢文之幾於刑措，而不能成三代之治矣。"

上曰:"管仲何以不死子糾?"對曰:"君臣有分,所關者在一身;華裦之防,所繫者在天下。故夫子之於管仲特略其不死子糾之罪,而獨予其一匡九合之功。蓋權衡於大小之間,而以天下爲心也久矣。"

上曰:"昨朕看《管子》篇,他説十年之計樹木,百年之計樹人。何以不説千年之計樹德?"對曰:"這就是管仲器小處。"

上曰:"'予有亂臣十人,同心同德',此陳師誓衆之言。所謂十人,皆身在戎行,何以其中有婦人焉?"對曰:"即太姒、邑姜,自在宫壼之内,必不從軍旅之事,亦不必并數之以居十臣之數也。況古人有言曰'牝雞無晨,牝雞之晨,惟家之索',方且以用婦言爲紂罪矣,豈周之功業必藉於婦人?"上曰:"此理之不可通。"對曰:"非理之不可通,或孔安國得壁中古文《論語》改正今文,其字因傳寫而誤,亦只好闕疑可也。"

上曰:"泰伯去而王季立,王季立而文、武興,雖謂之以天下讓可矣。今將稱泰伯之德,而先以操、莽之志加諸太王,豈聖人立言之意耶?"對曰:"昔朱子作《論語或問》,不取翦商之説,而蔡仲默傳《書·武成》曰:'太王雖未始有翦商之志,而始得民心,王業之成,實基於此。'仲默朱子之門人,可謂善於匡朱子之失者矣。"

上曰:"何謂亡國之聲?"對曰:"凡建國禁其淫聲、過聲、凶聲、慢聲。如殷紂好爲北鄙之聲,所謂亢厲而微末以象殺伐之氣者也。若桑間、濮上,則一淫聲已該之矣。"

上曰:"唐人增改之服制善乎?"對曰:"未善也。"上曰:"何故?"對曰:"唐人所議服制,似欲過於聖人。嫂叔無服,太宗令服小功。曾祖父母舊服三月,增爲五月。嫡子婦大功,增爲期。衆子婦小功,增爲大功。舅服緦麻,增爲小功。父在爲母服期,高宗增爲三年。婦爲夫之姨舅無服,玄宗令從夫服,又增舅母服緦麻、堂姨舅袒免,而弘文館直學士王元感遂欲增三年之喪爲三十六月。皆務飾其文,欲厚於聖王之制,而人心彌澆,風俗彌薄,不探其本而妄爲之增益,亦未見其制之有過三王也。是故知廟有二主之非,則叔孫通之以益廣宗廟爲大孝者紃矣。知喪不過三年，示民以有終之義，則王元感之服三十六月者紃矣。知親親之殺，禮所由生，則太宗、魏徵所加嫂叔諸親之服者紃矣。《唐書·禮樂志》言禮之失也，在於學者好爲曲説，而人君一切臨事時申其私意，以增多爲盡禮，而不知煩數之爲黷也。子曰：'道之不明也，賢者過之。'夫賢者率情之偏猶爲悖禮，而況欲以私意求過乎三王者乎哉！臣是以知其未善也。"

上曰："前明國初懲漢、唐之失，中官不令干預外事，見公侯大臣叩首惟謹。至永樂初，狗兒諸奄稍稍建馬上之績，後以倦於勤朝事，漸寄筆札，久乃稱肺腑矣。太監鄭和等以奉命率舟師下海中諸蠻，而中人有出使者矣。西北大將多洪武舊人，意不能無疑，思以腹心參之，而中人有鎮守者矣。王振時主上春秋少，不日接大臣，而中人有票旨徑行者矣。其後秉筆之奄，致尊侔於内閣，而大權旁落，不可復收。以宣廟之納諫求言，而廷臣豈無論及此事者？"對曰："按永樂五年，内使李進征山西採花石，詐傳詔旨，擅役軍民，此中人弄權之漸。仁宗即位，凡差出内臣，限十日内盡撤回京，其見於詔書者有採寶石、採金珠香貨、採鐵黎木，而《太宗實録》多諱之不書者。至洪熙元年六月，宣宗即位，而巡按浙江監察御史尹崇高奏，朝廷差内官市買諸物，每物置局，有拘集之擾，有供應之煩，朝廷所需甚微，民間所費甚大，宜皆取回，惟令有司買納，詔從之。乃猶有如宣德六年所書，管事袁琦假公務爲名，擅差内官内使，陵虐官吏軍民，逼取金銀等物，以至磔死，而其黨十餘人皆斬之。至萬曆中年，礦税之使，旁午四出，而藉口於祖宗之成例，則外廷之臣，交章争之而無可如何矣。是以武王不泄邇。"上曰："自古内官賢良者萬無一人，無事之時似爲謹慎，一聞國政，便作奸欺，不覆邦家而不止，朕甚恨之。欲致清明整肅之治，而開萬世太平之基者，必自'内臣毋預政事、外臣毋與交結'二語始矣。"對曰："聖見自是千古不易之論，然而内官之盛衰，係於宮嬪之多寡。聖主欲不近刑人，則又當以遠色爲本。故《姤》之初六，一陰始生，而周公戒之。"

上曰："近聞魏尚書説作古文要曲折，學古文須先學作論。蓋判斷事理如審官司，必四面八方都折倒他，方可定案。如此則周圍曲折都要想到，有一處不到，便成罅漏，久之不知不覺意思層叠，不求深厚自然深厚。今做古文者多從傳誌學起，都不是。"對曰："自當先學議論暢達，漸漸縮歛方佳。如今看人做文，其下筆議論汩汩不休者，便有成若。僅僅粗通，雖有些筆意思路，到底難成。不獨從傳誌入手覺不是，即讀碑板文字亦有病，所爲文亦長於碑板，一經敘事，便不出色。"

上曰："近來詩文何以不及古人？"對曰："此派傳衍已久，尚未見傑出有人。韓文公非三代兩漢之書不敢觀，非不能觀，不敢觀也。如此志向，如此讀書，其成就的功業尚貽儒宗訾議。今人專務功名，除卻幾篇文章套調，別無道理，不要作古文，就是教他將'大學之道'四句，將聖人精義微言講的明白，不要説沒有，就是百裏尋一都是難得。是以古今來學問一道，最難瞞人，積一分學力，成一分事業，絲毫實難假借，大要從初讀書時他意向如何，成就便是如何。"上曰："正是佛家所説，種的甚麽因，結的甚麽果。"上曰："古人終身得不了幾篇文字，要著一卷書，便竭畢生精力薈萃而成。今人作時文所以待有常之士，宏詞所以待非常之才。"

上曰："要做詩從何入門？"對曰："學詩先將《古詩十九首》之類句句摹做，先教像了，到後自己做出無一點不似古人，卻又指不出像那一首，便可成家。"

上曰："要學字，從何入門？"對曰："字學無關於修身、齊家、治國、平天下。若欲知道各樣變體而摹做之，字至王無以加矣。"

上曰："宋人學問才情有何不及唐人？"對曰："這是詩不及耳。唐人亦是風流適然成一種風調，大家傳染，遂擅其長。宋詩不是別樣不好，只是有些呆氣。"上曰："唐人不呆，而宋人呆，畢竟有箇緣故。"對曰："唐人善用虛無，板板説的，宋人喜填故事，亦不好。"上曰："難道不用故事？"對曰："唐人用故事倒是直説，宋人摘出那事三兩箇字來用，教人費猜。三百篇何嘗用故事？漢、魏間用是事都是將其事直敘出來，若影射用事，古未曾有，真自宋人始。"

上曰："張曲江詩若何？"對曰："曲江才華英豔，或不如人，至性情品格，幾無與比。君子哉若人！"

上曰："王摩詰詩若何？"對曰："他是元暉、子山一派，聲韻諧和，對仗工巧，所以無一首不可被諸管絃。只是説到清閒高雅，而無甚深意。錢起亦是此種，至宋此派遂絶。"

上曰："燕公詩如何？"對曰："他才氣大。大率唐初如陳子昂、王勃、楊炯、王績、杜審言、沈佺期及燕、許之屬，又是一種氣調，迥乎不同。"

上曰："昌黎詩如何？"對曰："他不可以初、盛、中、晚論，別爲一家。韓門孟、賈、張三家文爲最，東野骨節差大。"

上曰："太白詩如何？"對曰："他天才妙，一般用事用字眼都飄飄在雲霄之上，此人學不得，無其才斷不能到。"

上曰："直隸爲王畿之地，左環滄海，右擁太行，南襟河濟，北枕燕郊，所謂勢據地以崢嶸，氣摩空而峛屴者也。然順天爲北幹之正結處，六合之上游，居高視下，莫逾於此。武備固不可弛，而形勢亦不可不知。前明輔兵最厚，何以闖賊直入，並無一將一卒敢與抗衡者？"對曰："當日燕京名雖有團營兵十二萬，其實豪家侵冒，不見一人耳。遇操演則戎服爲兵，遇郊祀則綵衣爲軍，當興工則冒工爲役，入衙署則青衣爲皂，事一畢則豪門爲奴。是一人負廩五人之食，未得一人之用也。每至操演，則雇花子應名，更兼職掌非人，半賊奸細，開門迎賊，職是故耳。"上曰："當時武備如是廢弛，人主深居九重，自難親見，廷臣豈無一人見及，條陳此事者？"對曰："崇禎二年惟兵部侍郎申用懋上疏，頗有遠見，議以昌平、霸州、通、易四州爲四輔，宿重兵以衛京師。奉旨嘉納。惜下部議復，事不果行。"

上曰："朕看《魏書》，靈太后時，四中郎將兵寡弱，任城王澄奏請宜東中帶滎陽郡，西中帶弘農郡，南中帶魯陽郡，北中帶河內郡。選三品、二品親賢居之，配以强兵，則亦深根固本之計。靈太后將從，惜以議者不同而止。及爾朱榮至河陰，遂無一兵拒敵，亦往事明驗矣，何不鑑諸？"對曰："靠不住。"上曰："何以靠不住？"對曰："即以前明京畿形勢而論，保定、真定地接宣大，廣平、順德、大名、齊、晉、河洛之襟帶也，河間、冀、深，車馬之衝也。永平爲山海之户，宣府作居庸之藩，皆所以爲之拱衛也。使不於遠鎭籌防禦之策，一旦北兵寇三關，南兵度黃河，彼知京師屯宿重兵，不復叩城索戰，但以游騎遮絕道路，而分兵攻擊郡縣，是亦圍京師之漸也。若專以守城爲事，恐畿輔之危，又將見於今日。是以臣知申用懋之疏靠不住。《詩》曰：'無俾城壞，無獨斯畏。'從可知魏家遠鎭籌防之計，亦非上計也。"上曰："自然。天時不如地利，地利不如人和。設有不測而謀國之臣竟無一策以禦其來而擊其出，難道就拱手授人已乎？"對曰："若天時人和兩窮，也只好恃地利設險以守其國耳。"上曰："既云設險守國，這險如何守法？"對曰："有自然之險，謀國者相機設法以守之耳。"

上曰："畿輔之險要關係却在何處？"對曰："北有三關，南有黃河耳。"上曰："三關形勢，若經謀臣歲時修葺，城郭完整，墩舖嚴密，自可無虞。但黃河遷徙無常，一經改道，勢如平地，倘有不測，如何能守？"對曰："臣亦慮及此耳。倘河勢南遷，烽烟告警，開、歸、徐爲畿輔之藩籬，大名、臨清、濟寧、曹州爲畿輔之門戶，亦惟設重兵以固藩籬，用犄角以堅門户，舍此別無他策。然臣之私憂過計，自古用兵之道，必恃地形以料成敗。"上曰："用兵之成敗自然從地形上看順逆，卿之私憂得勿在是？"對曰："自南而北者其勢逆，由北而南者其勢順。臣恐千秋萬歲後，其患不在東南，仍在西北耳。"

上曰："南京爲前明之留都，更無山河九邊之險，又無西北強將之兵，止恃長江，一葦可渡，豈可以片晷之搖旗放礮爲訓練，逍遥於鎮、儀內地爲守江耶？覆轍不遠，尤當打算。卿可有守江寧之善策乎？"對曰："爲今之務，必我有守防之策，始寇無覬覦之心。然不能戰而僅言守，是爲株守。不知守而輕言戰，是爲浪戰。臣籌長江爲金陵險要，則孫權守江東之法可行；淮、徐爲長江外蔽，則謝玄守淮上之法可行；荆、襄爲江上游，則岳飛收復荆、襄以守門户之法可行；夔門至九江爲楚中汛地，九江至瓜、儀爲南地要衝，則韓世忠困敵守江上之法可行。良法具在，今日京營兵弁悉如李綱守戰之具、張愨巡江之法，則安如泰山矣。"

上曰："守江之法如何？"對曰："宜用江淮土著之人，或煮海捕漁之輩，生長波濤，熟習地利，日夕精練，兼習火攻，如赤壁一炬，百萬烟銷，非防江之上策乎？

沿江一帶，各設烟墩，萬一有警，夜火晝烟，頃刻千里，不煩探諜，隨路截殺，寇雖百萬，豈能飛渡？徐盛沿江設備，曹操望之而遁者，非此法乎？大將鎮守淮、徐，自淮而徐、徐而江，層層保障，彼此救援，從古名將皆不禦江而禦淮，非明驗乎？湖廣扼川陝咽喉，作江南屏翰，且財賦所出，將士聚集，山川可守，調兵可至，若爲賊據，則江南之藩撤矣，李綱南渡所説，非龜鑑乎？臣就天下之大勢而籌南京之防策，宜以湖廣之師建鎮於荆襄，以雲貴之兵應之；江西之師建鎮於九江，以閩、廣之兵應之。守淮、揚以援河北，守廬、鳳以援河南。蜀中爲賊穴之後，宜嚴險要，以爲擊首尾應之策，如吳玠、吳璘守險而寇不敢犯。守禦既周，內行仁政，固守中原，除掃寇盜，誠今日治安策之要務也。"

　　上曰："朕夜觀天文，知西方尚有兵事。但軍馬未動，糧草先行。川陝米價幾至百金一石，小民無以療生，邊運又無良策，如何是好？"對曰："此著甚是可慮耳。邊運之難難於上青天，夫運而妻供，父輓而子荷，稍一疏虞，盡齎盜糧。臣有一策，可免陸運之勞，以平邊米之價。"上曰："可免陸運之勞者，自必以海運爲便。即有善後，恐緩不濟急。"對曰："舍此亦別無長策。"上曰："若川陝舊有運道可通，尚可舉行，若經草創，亦屬不便。"對曰："運道雖無，河道可通。"上曰："河道何以可通？卿即指畫形勢，詳細以聞。"對曰："今關陝之餉，皆取足於山西、河南，而三方之地俱近黃河，其間雖有三門、析津、龍門之險，然自古餽餉皆從此出。今山西米豆必令運貯榆林，河南米豆必令運貯潼關。況今河道潼關之北數千里，接運漕河通陝西及鳳翔、鞏昌。渭河流三百里，接運涇河，可通延安，及北上源可通邊堡。渭河西流三百里，接運涇河，可通慶陽。又龍門之上舊有小河，徑通延、綏，一加修濬，必可行舟，宜相度地勢，某處可水運，某處可陸運。某處可立倉，以備遞運；某處可造船，以備裝運。漕運一行，邊方蘇困，人人謳歌載道矣，何憂兵困糧乏哉？"

　　上曰："方今黃河泛濫，不知何若？"對曰："一自邳南東下，壞田廬，出白洋河；一自邳東下，入雒馬河，出董陳河。"上曰："河決爲害非常，糧漕淹滯，如何得濟？"對曰："決者淤之漸也，滯者阻之機也。入雒馬河者窺泇河之徵也，入雒窺洫者併新河之勢也。錐馬淤則漕黃之路塞,糧船阻則西北之儲窮。洫河窺則新錐之中斷,新河併則清濟之尾壅。漕事若此,尚何言哉!"上曰:"亦當早設良法,以濟時變。"對曰:"今日預備之良法,無如隄防。即以護渠,則畚鍤不可不飭也。能治水方能用水,閘洞不可不講也。測水信而知緩急,則候人不可不擇也。守隄如守邊,則巡卒不可不精也。經練者事必精,則詢問不可不廣也。謀以衆而僉同,則集思不可不周也。行此數者,河流之漕運可通,川陝之兵食可濟矣。"

上曰:"各邊之地勢不同,各邊之敵情亦異。所以安邊之策,亦不可以膠執。如充國老將尚云'兵難遙度,容至敵城,圖上方略',可謂老成持重。朕當時究其所謂略者,不過云帝王之兵,以全取勝。是以貴謀而賤戰,百勝非計之善也。先爲不可勝以待敵之可勝,立意已高人一等。因陳便宜十二事,漢宣悉嘉納之,因而大治。今日安邊,卿可有全之策否?"對曰:"昔充國至邊,始上方略。今使臣遙度,畫策即有,恐未必合機宜。"上曰:"敵情雖異,防患則一。卿即以大致籌之。"對曰:"若籌邊方,大致臣亦有十二策焉。縱充國復起,亦不易臣言矣。"上曰:"以紙書之,以備採擇。"

一、重將權可以統制而責成功。如漢淮陰登壇拜將,指顧而三秦檄定也。

二、廣屯田可以足糧儲以餉軍士。如趙充國屯守危疆,而羌人拱服也。

三、增烽堡可以防救援而懾敵志。如李牧堅壁清野之法行,敵人大失所望也。

四、練土民可以弭外患而省軍餉。如曹操練兵許都,南人不敢北向也。

五、明賞罰可以申軍令而鼓人心。如孔明斬馬謖、拔姜維,三軍感泣也。

六、嚴間諜可以覘敵情而先預備。如周瑜用黃蓋、闞澤之法。

七、精器械可以壯軍威而寒賊膽。如岳飛用砍馬刀，敵人受制，因以坐困也。

八、施仁德可以固軍心而効死力。如李牧牛酒享士，不苛細行，而人皆樂死也。

九、守要害可以得勢而防不測。如陰平失守，而鄧艾得以掛崖而入也。

十、備火攻可以一舉手而滅全師。如籐甲軍十萬，孔明以炬消之也。

十一、在選知勇可以作先鋒而賈軍氣。如曹瞞雄兵百萬，子龍以單騎敵之也。

十二、在通河道以省民困而足運儲。如蕭何轉漕調運，而漢軍賴以不乏絕也。

上曰："卿策甚善，果行此十二事，而文身裸體之國，有不交臂屈膝者乎？"對曰："此即臣經略南邦、平定邊釁親手行之十二籌也。"

上曰："朕看西北邊塞，皆我蒙古部落所居，極邊就是俄羅斯，地勢極長而又極狹，刻下邊方無事，何須遠慮，但經國之道而又不可不長久計者。倘敵國與我搆釁，必假道於蒙古。蒙古閉關絕市，必起干戈，屆時何以保全？"對曰："戰則未能，只有守之一法。"上曰："蒙古部落專事騎射爲生，又無城郭、宮室、倉庫可以固守，豈非其所難？"對曰："臣前亦逆料及此，是以教稼、教織，亦當力勸施行，而築壘、增城，豈可置之不問？總之，地運無不轉之區，人民無不滿之地，亦非王者所得而私之也。當今邊塞未嘗無城堡，惟蒙古獨無，又去城郭窵遠，烽火難傳，敵騎猝至，人民畜牧必擄掠一空，比及兵至，敵已出境，名雖截殺，其實送行。不若令蒙古諸部落相度地勢，於無事之時，多築城堡、烽墩，城堡之中設兵屯守，萬一敵至，即傳火相聞，人畜之類，盡收入堡，堅壁清野，既不遂剽掠之計，城堡犄角，又恐有邀截之虞。且各處精兵截殺，必使敵人聞而生畏，驚惶不進矣，斯爲萬里長城。"

上曰："海賊入江，由江南岸登陸之路，共有幾重門户？"對曰："廖角嘴、營前河南北相對，海岸約闊一百四十五里，爲第一重門户。狼山、福山相對，江面闊一百二十里，爲第二重門户。周家橋與東山相對，周家北岸至順江洲與江南分界，江面約闊六七里，順江洲至新州夾，江南面約闊七八里，新州夾至山南岸，江面約闊十四五里，爲第三重門户。三處領水軍官整頓船艦，晝夜緊守三門，勤勤會哨，以防春汛。門户既固，堂奥自安。若三門稍有疏虞，至不得已而守金、焦南岸，斯策之最下者矣。"

上曰："何以成其大智？"對曰："集衆人之智以爲智，斯爲大智。"

上曰："何以成其大奸？"對曰："集衆人之奸而毒用之，斯爲大奸。"

上曰："有人熟讀了《春秋》，自能做古文，此言必有來歷。"對曰："臣平生即有此論。無論大經大法，即年月稱呼，序次體裁，不知《春秋》，下筆便錯。"上曰："朕聞朱子自謂此生不敢向《春秋》問津，門人問何處不能了然，朱子曰：'是開頭一句春王正月便不了然。'賢如朱子，豈真不了然？"對曰："是絕妙點醒人機鋒。其實《春秋》明白得春王正月，便都明白了。"

上曰："夫子説行夏之時，而周公何以不用夏正而用周正？"對曰："聖人學問雖無有二，然各人亦是各有得力處。周家學問都是在建子上著意，文王後天圖用處在震，而發端則在乾。"

上曰："用小人易，何以去小人難？"對曰："觀聖人之去小人皆從容自在，若無事者。舜誅四凶，不聞有嚴峻之詔，孔子誅少正卯，亦無激烈之辭也。"

上曰："小人有功，何以待之？"對曰："當優之以賞，不當假之以柄。"

上曰："待人當寬而有餘。"對曰："唐太宗之保全功臣，宋太祖之安撫宿將，皆得此道，故能兩全。"

上曰："何以聽德惟聰？"對曰："聽言雜則與之俱化，遂失其正，故貴乎聽德惟聰。"

上曰："處世何能勿失？"對曰："天下事緩則得，忙則失。先賢謂甚事不因忙而錯也，此言似平易，最宜深思。"

上曰："持法時何以最難平心？"對曰："法者因天理、順人情，絲毫不可得偏也。當以公平正大之心制其輕重之宜，不可因一時之喜怒而違法。如執法時能想到漢高祖因喜而復豐、沛，天下笑之，明太祖因怒而加蘇、杭之賦，東南力竭，則心自平矣。"

上曰："大臣小心，從何處見得？"對曰："從防微杜漸處見。人君能虛心體驗，自然得見。如宋璟見玄宗好邊功，遂靳郝靈荃之賞；李沆言人主血氣方剛，則當使知四方之艱難；范仲淹見人主年少，諫不可使殺人手滑；皆所以慎小事慮後患也。"

上曰："大臣中亦有小廉曲謹、素餐尸位者，姑息之可乎？"對曰："如盧懷慎清操介節，號稱伴食宰相；胡濙歷事數朝，靖難之師、土木之敗、奪門之變，默無一言，雖官箴無玷，立朝寡過，亦復何用？人主姑息一念，實足以妨賢而病國。"

上曰："涵養從何處可見？"對曰："凡當可驚可喜可怒之事，處之若無事然，這是涵養見真處。"

上曰："先器識，器識之遠大從何處得見？"對曰："凡人當見功之地，本性自然流露。態逸而寡言者，識必遠；氣沈而退後者，器必大。"

上曰："聽言何以知其無本？"對曰："言不根諸經史，即是無本，行之有弊。"

上曰："大臣事業以何爲上？"對曰："能格君心之非，功業最爲上。"

上曰："君德以何爲上？"對曰："諫行言聽，改過不吝，斯爲上。"

校 點 後 記

《洪承疇章奏文册彙輯》,明末清初洪承疇撰,近人吴世拱彙輯,不分卷。《洪經略奏對筆記》,題洪承疇撰,二卷。

洪承疇(一五九三——一六六五),字亨九(一作字彦演,號亨九),福建南安人。明萬曆四十四年(一六一六)進士,歷官陝西布政使、兵部尚書。崇禎十四年(一六四一)總督薊遼軍務,與清軍戰於松山,全軍覆滅,承疇被圍松山城,次年城破被俘,遂降。順治元年(一六四四)從睿親王多爾袞入關,官太子太保、兵部尚書,招撫江南,經略湖廣、雲貴等地。官至武英殿大學士,卒謚文襄。

《洪承疇章奏文册彙輯》係民國二十四年(一九三五)吴世拱據清内廷檔案彙成。全編分兩部分。第一部分自順治二年起,至順治五年止,爲洪承疇任招撫江南總督軍務兼理糧餉時撰。内容多及清軍甫下江南時軍營編制、糧餉籌集及江南招撫形勢等,多爲《清史稿》所略,可作第一手研究資料。第二部分自順治十年起,至順治十七年止,爲洪承疇任經略湖廣、江西、廣西、雲南、貴州等處總督軍務兼理糧餉時所上章奏,歷述清軍平定湖南、湖北、廣西、貴州、雲南各戰役之經過,兼及劾舉官員、規劃度支等,可與《東華録》、《清史稿》相互發明,而提供了更多的細節,豐富了這段史實的内容。

《洪經略奏對筆記》,未見歷朝著録,而盛行於光緒年間。書記洪承疇回答順治帝的提問,内容涉及天文地理、兵志職官、禮樂道德、詩古文辭等諸多方面。書前有御筆諭攝政王"此洪大經略奏對筆記也"云云,稱"洪大經略"已屬不倫,攝政王多爾袞卒於順治七年,時清世祖方十三歲,從書中問答内容來看,恐無如此博學聰慧。書中所記更漏洞百出,如記科舉,已述及開博學宏詞科,又云"試官得人,取如李光地、陸隴其輩,皆系特出之選";論治水有"靳總河引高堰一帶看六坝"等語；而李光地、陸隴其爲康熙九年（一六七〇）進士，靳輔任河道總督已在康熙十六年，洪承疇卒於康熙四年，時已去世多年。至於書中論鴉片，論開埠通商，均嘉慶後人所關注之事，而非洪承疇能預知。此類尚多，即據此，已可認定本書必咸、同間人僞託，以附合世祖倚承疇之傳說。因本書在光緒年間有一定影響，故此仍將其點校出版，以供世人評騭，不因其僞而棄之。

此次標點，《章奏文册彙輯》以民國二十六年商務印書館刊北京大學研究院文史叢刊第四輯爲底本。原編者在編例中聲明以存真爲宗旨，缺字、錯字不補不改，故此標點仍遵循之，僅改正明顯爲手民誤植之訛奪。《奏對筆記》以光緒十六年（一八九〇）廣西宋齋校印本爲底本，箇別誤字，徑行改正。

編　者
二〇二〇年九月

圖書在版編目(CIP)數據

洪承疇章奏文冊彙輯;洪經略奏對筆記/(清)洪承疇著;吴世拱彙輯;李夢生點校.—北京:商務印書館,2021
(泉州文庫)
ISBN 978-7-100-19934-6

Ⅰ.①洪… Ⅱ.①洪…②吴…③李… Ⅲ.①奏議—彙編—中國—清代 Ⅳ.①K249.065

中國版本圖書館CIP數據核字(2021)第095517號

權利保留,侵權必究。

責任編輯　閻海文
特約審讀　賀聖遂

洪承疇章奏文册彙輯　洪經略奏對筆記
(清)洪承疇著　吴世拱彙輯

商務印書館出版
(北京王府井大街36號　郵政編碼100710)
商務印書館發行
山東韻傑文化科技有限公司印刷
ISBN 978-7-100-19934-6

2021年7月第1版　　　開本705×960　1/16
2021年7月第1次印刷　印張17　插頁2
定價:92.00元